ACTES 1 ET 2 DE LA DÉCENTRALISATION

LES TRANSFERTS DE COMPÉTENCES DE L'ÉTAT VERS LES COLLECTIVITÉS TERRITORIALES

GRALE

Le GRALE (Groupement de Recherche sur l'Administration Locale en Europe) est un groupement d'intérêt scientifique (GIS) fondé sur un contrat pluriannuel associant plusieurs institutions ou entreprises : les universités Grenoble Alpes, Lille – CERAPS, Paris-I -Panthéon-Sorbonne, Reims-Champagne-Ardenne – CRDT et Toulon, Électricité de France, le Centre national de la fonction publique territoriale, et d'autres institutions ou entreprises, en fonction des projets.

Le GRALE, qui réunit une quarantaine de centres de recherches et institutions scientifiques nationales et internationales, a pour mission de promouvoir des recherches sur les collectivités locales, l'action publique territorialisée et des problèmes juridiques qui s'y rapportent. Il trouve sa raison d'être dans le réseau dense et diversifié des équipes de recherche ou associations scientifiques des diverses disciplines qu'il contribue à entretenir et à stabiliser. Ce réseau forme la base de l'Observatoire national de la décentralisation mis en place par le GRALE en 2004 en partenariat avec le ministère de l'Intérieur, et qui continue son activité de manière indépendante.

Le GRALE est également au centre d'un réseau international associant des chercheurs de plus de trente pays.

Contacts :

GRALE, Université Paris-I – Panthéon-Sorbonne, 12 place du Panthéon – Bureau 417, 75231 Paris Cédex 05 ; tél. : 33(0)1 44 07 83 87 ; mel : grale@univ.paris1.fr ; twitter : @g_grale ; site :https://gis-grale.fr/

Nicolas Kada, Directeur des publications du GRALE

Dernières parutions

Matthieu HOUSER (dir.), *Les inégalités financières et les collectivités territoriales*, 2023.

F. LERIQUE (dir.), *Les fondements de l'administration territorialisé. Les éclairages apportés par la loi d''administration territoriale de la République*, 2023.

C. CHABROT (dir.), *Métropole de Lyon, an I : Des élections directes, et après ?*, 2022.

Justin DANIEL et Carine DAVID (dir.), *75 ans de départementalisation outre-mer. Bilan et perspectives. De l'uniformité à la différenciation*, 2021.

Marie-Christine STECKEL-ASSOUERE, *La résurrection des villes face à la COVID-19*, 2021.

Nicolas PEYPOCH et Jacques SPINDLER (dir.), *Le tourisme hivernal. Clé de succès et de développement pour les collectivités de montagne ?*, 2019.

Sous la direction de
Olivier Dupéron

ACTES 1 ET 2 DE LA DÉCENTRALISATION

LES TRANSFERTS DE COMPÉTENCES DE L'ÉTAT VERS LES COLLECTIVITÉS TERRITORIALES

40 ans de déplacement des politiques publiques

Préface d'Olivier Dupéron

L'Harmattan

5-7, rue de l'Ecole-Polytechnique, 75005 Paris
http://www.editions-harmattan.fr
ISBN : 978-2-14-049808-4
EAN : 9782140498084

Sommaire

Auteur(e)s

BRICAULT Jean-Michel	Maître de conférences en droit public, Université de Reims Champagne-Ardenne – URCA, Centre de Recherche Droit et Territoire – CRDT
CABANNES Xavier	Professeur de droit public, Université Paris Cité, Président d'honneur de la Société Française de Finances Publiques
CHAVRIER Géraldine	Professeure agrégée de droit public, Université Paris-I - Panthéon-Sorbonne, École de droit de la Sorbonne, Institut de recherche juridique de la Sorbonne – IRJS, ex-Directrice du CIPCEA, prép'ENA
COUTANT Arnaud	Professeur de droit public, Université de Reims Champagne-Ardenne – URCA, Directeur du Centre de Recherche Droit et Territoire – CRDT
DANTONEL-COR Nadine	Professeure de droit public, Université de Lorraine, Metz, IRENEE, Membre du conseil scientifique du GRALE
DEBARGE Olivier	Professeur de droit pharmaceutique, Université de Reims Champagne-Ardenne – URCA, Centre de Recherche Droit et Territoire – CRDT
DIDRICHE Olivier	Maître de conférences associé en droit public, Université de Reims Champagne-Ardenne – URCA, Directeur de la Mission des Affaires Juridiques, Communauté urbaine du Grand Reims
DONIER Virginie	Professeure de droit public, Université de Toulon, Centre d'Études et de Recherche sur les Contentieux – CERC, Présidente du conseil scientifique du Groupement de recherche sur l'administration locale en Europe – GIS-GRALE

DUPÉRON Olivier	Professeur de droit public, Université de Reims Champagne-Ardenne – URCA, Centre de Recherche Droit et Territoire – CRDT
FERREIRA Nelly	Maître de conférences en droit public, Doyenne de la Faculté de droit, CY Cergy Paris Université, Laboratoire d'études juridiques et politiques – LEJEP
FIALAIRE Jacques	Professeur émérite de droit public, Nantes Université
FREYSSELINARD Éric	Préfet, Directeur de l'Institut des hautes études du ministère de l'Intérieur – IHEMI
JOUVE Denis	Professeur de droit public, Université Reims Champagne Ardenne – URCA, Centre de Recherches Droit et Territoire – CRDT
KADA Nicolas	Professeur de droit public, Université Grenoble Alpes, Centre de Recherche Juridique – CRJ, Codirecteur du Groupement de recherche sur l'administration locale en Europe – GIS-GRALE
LONG Martine	Maîtresse de conférences HDR en droit public, Université d'Angers, CJB UPRES (EA 4337) du pôle de recherche LL-SHS
PONTIER Jean-Marie	Professeur émérite de droit public, Université d'Aix-Marseille
PUGEAULT Serge	Professeur de droit public, Université de Reims Champagne-Ardenne – URCA, Centre de Recherche Droit et Territoire – CRDT

RENAUDIE Olivier	Professeur de droit public, Université Paris-I - Panthéon-Sorbonne, École de droit de la Sorbonne (ISJPS), Codirecteur du Groupement de recherche sur l'administration locale en Europe – GIS-GRALE
THURIOT Fabrice	Ingénieur de recherche HDR, Université de Reims Champagne-Ardenne – URCA, Centre de Recherche Droit et Territoire – CRDT, Maison des Sciences Humaines et Sociales – MSHS
TOUZEAU-MOUFLARD Line	Maîtresse de conférences en droit public, Directrice adjointe du Centre de Recherche Droit et Territoire – CRDT, Université de Reims Champagne-Ardenne – URCA
TRAORÉ Seydou	Professeur de droit public, Université de Reims Champagne-Ardenne – URCA, Centre de Recherche Droit et Territoire – CRDT

Mise en page : Maud Lesueur.

PRÉFACE

Olivier DUPÉRON

Professeur de droit public
Université de Reims Champagne-Ardenne – URCA
Centre de Recherche Droit et Territoire – CRDT

L'acte 1 de la décentralisation en France a quarante ans, les célébrations d'anniversaire se multiplient depuis quelques mois, autour de thèmes divers, qui vont d'un retour historique sur la genèse de cet acte I de 1982-1983, aux questions institutionnelles, financières, matérielles, etc.

À l'occasion d'un colloque qui s'est tenu à l'université de Reims, les 6 et 7 avril 2023, organisé par le Centre de recherche droit et territoire (CRDT), le sujet des transferts de compétences de l'État vers les collectivités territoriales, engagés par les lois du 7 janvier 1983 et du 22 juillet 1983, poursuivis par la suite, a été analysé par un grand nombre de chercheurs, universitaires, mais aussi acteurs des administrations concernées, de l'État comme des collectivités.

Le sous-titre choisi pour le colloque : 40 ans de déplacement des politiques publiques met en exergue les enjeux essentiels et les objectifs liés à ce choix d'organisation de la République (depuis 2003, l'article 1 de la Constitution dispose que la France est une République dont « l'organisation est décentralisée »), à savoir identifier le plus clairement possible les rôles respectifs de l'État et des collectivités (et de leurs établissements publics) à l'égard des différentes politiques publiques, mettre de l'ordre dans la répartition entre les affaires nationales et les affaires locales, développer une logique de proximité et de subsidiarité, en lien avec la dimension de la démocratie locale, accorder tous les moyens nécessaires au développement de ces politiques publiques locales, en renforcer l'efficacité et la qualité, au profit des habitants des territoires et des usagers des services publics locaux.

L'évaluation des succès et des échecs ou des insuffisances des nombreuses réformes engagées et accomplies depuis le début des années 1980 fait l'objet de très nombreuses études et rapports, qu'ils soient académiques, parlementaires, administratifs ou à caractère financier. La question occupe régulièrement aussi le débat politique et, depuis une douzaine d'années, les textes se sont multipliés, pour réformer les collectivités territoriales, moderniser l'action publique territoriale, renouveler l'organisation territoriale de la République, renforcer l'engagement et la proximité, revoir les thèmes des déplacements et des mobilités, de l'urbanisme, du développement économique, de l'action sociale, etc. Ces dernières années, le thème de la différenciation territoriale s'est également imposé dans les réflexions sur la décentralisation et son évolution, jusqu'à constituer le 1er *D* de la loi, dite « 3DS », du 21 février 2022, relative donc à la différenciation, la décentralisation, la déconcentration et portant diverses mesures de simplification de l'action publique locale.

Le présent ouvrage rassemble les contributions des participants au colloque de Reims d'avril 2023. L'acte 1 de la décentralisation est quarantenaire, mais la décentralisation elle-même a des racines bien plus anciennes, même si ses éléments constitutifs ont longtemps été imparfaits ou imparfaitement réalisés. La définition, tout d'abord, de ce qu'est un acte de décentralisation, en introduction, permet de revenir sur des éléments essentiels de qualification juridique, dans une perspective historique et contemporaine.

Ensuite, quatre parties structurent la composition de l'ouvrage : 1. *Les principes*, sur lesquels se sont appuyés l'acte 1, mais aussi l'acte 2 de la décentralisation, en 2003-2004, en particulier sous l'angle de la répartition des compétences et de leur exercice. 2. *Les thèmes*, concernés directement ou indirectement par les compétences des collectivités territoriales, dans les domaines de l'économie, du social, de l'éducation, de la culture, de l'urbanisme, de l'environnement, de la santé et de la sécurité. 3. *L'évolution* de la décentralisation au cours de ces quarante dernières années, en termes d'émergence des expérimentations, d'apparition, puis d'ancrage de la régionalisation en France, de structuration forte de l'intercommunalité, autour des compétences locales, puis de recours de plus en plus important à la contractualisation, avec la question des délégations de compétences. 4. *L'avenir* de la décentralisation, à court et moyen terme, vu au travers des prismes de la notion de différenciation territoriale, de la nouvelle physionomie des finances locales, de l'évolution de l'État territorial également et enfin de l'influence du droit de l'Union européenne sur les compétences des collectivités territoriales.

L'ensemble brosse le portrait d'une décentralisation aujourd'hui au milieu du gué, déjà éloignée, par plusieurs aspects, des bases sur lesquelles elle s'était installée en 1982-1983, mais pas (encore ?) engagée sur la voie d'une transformation plus radicale, que certains appellent parfois de leurs vœux. Le constat de la complexité revient également à plusieurs reprises et peut-être s'agit-il surtout désormais d'accepter cette complexité, de bien comprendre et maîtriser toutes les possibilités d'actions et de déclinaisons, que le droit de la décentralisation et des collectivités territoriales permet, avant d'envisager de nouveaux chantiers législatifs ou constitutionnels ambitieux, au risque de brouiller davantage les cartes et d'épuiser les acteurs de l'action publique locale.

Enfin, les textes que nous présentons étant issus du colloque organisé par le CRDT en avril 2023, ce dernier n'aurait pas été possible sans les soutiens apportés par de précieux partenaires : la communauté urbaine du Grand Reims, le GRALE, le Gridauh, la faculté de droit et de science politique de l'université de Reims, le parrainage de l'Association française de droit des collectivités locales. Qu'ils en soient ici infiniment remerciés ! Par ailleurs, des remerciements spéciaux doivent être adressés à Maud Lesueur, pour le travail de relecture, de réalisation et d'aide à la publication de l'ouvrage.

INTRODUCTION

QU'EST-CE QU'UN ACTE DE DÉCENTRALISATION ?

Jean-Marie PONTIER

Professeur émérite de droit public
Université d'Aix-Marseille

Dans tous les domaines de la vie humaine, la volonté s'exprime en actes. On dit d'une personne physique qu'elle pose des actes, ces derniers sont l'expression de son vouloir. L'acte est une concrétisation de ce vouloir.

L'observation ne vaut pas seulement pour les personnes physiques, mais également pour les personnes que l'on qualifie, un peu bizarrement, de « morales » et bien que, pour ces dernières, cette reconnaissance soit beaucoup moins évidente. La notion même de personne morale a longtemps soulevé des difficultés, et l'on se souvient de la boutade attribuée à L. Duguit déclarant : « Je n'ai jamais déjeuné avec une personne morale[1]. » Aujourd'hui, les controverses sur la personnalité morale sont largement éteintes en France, mais elles se poursuivent dans d'autres pays tels que le Japon. Quoi qu'il en soit, les personnes morales sont bien considérées, depuis un bon moment, comme exprimant une volonté qui se traduit par des actes analysés comme des actes juridiques.

Il n'est même pas nécessaire de disposer de la personnalité juridique pour produire un acte. C'est notamment le cas de l'administration, entité qui ne dispose pas, en tant que telle, de la personnalité juridique. L'administration est un ensemble de structures, de services, dont certains peuvent être érigés en personnes morales de différente nature[2], mais dont la plupart ne sont qu'un élément dans un ensemble de structures. Et cependant, ces services produisent un nombre très élevé d'actes, qualifiés d'actes administratifs, dont une partie sera considérée comme étant des décisions, c'est-à-dire des actes susceptibles de faire grief, avec toutes les

1. Ce à quoi J.-C. Soyer aurait répondu « Moi non plus, mais je l'ai souvent vue payer l'addition ».
2. Ce sont, le plus souvent, des personnes morales publiques représentées principalement par les établissements publics, mais ce peuvent être également des personnes privées telles que des sociétés d'économie mixte.

conséquences, en particulier contentieuses, qui sont attachées à cette qualification. La théorie des actes administratifs est l'un des grands pans du droit administratif et fait l'objet de développements savants de la part d'auteurs éminents.

L'acte pris par une personne est une expression de « l'agir », il est destiné souvent à infléchir un état de choses dans un domaine déterminé. Dans le domaine administratif, l'acte est destiné souvent à produire des effets de droit, d'une importance variable selon la nature de l'acte et les destinataires de celui-ci. Cependant, et cela se vérifie particulièrement dans le champ politique – mais cela peut valoir également pour une personne physique – il peut y avoir simplement des « déclarations d'intentions » qui ne sont pas suivies d'effets.

Ce n'est pas le cas pour la décentralisation qui, à l'inverse, et depuis plusieurs décennies, a fait l'objet d'un nombre impressionnant d'actes de toutes natures. La décentralisation est une action, qui se traduit en actes, puisqu'elle consiste à remettre des pouvoirs de décision à des autorités locales, avec en contrepartie l'exercice d'un contrôle, qui peut être assuré par une autorité administrative ou une autorité juridictionnelle[3].

Pendant une longue période, dans notre histoire, une catégorie d'actes l'a emporté sur les autres en matière de décentralisation, c'est la catégorie des lois. Cette prépondérance tient à deux facteurs. Il s'agit, d'une part, de la place prééminente et presque exclusive réservée à la loi dans la hiérarchie des normes. La loi a été considérée, depuis la Révolution, et jusqu'en 1958, comme l'acte par excellence dans tous les domaines. Il s'agit, d'autre part, de la considération selon laquelle la décentralisation présente une double nature : les institutions décentralisées sont des institutions administratives, cela fut rappelé avec force au moment de la Révolution[4], mais ce cantonnement dans l'ordre administratif est lui-même un acte politique[5], c'est à la loi qu'il convient de fixer le cadre de la décentralisation.

3. Selon M. Waline, la notion de décentralisation englobe « toute forme de transfert de compétences d'un pouvoir central à des pouvoirs locaux exempts de toute subordination hiérarchique au gouvernement central » (« Réflexions sur la décentralisation », Académie des sciences morales et politiques, 1973, p. 193 et s., p. 194).

4. Le décret du 14 déc. 1789 déclare que les corps municipaux se trouvent « sous la surveillance et l'inspection des assemblées administratives », c'est-à-dire les assemblées de district et les assemblées départementales, et une instruction de l'Assemblée nationale du 22 avr. 1790 affirme que les assemblées administratives « observeront d'abord qu'elles ne sont que de l'administration, qu'aucune fonction législative ou judiciaire ne leur appartient, et que toute entreprise de leur part sur l'une ou l'autre de ces fonctions, introduirait la confusion des pouvoirs qui porterait l'atteinte la plus funeste aux principes de la Constitution ».

5. D'ailleurs, certains auteurs ont parlé de « décentralisation administrative » et de « décentralisation politique » (par ex. L. ROLLAND, *Précis de droit administratif*, Dalloz, 5e éd., 1934, § 159, p. 112).

Il est possible de tracer sans difficulté les grandes étapes de cette législation sur la décentralisation. Si l'on fait abstraction de la période révolutionnaire, durant laquelle des textes très contradictoires furent adoptés et, au surplus, non respectés, les premières lois de décentralisation sont adoptées, comme nous le verrons, sous la Monarchie de Juillet. Mais deux grandes lois jalonnent l'histoire de la décentralisation en France, il s'agit de la loi du 10 août 1871 sur le département et de la loi du 5 juillet 1884 sur les communes. Il y aurait beaucoup à dire sur l'une et sur l'autre, mais contentons-nous de relever ici ces lois comme étant des actes majeurs d'expression d'une volonté de décentralisation de la part du législateur.

Ces deux précisions de nature à éclairer les termes du sujet étant apportées, il est possible de répondre à l'interrogation de l'intitulé de cette contribution en montrant, d'abord, que tout acte de décentralisation équivaut, d'une manière ou d'une autre, à redéfinir les relations entre l'État et les collectivités territoriales, ensuite que cela revient, de ce fait, à vouloir établir ou rétablir un équilibre entre les personnes publiques territoriales.

I. Une redéfinition des relations entre l'État et les collectivités territoriales

Tout acte relatif à la décentralisation, qu'il s'agisse d'un acte ayant directement pour objet la décentralisation, ou d'un acte touchant à celle-ci indirectement, affecte les relations entre l'État et les collectivités territoriales, modifie ces relations, institue un nouvel ordre des choses, contribue à redéfinir les relations entre les personnes publiques. Il en est ainsi parce que la décentralisation est un mode de relations entre l'État et les collectivités territoriales, et que tout acte relatif à la décentralisation s'inscrit dans une histoire, et signifie un changement pour l'avenir.

A. La décentralisation, mode de relations entre l'État et les collectivités territoriales

La décentralisation est « un mode de relations » entre l'État et les collectivités locales, écrivait avec justesse Hauriou. Elle est cela parce que, avec la décentralisation, l'État reconnaît d'autres personnes que lui-même, et que ces collectivités se voient attribuer des compétences et des pouvoirs.

1. La reconnaissance de l'existence des collectivités locales ou territoriales

Précisons d'abord ce point de terminologie concernant l'appellation des collectivités dont nous parlons. S'agit-il de collectivités locales ou/et de collectivités territoriales ? Deux éléments de réponse doivent être apportés. Tout d'abord, dans le passé, on parlait de collectivités locales et non de collectivités territoriales, c'est la première expression qui était quasiment seule utilisée par les auteurs, comme par le législateur et par le juge. Pourquoi parler de collectivités territoriales, expression qui est loin d'être sans défaut[6] ? La réponse est tout aussi simple que la question, sans pour autant qu'elle règle le problème : étant donné que la dualité d'appellations dans la Constitution pouvait être source de complications, le Conseil constitutionnel avait commencé par ne plus attacher d'effet à cette différence, jusqu'à ce que le constituant unifie la formulation au profit de la seule appellation « collectivité territoriale ». Mais ce changement n'a pas fait disparaître pour autant l'appellation « collectivité locale » qui figure dans des lois, plus encore dans des actes de moindre valeur hiérarchique comme les circulaires, sans compter les discours politiques.

La reconnaissance des collectivités locales ou territoriales[7] n'est pas aussi évidente qu'il le paraît au premier abord, et n'est pas un acte sans importance. En premier lieu, en effet, tout dépend sur quel plan l'on se situe. Si l'on se place sur le plan strictement juridique, l'État est seul le maître, son organisation territoriale ne dépend que de lui. Cela présuppose naturellement que l'on se trouve dans un État unitaire, ce que la Constitution française affirme clairement sans ambiguïté[8], il en serait différemment dans un État fédéral. L'existence des collectivités locales signifie que l'État accepte la présence, sur le territoire indivisible de la République, d'autres personnes publiques qui, à la fois, font partie de lui-même et en sont distinctes[9].

En deuxième lieu, sur le plan historique il en est autrement, parce que l'État est une construction humaine relativement récente[10], même si cette forme d'organisation l'a emporté, à l'échelle de la planète, sur toutes les autres, et si, en France, l'État est apparu relativement tôt dans l'histoire[11]. En d'autres termes, certaines col-

6. Le défaut principal de l'expression est de désigner à la fois les collectivités dites territoriales et l'État, même si, concrètement, elle vise les premières plus que les secondes : l'État est également une collectivité territoriale, c'est la première, sur le plan juridique du moins, collectivité territoriale.

7. En effet, si l'on peut parler sans difficulté de « collectivité locale » pour les communes et les départements, il n'en est pas de même des régions : comment pourrait-on dire, surtout depuis que le législateur a institué de « grandes » régions, que la région est une collectivité locale ? C'est une collectivité territoriale, mais on ne peut que lui refuser l'appellation de « collectivité locale », sauf à enlever toute pertinence au qualificatif « local ».

8. Ce n'est pas seulement notre constitution actuelle, mais toutes les constitutions qui le répètent depuis la Révolution : la France est un État unitaire, l'article premier de la Constitution de 1958 énonce le caractère « indivisible » de la République.

9. L'une des conséquences de cette situation juridiquement particulière est que le territoire des collectivités locales ou territoriales est le même que celui de l'État, tout en étant propre, avec des organes habilités à le gérer.

10. Ce n'est ni la première, historiquement parlant, ni la seule, organisation humaine que l'on connaisse. Dans l'Antiquité, la forme la plus répandue d'organisation du pouvoir entre les hommes est l'empire et, dans un passé plus lointain, ce fut peut-être la tribu qui fut l'organisation la plus répandue, et qui a laissé des traces jusqu'à aujourd'hui.

11. Certains affirment que c'est en France qu'est né l'État moderne, que la France aurait été le premier pays à se doter d'un État. Ce qui est certain c'est que l'on voit cet État s'affirmer dès le XIVe siècle, avec Philippe le Bel, et qu'à la Révolution nous avons, de manière bien affirmée, la

lectivités – à vrai dire, cela ne vise qu'une catégorie de collectivités, les communes – sont anciennes, voire antérieures à l'État. C'est ce que n'ont pas manqué de répéter fortement les auteurs libéraux de la première moitié du XIXe siècle[12]. Donc, même si, juridiquement, les communes ne dépendent pour leur existence que de l'État, leur antériorité sur l'État ou, tout au moins, leur ancienneté, fait qu'elles s'imposent d'une certaine manière à l'État, qui ne peut pas ne pas les reconnaître.

Enfin, en troisième lieu, la nature du régime politique doit être prise en considération. Les régimes autoritaires, à plus forte raison dictatoriaux ou totalitaires, ne se préoccupent en aucune manière de décentralisation, ils en ignorent l'existence parce que le seul objectif du pouvoir politique est d'établir sa domination sur les populations, il ne peut donc que rejeter toute idée de décentralisation. Les démocraties, elles, impliquent la décentralisation. La liaison entre démocratie et décentralisation n'est pas aussi évidente qu'on serait tenté un peu rapidement de l'affirmer[13].

Si l'on jette un regard rapide sur notre histoire, on se rend compte que la décentralisation n'a pu se développer qu'à partir du moment où la personnalité juridique leur a été reconnue. La personnalité morale est une condition de la décentralisation. C'est une notion apparue au Moyen Âge avec l'*universitas*[14], mais dont l'importance ne s'est imposée que lentement. Après les troubles révolutionnaires, et la forte centralisation sous le Premier Empire, sous la Monarchie de Juillet la loi du 21 mars 1831 qui rétablit l'élection pour les conseils municipaux présuppose la personnalité morale de la commune[15].

---

formule de « l'État nation » qui va se répandre ensuite en Europe.

12. Voir des auteurs tels que B. Constant ou, plus encore, P.-P. Royer-Collard, comparant les communes à la famille et affirmant, dans un grand discours à la chambre que les communes sont antérieures à l'État, que celui-ci les trouve et ne les crée point.

13. Tout dépend comment l'on conçoit la démocratie, et ce qui est essentiel en elle. Si l'on s'attache à la liberté, la décentralisation s'impose. Si l'on considère que l'égalité est première, et doit l'emporter sur les autres exigences, alors la conciliation entre démocratie et décentralisation ne va plus de soi, on peut penser, même, que la centralisation va plus dans le sens de l'égalité que la décentralisation.

14. J.-L. Mestre montre que les juristes médiévaux élaborèrent une véritable théorie de la personnalité morale à partir de cette notion d'*universitas*. Voir J.-L. MESTRE, *Introduction historique au droit administratif*, PUF, coll. « Droit fondamental », 1985.

15. Il convient de préciser que si la Monarchie de Juillet commence à décentraliser avec la loi précitée, plus encore avec les lois de 1838, elle ne fut jamais un régime démocratique, ce fut un régime censitaire et même ultra-censitaire. Les débuts de la décentralisation ne coïncident donc pas, historiquement, avec la démocratie. Cependant, et comme dit précédemment, sur le long terme c'est une conjonction que l'on relève.

2. La décentralisation, reconnaissance de compétences et de pouvoirs aux collectivités locales

À la question de savoir ce qu'est un acte de décentralisation, s'il y a une réponse qui paraît peu contestable, c'est celle consistant à dire que c'est l'acte qui reconnaît des compétences aux collectivités territoriales. Le terme de compétences, appliqué aux collectivités territoriales, est relativement récent dans notre histoire administrative, il n'est véritablement utilisé que depuis les années 1960. Encore faut-il savoir de quoi l'on parle, une clarification terminologique s'impose, pour éviter confusions et malentendus.

Le terme *compétences* doit d'abord être distingué de celui d'*attributions*, avec lequel on le confond souvent. Le terme *attributions* désigne les types d'actes pouvant être pris par un organe d'une collectivité, généralement au nom de cette collectivité. Exemple, le ministre pour l'État, le président du conseil régional, le président du conseil général, le maire, mais également, et de façon principielle, les assemblées délibérantes de ces collectivités (conseil municipal, conseil général, conseil régional, etc.) sont juridiquement aptes, dans le cadre des attributions qui leur sont reconnues par la loi, à édicter des actes (délibérations pour les assemblées, actes individuels ou réglementaires pour les autorités exécutives) dans la limite et pour la mise en œuvre des compétences de la collectivité qu'ils représentent. Quant au maire, qui représente un cas particulier, et comme certaines autres autorités, il dispose d'une double série d'attributions qu'il convient de distinguer, selon qu'il intervient au nom de l'État ou au nom de la commune.

La notion de compétences doit être distinguée de la notion de *fonctions*, ce qui est loin d'être acquis. Une très abondante littérature existe sur le sujet et les grands juristes, notamment Carré de Malberg, ont développé des théories sur les fonctions de l'État[16], étant seulement précisé que les définitions données divergent parfois notablement. Pour en rester à des considérations simples, on dira, avec F.-P. Bénoit, qu'une fonction est « une catégorie de missions constituant un ensemble homogène » et que le terme *mission* désigne « une tâche définie par son contenu : faire les lois, entrer en rapport avec les États voisins, assurer la satisfaction d'un besoin de la population, maintenir l'ordre dans la rue, gérer le domaine, voilà des missions »[17]. Ces fonctions peuvent être assurées par différentes personnes.

---

16. R. CARRÉ DE MALBERG, *Contribution à la théorie générale de l'État*, Paris 1920, rééd. Photomécanique CNRS, 1962, p. 259 et s.
17. F.-P. BÉNOIT, *Le droit administratif français*, Dalloz, 1968, § 29 et s., p. 27 et s.

Les compétences ne sont pas plus les pouvoirs. Le terme de *pouvoir* est l'un des plus utilisés, l'un des plus vagues également (on est tenté de dire, selon la mode, polysémique), c'est un terme largement « mythique »[18]. On peut distinguer trois sens différents. Le pouvoir peut être défini, d'abord, comme l'aptitude légale d'une autorité à exercer une compétence. On peut dire, également, qu'une autorité administrative a le pouvoir de prendre des décisions qui relèvent de ses attributions, dans le cadre des compétences de la collectivité dont elle est le représentant. Ensuite, et plus largement, le pouvoir est la capacité d'un individu ou d'un groupe d'exiger et d'obtenir d'un autre individu ou d'un groupe la réalisation de ce que ces derniers n'auraient pas fait spontanément. Enfin, en droit constitutionnel, et selon une analyse que l'on qualifie de fonctionnelle, le pouvoir est la faculté de prendre une décision exécutoire.

On peut également parler, toujours en droit constitutionnel, mais dans un sens plus restreint, du pouvoir comme étant une fonction sociale de l'État; on dira alors qu'il existe un pouvoir législatif, un pouvoir exécutif, un pouvoir judiciaire (ou juridictionnel).

Les compétences ne sont pas plus les *responsabilités*, avec lesquelles on a tendance à les confondre. Lorsque l'on parle de responsabilité, il convient d'abord de distinguer la responsabilité au sens administratif du terme de la responsabilité au sens contentieux, cette dernière impliquant une obligation de réparation à la charge de la collectivité reconnue responsable. Mais la première peut entraîner la seconde. La collectivité responsable, au sens des politiques publiques, du rôle que l'on veut faire jouer à chacune d'elles, est celle qui est chargée de définir et/ou de conduire une action dans un domaine déterminé, et qui peut, à ce titre, être amenée à en assumer la responsabilité au sens contentieux.

La responsabilité peut coïncider avec la compétence, auquel cas il n'y a guère d'intérêt à distinguer la collectivité responsable de la collectivité compétente, bien que ce soit cette expression qui soit la mieux adaptée. La responsabilité peut également être dissociée de la compétence, ce qui justifie l'utilisation de deux termes différents. Deux cas de figure doivent alors être distingués.

Dans le premier, l'État attribue, ou confère, des responsabilités à une catégorie de collectivités territoriales parce qu'il ne veut pas vraiment transférer des compétences. Ainsi, lorsque l'on parle de responsabilités des collectivités territoriales dans certains domaines, c'est précisément parce que ces collectivités n'ont pas de véritables compétences en ces domaines. Tel est le cas, par exemple, de

18. Le terme est mis entre guillemets, car il est lui-même susceptible de plusieurs interprétations qui ne coïncident pas nécessairement, notamment, et d'abord, au sens platonicien, celle de représentation, puis, beaucoup plus tard dans l'histoire, celle d'idée-force (avec, notamment, A. Sorel et son ouvrage *Le mythe de la grève générale*), enfin, et plus récemment, celle d'idée fausse.

l'enseignement secondaire avec les responsabilités des départements à l'égard des collèges et celles des régions à l'égard des lycées : la loi du 22 juillet 1983, complétée et modifiée par plusieurs lois ultérieures, transfère aux collectivités territoriales concernées la construction, la reconstruction, l'extension, les grosses réparations, l'équipement et le fonctionnement des établissements scolaires. C'est là sans doute quelque chose d'important et, pour les régions par exemple, les lycées ont constitué une véritable « vitrine » qui a contribué à la visibilité des régions, à les faire connaître des citoyens.

Pour autant, il ne s'agit pas d'un transfert de compétences, les compétences essentielles demeurent à l'État, notamment tout ce qui concerne la pédagogie, les programmes, les examens, sans compter naturellement le statut des enseignants, du primaire à l'université : imagine-t-on des « instituteurs » nommés par le conseil municipal ? C'est littéralement impensable dans notre pays, au point que personne, dans la classe politique, quelles que soient les idées politiques des intéressés, ne l'a revendiqué. Et cependant, c'est la situation que l'on rencontre dans de nombreux pays, où l'on ne trouve rien d'anormal à ce statut local.

Un second cas de figure est celui dans lequel, d'une manière généralement contractuelle et non pas législative ou réglementaire, dans le cadre d'un accord avec une collectivité territoriale, l'État confie à celle-ci (ou à l'ensemble de la catégorie à laquelle appartient la collectivité) la responsabilité, pour une intervention et un temps déterminé, d'actions qui relèvent de sa compétence. Ainsi, dans le cadre des contrats de plan État-Région (CPER)[19], ces dernières se voient reconnaître par le premier des responsabilités, dans des domaines qui ne relèvent pas de leurs compétences, y compris dans des domaines considérés comme « régaliens ».

La loi du 13 août 2004 est dite loi relative aux « libertés et responsabilités » des collectivités territoriales. Laissons de côté le terme « libertés », qui renvoie à d'autres références et à une autre problématique, celle des « libertés » des collectivités publiques par rapport aux libertés des personnes privées. D'ailleurs, au départ, le projet de loi était seulement relatif aux responsabilités, et n'évoquait pas les libertés, terme rajouté au cours des débats. Quant aux responsabilités, le législateur fait également la confusion entre plusieurs notions puisque l'on trouve, dans la loi, des transferts de compétences, mais aussi des transferts de responsabilités, sans compter les délégations.

Le terme de *compétence* est beaucoup plus ambigu qu'il ne semble au premier abord, il est faussement clair. Peut-être convient-il de distinguer selon qu'on l'applique, à une autorité administrative ou à un juge, ou à une personne publique.

19. L'expression « contrat de plan » avait été remplacée par celle de « contrats de projet », puis l'on est revenu à l'expression « contrat de plan », bien qu'il n'existe plus de plan de la nation, l'expression ne correspondant donc pas à la réalité.

Dans le premier cas, la compétence est l'aptitude juridique de cette autorité à dire le droit, en édictant un acte ayant le caractère d'acte administratif ou juridictionnel. Dans le second cas, appliqué à une collectivité publique, le terme de compétence désigne, en même temps, les domaines dans lesquels, soit en vertu de la Constitution, soit en vertu de lois, une catégorie de collectivités territoriales ou d'établissements publics, ou une collectivité, est habilitée à intervenir par des actes ayant des effets juridiques, et l'habilitation elle-même. On parlera également, comme l'a fait le juge administratif dans certaines de ses décisions[20], de la « sphère d'action » d'une collectivité.

On a vu apparaître, depuis quelques années, la notion de *compétences propres* : les collectivités territoriales peuvent disposer de « compétences propres ». Cette expression ne renvoie pas à quelque chose de connu, de répertorié clairement dans le « catalogue » du droit administratif. Cette expression résulte de la jurisprudence du Conseil constitutionnel.

À plusieurs reprises, celui-ci a utilisé cette formule. C'est précisément dans la décision *Droit au logement*[21] qu'apparaît cette formulation. Le Conseil constitutionnel considère que des dispositions faisant supporter des charges aux collectivités territoriales en matière de solidarité pour le logement sont constitutionnelles au motif que : « Les obligations ainsi mises à la charge d'une collectivité territoriale doivent être définies avec précision quant à leur objet et à leur portée et ne sauraient méconnaître la compétence propre des collectivités territoriales. »

De la même manière, dans une autre décision de 1990[22], le Conseil constitutionnel déclare que si le législateur peut, sur le fondement des articles 34 et 37 de la Constitution, assujettir les collectivités territoriales ou leurs groupements à des obligations et à des charges, « c'est à la condition que celles-ci répondent à des exigences constitutionnelles ou concourent à des fins d'intérêt général, qu'elles ne méconnaissent pas la compétence propre des collectivités concernées ».

Dans une autre décision encore, relative à l'allocation personnalisée d'autonomie, le Conseil constitutionnel déclare : « Le législateur pouvait fixer de telles conditions, dès lors qu'il n'a pas méconnu les compétences propres des départements ni privé d'attribution effective aucun organe départemental[23]. »

Reste à savoir ce que le Conseil constitutionnel entend par « compétences propres » des collectivités territoriales. L'expression n'est pas d'un sens immédiatement appréhendable, et la jurisprudence actuellement disponible ne permet pas de dire exactement quel peut être le contenu de cette notion. Certains auteurs

20. Mais elles sont rares, l'exemple que l'on peut citer est celui de la décision *Ricordel*, de 1943.
21. Décision n° 90-274 DC, 29 mai 1990.
22. Décision n° 2000-436 DC, 7 déc. 1990.
23. Décision n° 2001-447 DC, 18 juill. 2001.

analysent la notion comme désignant une obligation pour le législateur de ne pas imposer aux collectivités territoriales des sujétions qui méconnaîtraient le principe de libre administration, mais comme le contenu de ce dernier n'est pas lui-même clairement explicité, on peut continuer à s'interroger sur la notion de « compétences propres ».

B. L'acte de décentralisation, entre remémoration et innovation

La décentralisation ne peut être pensée sans la référence au temps. Elle s'inscrit dans le temps, avec des avancées et des reculs[24], les accommodations et les réformes que le temps implique. Sommes-nous dans le temps de la décentralisation ? Mais il faudrait savoir, si l'on répond par l'affirmative, ce que signifie une telle affirmation[25]. On peut penser que dans tout acte de décentralisation il y a une référence, voulue ou non, au passé, et une volonté, plus ou moins affirmée, de créer du nouveau, l'ambition affichée étant toujours de développer la décentralisation.

1. L'acte de décentralisation, souvenir du passé

Poser un acte de décentralisation, c'est nécessairement faire mémoire, qu'on le veuille ou non, que l'on connaisse le passé ou pas. Cette connaissance du passé est cependant indispensable si l'on veut faire des réformes qui soient de nature à répondre aux objectifs que l'on s'est fixés. Vouloir ignorer le passé ou, pire, le réinterpréter à sa manière sans le connaître, c'est se risquer à tous les anachronismes, c'est commettre des erreurs profondes, c'est s'exposer à ne pas atteindre le but que l'on s'est fixé.

Un détour par les institutions politiques éclaire la question pour les collectivités territoriales. Certains articles de la Constitution de 1958 sont vilipendés parce qu'ils sont supposés entraver la volonté parlementaire. Il se peut que ce soit le cas. Mais avant d'en condamner l'usage, il faut comprendre leur sens, leur raison d'être. Ainsi de l'article 49 alinéa 3 qui en 2022 – et certainement dans l'avenir – a fait l'objet de vives critiques de la part de parlementaires s'estimant frustrés dans l'exercice de leur pouvoir. Mais cette disposition, comme d'autres d'ailleurs, a été adoptée pour mettre fin aux excès aux effets calamiteux du fonctionnement (qui fut un dysfonctionnement) de la IVe République, notamment en raison d'un article, lui aussi 49, de la Constitution de 1946 qui fut complètement détourné, en partie parce que mal rédigé, de sa finalité[26].

---

24. Les périodes autoritaires manifestent un recul de la décentralisation. Par exemple, le régime de Vichy fut une période de restriction des avancées décentralisatrices qu'avait permis le vote de la loi de 1884.

25. Voir J.-M. PONTIER, « La décentralisation et le temps », *RDP* 1991, p. 1217.

26. Le constituant de 1946, qui accordait la primauté, au sein de l'exécutif, au Président du Conseil (lequel ne présidait d'ailleurs pas le Conseil des ministres, puisque c'était le Président de la République) avait prévu un luxe de conditions dans le cas où le gouvernement poserait la « question

« Du passé faisons table rase », dit un chant célèbre né sous la Commune. Mais il est rare, pour ne pas dire impossible, qu'il soit fait table rase du passé en matière administrative. Le cas de la Révolution le montre bien. La Révolution a entendu et prétendu faire table rase. Si cela fut vrai dans un certain nombre de domaines, sur le plan administratif la réponse est plus nuancée et, par exemple, les études d'historiens ont montré que les « fonctionnaires » en place après la Révolution étaient largement les mêmes que ceux qui y étaient avant la Révolution. Plus encore si, auparavant, les manuels de droit administratif affirmaient souvent que le droit administratif français est né à la Révolution, les historiens[27] ont montré que ce droit trouvait ses origines bien avant la Révolution, que l'on en trouvait les prémices dès le Moyen Âge.

S'agissant des collectivités locales, lors de la Révolution, si le législateur unifie et uniformise l'organisation communale en faisant, de toutes les communautés diverses qui existaient jusque-là, des communes, il ne restructure pas celles-ci, il ne les supprime pas pour créer de nouvelles collectivités. Quant au département si, au départ, des propositions très fantaisistes furent présentées pour le découpage du territoire en départements[28], le découpage qui fut réalisé fut établi à partir de réalités physiques et s'inspira, dans certains cas, d'une ancienne circonscription ecclésiastique, les diocèses constitués au IVe siècle[29].

Mais c'est avec l'histoire contemporaine des collectivités territoriales que l'on peut se rendre compte à quel point une réforme s'appuie nécessairement sur ce qui a été fait dans le passé. Trois exemples peuvent en être donnés.

Le premier, le plus symptomatique et le plus impressionnant, sans doute, est celui de la région. La région a été, dans le passé, sous la IIIe République, une demande et un fantasme, les uns demandant la création de régions, avec toutes sortes de propositions de découpage[30], les autres (les républicains) la récusant, y voyant

---

de confiance ». Le texte ne pouvait être rejeté que s'il avait réuni contre lui la majorité *absolue* des députés. Mais comment un gouvernement aurait-il pu se maintenir parce qu'il avait une majorité, même relative, contre lui, alors que, constitutionnellement, son texte n'était pas rejeté ?

27. Voir notamment les travaux de J.-L. Mestre démontrant de manière très convaincante que certains principes ou certaines règles du droit administratif remontaient à un passé beaucoup plus lointain, le Moyen Âge notamment (ex. avec le droit seigneurial de l'expropriation, même si ce dernier terme n'était pas utilisé).

28. C'est le projet originel de Thouret, s'inspirant probablement des réflexions d'un « géographe » aux idées quelque peu particulières, consistant à découper le territoire français en carrés égaux en superficie et en population.

29. Voir J.-F. AUBY et J.-M. PONTIER, *Le département*, Berger-Levrault, 1988.

30. Ces propositions sont récapitulées et analysées dans l'ouvrage de M. BOURJOL, *Les institutions régionales, de 1789 à nos jours*, Berger-Levrault, 1969.

une résurgence des provinces d'Ancien Régime, avec la peur du rétablissement de la monarchie[31]. Le refus de la région fut constant jusqu'à la Vᵉ République, et encore l'idée régionale a-t-elle eu du mal à s'installer.

La création de la région a été quelque peu laborieuse. La région que nous connaissons aujourd'hui est une héritière du passé, et cela à plusieurs titres. Tout d'abord, c'est le refus, lors du référendum du 27 avril 1969, de la région collectivité territoriale[32], qui entraîne le départ immédiat du général de Gaulle. Les successeurs de ce dernier, échaudés par l'échec du référendum, procédèrent prudemment en créant, en 1972, un établissement public régional, reprenant donc la formule classique et bien connue de l'établissement public, mais avec une assise territoriale.

L'acte créateur de la région, en 1982, est encore plus significatif de la référence au passé, même si cette référence fut implicite. La logique aurait voulu que le législateur, en 1982, opérât une nouvelle délimitation territoriale des régions. En effet, le découpage retenu en 1982 fut celui des établissements régionaux institués en 1972. Or la délimitation territoriale de ces derniers, à cette date, fut faite à partir d'un découpage établi dans les bureaux datant de 1960. Un décret du 2 juin 1960[33] avait créé des circonscriptions administratives destinées à permettre une territorialisation à l'échelon de l'État. Ce découpage n'était évidemment pas conçu en fonction d'une collectivité territoriale, à laquelle on ne pensait pas, il n'était pas fait pour une politique de déconcentration, qui était encore balbutiante. Ainsi, en 1982, on retient, pour l'essentiel[34], un découpage de 1960 qui n'a absolument pas été pensé pour une collectivité territoriale[35]. Ce qui nous importe, ici, c'est de relever que la réforme des régions n'a pas fait abstraction du passé, elle s'est appuyée sur ce qui avait été fait, elle est fortement dépendante de ce dernier[36].

31. Pendant toute une partie de la IIIᵉ République, le courant monarchique demeura important et fut considéré comme une menace pour la République.

32. Certes, le non au référendum de 1969 eut plusieurs causes, puisque la réforme était double et portait également sur le Sénat (de ce fait, il est difficile de dire à quoi les Français ont répondu « non » : non à la réforme du Sénat, non à la région, non à de Gaulle), mais la réforme de la région était audacieuse, c'était la première fois dans l'histoire qu'une région collectivité territoriale devait être instituée, avec des compétences et des pouvoirs réels.

33. Décret nº 60-516 du 2 juin 1960 portant harmonisation des circonscriptions administratives.

34. Quelques modifications territoriales ont été opérées, mais qui ne remettent pas en cause fondamentalement la division de 1960.

35. L'explication est assez simple : les pouvoirs publics voulaient aller vite. S'il avait fallu instituer un véritable découpage du territoire français en pensant à une collectivité territoriale, cela aurait pris beaucoup de temps, sans être certain, même, de parvenir à un accord, tant les divisions locales et nationales sur la question étaient grandes.

36. Et l'on ne peut pas dire que la réforme de 2014, réduisant le nombre de régions, et critiquable à de nombreux points de vue, ait innové, car il ne s'est agi que d'un réassemblage, il n'y a pas eu de nouveau découpage, nous sommes toujours, pour l'essentiel, sur le découpage de 1960.

Un deuxième exemple est celui d'une institution qui a prospéré et même proliféré, celle des établissements publics de coopération, principalement entre les communes (les EPCI). Là aussi, nous nous inscrivons dans l'héritage. Les origines remontent à 1890, lorsqu'est votée la loi sur les syndicats de communes, complément indispensable de la loi de 1884[37]. Déjà, le terme de « syndicat » est un emprunt au passé, c'est un héritage des syndics de l'Ancien Régime[38]. Il s'agit simplement, dans l'esprit du législateur, de créer des institutions qui ont un seul objet, celui-ci pouvant être, selon les cas, ou successivement, un syndicat pour l'assainissement, un syndicat pour l'eau potable, ou un syndicat pour l'installation de l'électricité. À l'époque, personne ne s'interroge sur l'originalité éventuelle sur le plan juridique de ces syndicats, qui n'apparaissent que comme une formule commode répondant à des besoins précis.

En 1959, on reprend l'idée des syndicats de communes, en en élargissant l'objet, et c'est la création des syndicats intercommunaux à vocation multiple (SIVOM), qui auront un grand succès[39] et vont être ensuite à l'origine d'une grande famille. Car ces établissements publics, s'ils ont la forme extérieure classique de l'établissement public, sont en réalité très originaux, puisque ce sont des établissements publics territoriaux. La formule de l'établissement public territorial ne surprend plus personne, c'est cependant une formule « anormale », une institution hybride entre l'établissement public et la collectivité territoriale[40]. Tous les établissements publics territoriaux créés depuis plus d'un demi-siècle sont des pseudopodes des syndicats de 1890, plus encore de ceux de 1959.

Un troisième exemple est la réforme de 1982 prise dans son ensemble. Il est courant de lire que cette réforme est une nouveauté; des ministres, à l'époque, firent valoir qu'il s'agissait d'une rupture par rapport au passé. Tout cela doit être relativisé. Si l'on comprend qu'un nouveau gouvernement invoque la nouveauté, pour se distinguer et se valoriser, cela n'est pas nécessairement la réalité, ou la vérité. La loi de 1982 doit beaucoup au passé, elle est plus dans la continuité que dans la nouveauté. Si l'on prend par exemple la suppression de la tutelle, certes, sur le plan symbolique la réforme est importante, mais, d'une part, la tutelle des

37. Lors du vote de la loi de 1884, la nécessité de faciliter la coopération entre les communes fut bien perçue, mais on remit l'adoption des dispositions la concernant à plus tard pour des questions de temps.

38. Il ne faut pas inverser les choses : les syndicats (ouvriers, de fonctionnaires, etc.) n'ont pas inspiré la création des syndicats de communes, ce sont eux qui sont une déclinaison moderne des syndics d'Ancien Régime.

39. Et rétrospectivement, les syndicats de la loi de 1890, qui n'avaient aucune appellation particulière, vont être qualifiés de syndicats à vocation unique (SIVU) pour les distinguer des précédents.

40. On est tenté d'appliquer à l'établissement public territorial la formule de la fable : « Je suis oiseau, voyez mes ailes, je suis souris, vive les rats! »

préfets avait été progressivement réduite, depuis 1959, et le rôle de ces derniers avait changé[41], d'autre part, la tutelle n'est pas entièrement supprimée, même en s'en tenant au plan légal, contrairement à ce que beaucoup croient[42].

Surtout, on a tendance à oublier qu'il y eut un projet de réforme très complet (trop complet, sans doute) qui avait fait l'objet d'un très long travail, notamment au Sénat, en 1978. Du fait même de son ampleur, ce projet « traînait », le changement de majorité, en 1981, en signa l'acte de décès. Mais si l'on veut bien comparer la réforme de 1982 avec le projet de 1978, on se rend compte que le texte de 1982 reprend souvent celui de 1978, parfois mot pour mot.

Il s'agit simplement de montrer, par là, que quoi que l'on dise et quoi que l'on veuille, on est tributaire du passé, celui-ci façonne le présent et détermine en partie l'avenir. Les actes de décentralisation que nous posons depuis des années sont modelés par les actes antérieurs. Cela est non seulement inévitable, mais utile, car, pour reprendre une formule appliquée à de tout autres objets, sachant d'où l'on vient on peut mieux savoir où l'on va. En d'autres termes, en connaissant le passé, en sachant ce qu'on lui doit, on est mieux à même d'en faire une appréciation, une évaluation, et de corriger ce qui ne paraît pas satisfaisant. Le passé permet d'inventer l'avenir.

2. L'acte de décentralisation, manifestation de l'innovation

Les actes de décentralisation adoptés depuis plusieurs décennies sont nombreux. Ils ne peuvent pas être une simple répétition du passé, sinon ils n'auraient aucun sens. À chaque fois que de nouveaux actes sont pris, ces actes répondent, plus ou moins bien, à de nouveaux questionnements, à de nouvelles attentes, parce que des évolutions de tous ordres se produisent. Il y a nécessairement, de la part des pouvoirs publics, volonté d'adaptation, voire d'invention.

L'acte de décentralisation est adaptation, il ne peut en être autrement. L'expérience montre que certaines dispositions ne sont pas ajustées, voire sont inadaptées, qu'il faut les corriger. La politique de décentralisation conduite depuis des années est une recherche permanente d'une adaptation aux exigences, tant des collectivités territoriales que de l'État, le changement de circonstances imposant, comme en droit administratif où le juge l'a consacré pour valider des modifications apportées par l'administration, de corriger des mesures qui convenaient peut-être au moment où elles ont été adoptées, et qui ne sont plus appropriées.

---

41. Les préfets acquièrent, sous la Ve République, un rôle nouveau qui est celui de « conseiller » des élus locaux, spécialement des élus communaux.

42. C'est le cas de la tutelle technique, qui a été seulement « allégée », et non supprimée. Voir J.-M. PONTIER, « Le maintien de la tutelle technique », *in* N. KADA (dir.) et collectif GRALE, *Droit et Gestion des collectivités territoriales – DGCT*, Paris, éd. Le Moniteur, 2022, p. 141.

Une illustration en est fournie par le transfert de certaines compétences. Ainsi, en 1983, compte tenu de la « vocation » sociale du département (encore le passé) la loi transfère à celui-ci un certain nombre de compétences dans le domaine social et médico-social. Le transfert des compétences pouvait paraître logique, voire souhaitable, dans le cadre des « responsabilités sociales » du département[43], cette responsabilité[44] incluant de fait, et plus précisément, les campagnes de vaccination. Elle portait également, ce qui était moins logique et également très contestable, pour les raisons apparues ensuite, sur la lutte contre les pathologies ayant une incidence sociale, telles que la tuberculose, les maladies vénériennes, les infections sexuellement transmissibles et la lutte contre la lèpre. Les départements se voyaient également reconnaître compétence en matière de détection précoce des affections cancéreuses. À l'expérience, ce partage de compétences s'est révélé inadapté à l'évolution des enjeux sanitaires. Il est donc apparu préférable de revenir sur les dispositions de 1983 en faisant de l'État le seul responsable des campagnes de prévention et de lutte contre les grandes maladies, ce qui a été fait en 2004[45].

La loi 3DS en est une autre illustration. La loi NOTRe, de 2015, présentait de nombreux défauts, elle a peut-être été une loi de trop. La loi 3DS, dont on a beaucoup parlé, et dont on attendait également sans doute trop, décevante par bien des aspects, comporte de nombreuses rectifications, parfois des améliorations, par rapport à la loi de 2015.

Les transferts de compétences se sont opérés, depuis les années 1960, et plus particulièrement à partir de 1983, qui voit l'adoption de deux lois relatives à la répartition *de* compétences entre l'État et les collectivités territoriales[46], de l'État vers les collectivités territoriales, ce qui était dans la logique de la décentralisation. La nouveauté, depuis notamment la loi de 2015, est le développement de transferts de compétences entre les collectivités territoriales elles-mêmes, le législateur ayant entendu adapter les compétences de chaque catégorie de collectivités en opérant un certain nombre de rectifications.

---

43. Sachant qu'il est parfois difficile de distinguer entre ce qui « sanitaire » et ce qui est « social », d'autant que les textes comportent souvent la formule « sanitaire et social » qui empêche de faire nettement la distinction.

44. La notion de responsabilité est ici comprise dans son sens administratif, non dans son sens contentieux.

45. Pour plus de détails, voir J.-M. PONTIER, « La santé entre centralisation et décentralisation », *RDSS* 2019, p. 669.

46. Loi nº 83-8 du 7 janv. 1983 relative à la répartition de compétences entre les communes, les départements, les régions et l'État (qui énonce des principes de la répartition et porte principalement sur l'urbanisme) et loi nº 83-663 du 22 juill. 1983 complétant la précédente, lois modifiées à plusieurs reprises par la suite et dont l'essentiel des dispositions (mais toutes les dispositions de la loi du 22 juill. 1983) est codifié.

L'acte de décentralisation est invention et, de ce point de vue, le législateur français a fait preuve parfois d'une grande imagination. L'exemple des EPCI l'illustre de manière impressionnante. Il aurait été difficile de penser, au début de la Vᵉ République, que la formule de l'établissement public de coopération connaîtrait une descendance aussi nombreuse, aussi diversifiée. Toutes les formules n'ont d'ailleurs pas connu le même succès : ce n'est pas parce que l'on innove que, par définition, la solution nouvelle est meilleure que l'ancienne, qu'elle sera plus efficace, qu'elle répondra mieux aux besoins. Ainsi, par exemple, les districts urbains créés en 1960 n'ont pas connu le succès escompté, il s'en est créé très peu en milieu urbain, pour lequel ils avaient été conçus[47], et la formule a été abandonnée.

Certaines formules sont incertaines et leur sort particulier. C'est le cas des « pays », nés dans les années 1970 sous forme d'associations, consacrés par la loi du 4 février 1995[48], dont le cadre juridique a été supprimé par la loi du 16 décembre 2010[49], et qui ont été incités ensuite à se transformer en pôles d'équilibre territorial et rural (PETR) par la loi du 27 janvier 2014[50]. Ces PETR, successeurs des pays[51], sont des structures de coopération entre EPCI qui prennent la forme de syndicats mixtes fermés et qui sont destinés à établir un projet de territoire en matière de développement économique, d'aménagement de l'espace et de promotion de la transition économique.

Tout ceci montre que les pouvoirs publics hésitent sur les formules qui seront les mieux adaptées en matière de décentralisation. C'est que tout acte de décentralisation est également et nécessairement une recherche d'équilibre entre les personnes publiques territoriales.

II. La recherche d'un nouvel équilibre

Faire acte de décentralisation, c'est toujours être à la recherche d'un nouvel équilibre entre l'État et les collectivités territoriales. Les relations entre le premier et les secondes sont redéfinies plus ou moins clairement chaque fois que des lois relatives à la décentralisation, voire d'autres lois qui ne touchent qu'indirectement celle-ci, sont adoptées. C'est un nouvel équilibre qui est instauré ou que l'on veut

47. En revanche, et d'une manière qui pourrait paraître un peu paradoxale, mais qui peut s'expliquer, les districts urbains ont connu plus de succès en milieu rural.

48. Loi nº 95-115 du 4 févr. 1995 d'orientation relative à l'aménagement et au développement du territoire, loi modifiée par la loi nº 99-533 du 25 juin 1999 d'orientation pour l'aménagement et le développement durable du territoire et par plusieurs lois ultérieures.

49. Loi nº 2010-1563 du 4 déc. 2010 de réforme des collectivités territoriales (dite loi RCT).

50. Loi nº 2014-58 du 27 janv. 2014 de modernisation de l'action publique territoriale et d'affirmation des métropoles (dite loi MAPTAM).

51. Voir H. PAULIAT, « Le pays est mort… Vive le pôle ! », *JCP A* 2014, nº 2051.

instituer. Mais s'intéresser aux actes de décentralisation signifie également parler d'autres équilibres, l'équilibre entre les collectivités territoriales elles-mêmes, et, plus largement, l'équilibre entre le pouvoir et l'individu.

A. L'équilibre entre les collectivités territoriales

À partir du moment où des collectivités locales, ou territoriales, sont reconnues dans l'État et par l'État, les pouvoirs publics ont à s'interroger sur ces collectivités, sur leur nombre, sur les catégories de collectivités, sur les rapports entre ces collectivités, donc sur l'équilibre qu'il convient d'instaurer entre elles. Cette recherche constante au cours de l'histoire d'équilibre entre les collectivités territoriales est, en France, une recherche tâtonnante qui se traduit souvent par des solutions compliquées et brouillées.

1. Une recherche tâtonnante d'équilibre

Les collectivités territoriales sont toutes marquées par une histoire, mais une histoire qui pèse plus ou moins sur elles comme sur l'État, certaines catégories de collectivités étant d'abord le produit de l'histoire, tandis que d'autres sont plutôt le résultat d'une volonté des pouvoirs publics. Les problématiques sont donc différentes d'une catégorie de collectivités à une autre, les dirigeants sont amenés à faire des choix, à privilégier certaines collectivités à d'autres, à s'interroger sur le devenir des collectivités. Ces interrogations valent pour toutes les catégories de collectivités territoriales que nous connaissons en France.

La problématique pour les communes peut être résumée par un balancement entre le maintien de l'identité et la recherche de l'efficacité. « L'identité communale », ce n'est pas là une vaine formule, mais l'expression d'une réalité sociologique que les règles juridiques ne peuvent pas ignorer. La politique de décentralisation ne peut être d'abord que le constat de l'existence de communautés installées à l'échelon local, qu'il convient de les reconnaître et auxquelles il convient d'attribuer des compétences et des pouvoirs pour se gérer. Les communes sont, ainsi que nous l'avons vu, un héritage de l'histoire, ce qui conditionne les actes que le pouvoir politique prend à leur égard. La commune est la collectivité de base, elle est chargée d'organiser les services publics de proximité, comme le dit l'article L. 1111-9 du CGCT.

L'attachement à l'identité locale explique les difficultés rencontrées par le pouvoir politique à régler comme il l'entendait la question de l'organisation communale. Car pour les pouvoirs publics, il y a trop de communes. Le nombre trop élevé de communes est devenu un lieu commun du discours, pas seulement politique, mais également universitaire. Ce n'est pas seulement d'aujourd'hui que date le problème. Déjà, lors de la Révolution, on avait perçu ou estimé que les communes étaient trop nombreuses, d'où ce projet de municipalité de canton qui fut élaboré en l'an III, et qui demeura à l'état de projet. À notre époque, le pouvoir politique a de nouveau cherché à réduire le nombre de communes, par toutes sortes de moyens. Les incitations financières et fiscales furent utilisées, sans succès, mais le plus intéressant, dans notre perspective, est la loi sur la fusion des communes de 1971[52]. Cette loi n'était plus incitative, mais impérative, elle imposait la fusion de communes, le préfet devant être le principal artisan de cette fusion, avec des plans départementaux de fusion qui devaient être établis. Or cette loi a été un échec, les fusions ont été peu nombreuses et, signe encore plus net de cet échec, certaines fusions se sont défaites, les communes se sont séparées[53].

Ces deux exemples à plus de deux siècles d'intervalle, et bien que le premier ne se soit pas traduit en actes, nous enseignent que les actes, même solennellement adoptés, comme peuvent l'être les lois, ne font pas tout. Il ne suffit pas d'adopter un texte pour que celui-ci soit appliqué. C'est le plus souvent le cas, mais pas toujours. Mais ici, il s'agit d'une situation encore plus particulière : un acte pris par les dirigeants s'est heurté aux résistances locales. Mais l'on peut alors s'interroger : la loi de 1971 était-elle un acte de décentralisation ?

L'argument invoqué par les pouvoirs publics a été, et demeure, celui d'une plus grande efficacité pour, en quelque sorte, sauver la décentralisation. Mais l'on peut discuter du bien-fondé d'un tel argument, se demander si la voie qui avait été utilisée était la bonne. La réponse ne peut être que négative, et les pouvoirs publics eux-mêmes ont changé leur politique en adoptant ce que l'on peut appeler une stratégie de contournement avec les EPCI puis, plus récemment, les lois sur la commune nouvelle.

Ce que l'on peut dire, c'est que de nombreux actes ont été pris dans le cadre de la décentralisation, les lois et les règlements sur les communes, leurs établissements publics, ne se comptent plus, mais l'on peut hésiter quelquefois sur la qualification à donner à tous ces actes, dans la mesure où l'on peut se demander si, dans un certain nombre de cas, c'est bien la décentralisation qui a été poursuivie par les pouvoirs publics.

On pourrait faire la même observation à propos d'une autre catégorie de collectivités territoriales, celle des départements, dont on serait tenté de dire qu'ils sont entre condamnation et rédemption.

Condamnation, car les départements ont failli disparaître. Les départements ont connu une évolution assez particulière. Mal aimés au départ, considérés encore parfois, à l'époque contemporaine, comme artificiels[54], les départements avaient

52. Loi nº 71-588 du 16 juill. 1971 sur les fusions et regroupements de communes (loi quelquefois appelée « loi Marcellin », du nom du ministre de l'Intérieur de l'époque).

53. On a inventé même un nouveau mot pour désigner cette sorte de « divorce » entre les communes, c'est le mot de défusion, aujourd'hui couramment utilisé.

54. C'est plutôt la doctrine qui a considéré les départements comme artificiels, mais, d'une part, ce ne fut pas le cas lors de leur création, comme nous l'avons vu, d'autre part, les départements ont acquis au fil du temps une véritable légitimité, notamment auprès des élus communaux.

acquis une véritable force, ils étaient devenus des acteurs influents[55]. Cela se vérifie lors de l'adoption des lois de 1982 : les dispositions applicables aux régions sont inspirées de celles du département, c'est ce dernier qui est le modèle, la région est vue en fonction du département[56]. Quelque vingt ans après, le département était mal vu, des commissions, des rapports ont préconisé sa suppression, le département étant devenu, aux yeux de certains, inutile du fait du développement et de la montée en puissance des régions. Le département a failli disparaître[57].

Et cependant, le département est toujours là, et finalement, bien qu'avec des compétences diminuées[58], il demeure une collectivité importante et indispensable. Sa suppression n'est plus envisagée, elle paraît encore moins envisageable aujourd'hui du fait de la création de « grandes » régions, qui renforcent la légitimité et l'utilité d'un niveau territorial décentralisé entre les communes (et les groupements de communes) et les régions. Les intentions ne se sont pas, ici, véritablement traduites en actes, ces derniers ne représentent pas les intentions politiques qui étaient, semble-t-il, celles des gouvernants à un moment donné.

La région, elle, se trouve entre consécration et contestation. C'est la consécration qui est la plus évidente. La région qui a été imaginée, rêvée, même[59], est devenue réalité. Cela n'a pas été sans mal, les hommes politiques comme les Français ne s'étant « convertis » à la région que récemment dans l'histoire pour des raisons où se mêlent des considérations de toutes sortes. En revanche, aujourd'hui les régions se sont inscrites dans le paysage institutionnel et politique, les Français connaissent

55. Bien qu'il soit très difficile de savoir à quoi les Français ont répondu « non » au référendum de 1969, puisque deux questions étaient posées, et que les non pouvaient avoir trois significations différentes (sans que l'on puisse trier), mais les observateurs s'accordent à dire que les conseils généraux, qui voyaient d'un mauvais œil la réforme, ont pesé dans le résultat négatif de ce référendum.
56. Il est caractéristique d'ailleurs d'observer que, lorsqu'il s'est agi de fixer les compétences des régions, les parlementaires ont pris grand soin de préserver les compétences du département, il ne pouvait être question de « prendre » au département des compétences pour les remettre à la région. La situation sera inverse en 2015.
57. Un Premier ministre s'est déclaré officiellement favorable à la suppression des départements lors d'un débat en 2002.
58. Déjà, le projet de loi de 2004 avait une orientation nettement « régionale », privilégiant la région par rapport au département. Les débats ont infléchi le projet, et la loi n° 2004-809 du 13 août 2004 relative aux libertés et aux responsabilités locales préserve les compétences départementales. En revanche, la loi NOTRe de 2015 transfère certaines compétences des départements aux régions.
59. On peut parler de rêve à propos de la région dans la mesure où, dans le passé, de nombreuses propositions de création de régions ont été présentées, la littérature, et pas seulement juridique, s'est emparée du sujet, la région a fait rêver de nombreuses personnes.

l'existence de la région, ils l'acceptent[60], certains transferts ayant beaucoup joué en ce sens[61]. Les lois, notamment la loi NOTRe, ont étendu les compétences et le rôle des régions.

Mais si les régions sont devenues incontestables en tant que telles, cela n'exclut pas les contestations. Les contestations proviennent d'abord du redécoupage effectué en 2014, et dont nous avons dit qu'il n'était qu'un réassemblage, un réassemblage qui ne donne guère satisfaction : certaines régions ou certains départements sont mécontents, et les avantages supposés résulter de la réduction du nombre des régions (les économies qui devaient en résulter) n'ont pas été au rendez-vous[62]. Il faudra, un jour, procéder à un nouveau découpage. D'autres raisons de la contestation proviennent du rôle attribué à la région par rapport aux autres collectivités et qui, dans certains cas, est tout sauf clair.

2. Des solutions compliquées et brouillées

Les solutions adoptées par les pouvoirs publics depuis plusieurs années, si elles prétendent réaliser et développer la décentralisation sont, quel que soit le sentiment que l'on peut avoir sur leur bien-fondé, compliquées et brouillées. Il suffirait de citer la formule retenue dans la Constitution, lors de la réforme constitutionnelle de 2003 pour désigner la subsidiarité[63], mais sans adopter le terme, alors que c'est bien du principe de subsidiarité qu'il s'agit, ainsi que l'a reconnu d'ailleurs le Conseil d'État. Les solutions sont compliquées pour trois séries de raisons.

En premier lieu, les actes de décentralisation pris depuis plusieurs décennies ont opéré une surcharge de notions qui n'ont pas été clairement définies. Parmi elles, il faut citer tout d'abord la notion de « collectivité chef de file » qui est consacrée à l'article L. 1111-9 du CGCT. On comprend bien l'idée qui est à l'origine de cette notion : la coopération entre les collectivités territoriales[64] est non seulement

60. Mais, en revanche, les taux d'abstention aux élections régionales sont, avec les élections départementales, les plus élevés de toutes les consultations électorales (66,72 % au premier tour, 65,3 % au second tour des élections de 2021), ce qui est un sujet de préoccupation.
61. C'est en particulier le transfert de responsabilités (il s'agit bien, comme le dit d'ailleurs la loi, de « responsabilités » et non pas de compétences) en matière de lycée, les régions ayant su habilement faire leur promotion en se faisant connaître par la construction de lycées.
62. Cela n'est pas étonnant et était même prévisible, du fait des déplacements des assemblées, des réajustements d'indemnités (vers le haut naturellement), voire de bâtiments qui n'étaient plus en mesure d'accueillir des assemblées plus nombreuses.
63. L'article 72, alinéa 2 dispose : « Les collectivités territoriales ont vocation à prendre les décisions pour l'ensemble des compétences qui peuvent le mieux être mises en œuvre à leur échelon. » C'est une formule inutilement emberlificotée (qu'est-ce qu'une « vocation » pour une collectivité territoriale ?), mieux aurait valu mettre plus simplement que le principe de subsidiarité s'appliquait.
64. La coopération entre les collectivités territoriales et l'État est tout aussi indispensable, mais elle ne peut recevoir les mêmes réponses, elle obéit à des logiques différentes.

souhaitable, mais indispensable, elle l'est d'autant plus que les compétences de ces collectivités ont été étendues par les diverses lois de décentralisation qui se sont succédé depuis des années.

L'idée, consacrée à cet article L. 1111-9 du CGCT précité, de consacrer chaque catégorie de collectivités territoriales comme étant chef de file est également bienvenue. Il n'aurait pas été souhaitable qu'une seule catégorie de collectivités territoriales fût consacrée comme telle car, dans ce cas, la région aurait été choisie à ce titre, ne serait-ce que parce que, intuitivement, du fait qu'elle a un territoire plus vaste (par définition) que les autres catégories de collectivités territoriales, elle aurait été pensée comme devant exercer « naturellement » ce rôle de chef de file. Ce n'est pas, fort heureusement, ce qui a été retenu, la commune (ou ses groupements) et le département sont également chef de file.

Le problème avec la « collectivité chef de file » est double. D'une part, les domaines dans lesquels chaque collectivité peut être chef de file sont énoncés avec une grande imprécision. Ainsi, s'agissant de la commune, on comprend qu'elle soit chef de file pour les « services de proximité », mais que sont les services de proximité? C'est pire, toujours pour la commune, en ce qui concerne le « développement local », avec la même interrogation. S'agissant du département, on ne peut qu'être d'accord avec le principe selon lequel celui-ci est collectivité chef de file pour tout ce qui concerne la « solidarité », compte tenu de l'histoire du département et de sa « vocation » sociale, mais la solidarité est une notion plus ou moins extensible, qui peut s'appliquer à de nombreuses personnes tant physiques que morales, le législateur n'ayant pas facilité la tâche en ce domaine[65].

Plus encore, sans doute, et cela découle de ce qui précède, on peut se demander ce que recouvre la notion de « collectivité chef de file ». Cette notion est « bordée », si l'on peut dire, par une interdiction qui est de nature constitutionnelle, celle, pour une collectivité territoriale, d'exercer une tutelle sur une autre collectivité territoriale[66]. Mais la frontière est ténue, on ne sait même pas exactement où elle se trouve, entre l'exercice d'une tutelle et l'application de la collectivité chef de file. Cette notion n'est définie nulle part (cela serait d'ailleurs difficile), son recours ne peut être que délicat, et c'est pourquoi sans doute les collectivités territoriales n'y recourent pas.

---

65. Ainsi, le législateur a consacré la notion de « solidarité territoriale », qui ne correspond (évidemment) pas avec la solidarité telle qu'elle est énoncée à l'article L. 1111-9.

66. On comprend cette interdiction constitutionnelle : d'une part, il aurait été illogique d'accepter la tutelle d'une collectivité territoriale sur une autre collectivité, alors que venait d'être supprimée la tutelle de l'État, d'autre part, à devoir subir une tutelle, une collectivité territoriale préférera toujours la tutelle de l'État, parce que plus lointaine, à la tutelle d'une autre collectivité territoriale.

D'autres notions ne sont pas plus claires. On pourrait en citer plusieurs, mais l'une d'entre elles a suscité beaucoup de questions, il s'agit des conventions territoriales d'exercice concerté (CTEC) des compétences, liées d'ailleurs à l'exercice de la qualité de collectivité chef de file, ainsi qu'aux conférences territoriales de l'action publique (CTAP) instituées à l'échelon régional par la loi MAPTAM. Ces conventions territoriales ont soulevé de nombreuses interrogations et sont apparues trop complexes[67], c'est pourquoi le législateur a dû, dans la loi 3DS, apporter des éclaircissements et des précisions.

En deuxième lieu, le législateur semble s'ingénier à compliquer les choses. Il en est ainsi de ce qui a été appelé, de manière certes juridiquement maladroite, mais politiquement très compréhensible, la « clause générale de compétence », qu'il vaut mieux appeler la « clause de compétence générale »[68]. Le législateur, dont on ne peut même pas dire qu'il était animé des meilleures intentions, a décidé de supprimer cette clause pour les départements et les régions, mais comme il y a des exceptions, énoncées au surplus de la manière la plus vague qui soit[69], les complications possibles ne peuvent que se multiplier.

En troisième lieu, le législateur entretient une confusion entre la décentralisation territoriale et la décentralisation technique (appelée également décentralisation fonctionnelle) avec la multiplication des établissements publics territoriaux. Tous ne concernent pas les collectivités territoriales, tout au moins directement[70], ce qui accroît d'ailleurs un peu plus la confusion, mais la plupart sont des établissements de coopération entre les communes. La complication et la confusion introduites par le législateur sont doubles.

Il s'agit, d'abord, de la diversification de ces établissements de coopération, qui provient de créations successives sans que les structures antérieures soient nécessairement supprimées, avec, parfois, au sein d'une même catégorie d'EPCI des

67. Voir le rapport de l'Inspection générale de l'administration de 2017.

68. Il ne s'agit évidemment pas d'une clause, mais, puisque la formule est utilisée (sans que l'on puisse dater de manière précise son usage, qui date des années 1960), autant la corriger le mieux possible, et ce qui est général, ce n'est pas la clause, c'est la compétence.

69. Ces trois exceptions sont la culture, le sport et le tourisme. J'ai montré, dans plusieurs articles, combien cette formulation n'était pas satisfaisante, notamment pour la « culture » dont il n'existe aucune définition incontestable, ce qui peut autoriser les interventions les plus diverses possible, avec toutes les contestations qui peuvent s'ensuivre.

70. C'est le cas par exemple des établissements publics de bassin, ou encore des parcs nationaux naturels (mais pas des parcs régionaux).

variations dont les citoyens ne perçoivent pas nécessairement les justifications[71]. C'est une application, avant la consécration par la loi 3DS, de la différenciation, mais une différenciation sur le bien-fondé de laquelle on peut s'interroger.

C'est, ensuite, un problème de démocratie. Car, certes, les élus des conseils de ces EPCI de toutes sortes sont élus au suffrage universel. Mais ce n'est pas le suffrage universel direct. Et, bien que la Constitution mette sur le même plan le suffrage direct et le suffrage indirect, pour les citoyens le système n'est guère lisible[72], alors que de plus en plus de compétences sont transférées obligatoirement des communes membres à l'EPCI. Les citoyens ne savent plus très bien où se trouve le pouvoir de décision, ce qui peut expliquer, en partie, la désaffection des électeurs.

B. L'équilibre entre le pouvoir et l'individu

La décentralisation n'est pas uniquement une question d'institutions et de règles. Au-delà de celles-ci, les justifiant ou en en expliquant l'organisation et le fonctionnement, on trouve des personnes, sans lesquelles la décentralisation serait vide de sens. Un acte de décentralisation ne peut pas ne pas avoir en vue ces personnes, qu'elles soient des habitants des collectivités ou des élus de ces dernières. La recherche de l'équilibre passe en définitive par un juge qui va réguler les relations.

1. Les citoyens et les élus

Hauriou l'avait bien vu, qui écrivait que la décentralisation, au point de vue politique, « c'est un accroissement de vie publique, puisque c'est intéresser aux affaires locales directement tous les électeurs et des milliers de mandataires élus. Ce n'est pas précisément que les intérêts locaux soient mieux gérés […] ; mais l'État tout entier profite de cette activité et de cet accroissement de vie, parce qu'il faut bien partir de ce postulat que la vie est bonne et que plus de vie vaut mieux que moins de vie »[73].

Mais si la décentralisation est souhaitable pour cette raison qu'indique Hauriou, il reste à savoir quels élus locaux elle implique. Deux remarques s'imposent au préalable. D'une part, la situation est aujourd'hui bien différente de celle qu'a connue Hauriou, ne serait-ce que par la place, bien plus importante, occupée par les collectivités territoriales depuis plusieurs décennies. Cela signifie que l'on ne peut plus se contenter, comme autrefois, d'élus qui passaient le dimanche signer les documents à la mairie, une personne de bonne volonté faisant office de secrétaire

71. C'est le cas des métropoles dont l'une, la Métropole de Lyon, est une collectivité territoriale à statut particulier tandis que les autres sont des EPCI, mais avec des particularités pour certaines de ces métropoles (comme, par exemple, la métropole d'Aix-Marseille).

72. D'ailleurs la plupart des citoyens ne connaissent pas, parmi les élus qu'ils ont désignés ceux qui siègent dans un conseil d'EPCI et, très souvent, ils connaissent très mal la structure intercommunale qui a bénéficié des transferts de compétences des communes.

73. M. HAURIOU, *Précis de droit administratif*, 2e éd., 1893, p. 19.

de mairie. Même dans les petites communes, aujourd'hui, il ne peut plus en être ainsi, à plus forte raison dans les moyennes et grandes communes. D'autre part, la question des personnels, si elle soulève encore sur certains points des difficultés, s'il y a, peut-on penser, trop de contentieux[74], a été largement réglée par l'adoption d'un statut de la fonction publique territoriale, largement calqué sur celui de l'État. Si l'on peut discuter de l'existence même d'un statut de fonction publique[75], il n'est guère contestable que la plupart des collectivités territoriales disposent aujourd'hui d'un personnel bien formé et compétent, ce qui n'était pas le cas du temps d'Hauriou.

Le problème du statut des élus locaux est triple. C'est d'abord la question, qui n'est jamais posée par les intéressés, qui n'a jamais été abordée par les lois, mais qui a été examinée par des rapports, de savoir s'il ne serait envisageable d'avoir, pour certaines communes, des exécutifs nommés et non plus élus par l'assemblée. L'évocation même d'une telle possibilité fait se récrier tous les intéressés, la question est évacuée sans être discutée, tant elle paraît attentatoire à la fois à la décentralisation et à la démocratie[76], mais il faut observer que dans d'autres pays, considérés comme incontestablement décentralisés et démocratiques, l'exécutif local est nommé, avec, bien entendu, le respect des prérogatives de l'assemblée[77].

C'est ensuite la question, liée à la précédente, des indemnités. Dans la mesure où la gestion de la collectivité appelle souvent, de la part des élus, un « temps plein », ce qui entraîne des sacrifices professionnels, voire la mise entre parenthèses d'une profession, il faut bien que ces élus disposent de moyens d'existence, pour éviter des distorsions trop grandes entre la situation des élus et la population en général[78].

C'est, enfin, la question de la formation. Elle est aussi délicate que les précédentes. Les élus, parce qu'ils ont reçu « l'onction »[79] du suffrage universel, ont tendance à penser que, de ce fait, ils disposent d'une compétence – au sens d'aptitude – innée pour gérer une collectivité. Ce n'est pas le cas et, plus qu'il y a

74. Le contentieux de la fonction publique, mais plus précisément de la fonction publique territoriale, est l'un des principaux contentieux devant les juridictions administratives de premier degré.

75. À l'étranger, dans des pays comparables à la France, le personnel des collectivités territoriales est souvent soumis à un statut de droit privé.

76. Les élus locaux tiennent à cette idée qu'ils agissent dans l'intérêt général d'une manière bénévole, qu'ils se dévouent à leur collectivité, ce qui est effectivement le cas, mais n'est pas une véritable réponse.

77. C'est le cas, par exemple, aux Pays-Bas, avec le bourgmestre.

78. Ce sont notamment les retraités qui sont le plus disponibles et peuvent consacrer leur temps à la collectivité sans sacrifier leur profession, et si les retraités représentent une part grandissante de la population, ils ne sont pas toute celle-ci, la représentativité en est affectée.

79. Le terme n'a rien du hasard. Il provient du vocabulaire religieux. S'il est appliqué aux élus, c'est parce que ces derniers considèrent qu'ils ont reçu un pouvoir de la part des électeurs qui relève quelque peu du sacré.

quelques décennies ou un siècle, une formation est indispensable. Tous les efforts effectués, prudemment, en ce sens, par le législateur n'ont eu que des résultats limités.

2. La participation des citoyens, clef de l'avenir de la décentralisation ?

La décentralisation n'est pas seulement une question de structures, de règles, de procédures, c'est une forme de relations entre le pouvoir, qu'il soit national ou local, et les citoyens. Or cette relation s'est abîmée, ou est en crise. La faiblesse de la participation aux élections locales[80] est un indicateur de ce que l'on peut qualifier de perte de confiance. Un rapport de 2022[81] insiste sur le développement de la participation pour rétablir la confiance des Français dans les institutions démocratiques.

L'acte de décentralisation à mettre en œuvre est-il dans cette participation des citoyens[82] à l'action locale? Mais dans ce cas, de quelle participation s'agit-il? Le thème de la participation peut recouvrir des procédures et des réalités très différentes. Il convient de rappeler que le référendum décisionnel est possible à l'échelon local, il est prévu par les textes[83]... Mais il est rarissime parce que les collectivités territoriales – les communes, principalement concernées – n'y recourent pas. Les élus locaux ne se précipitent pas pour soumettre à référendum une question, y voyant, sans le reconnaître expressément, un dessaisissement dont ils ne veulent pas. Le référendum d'initiative populaire (RIP), dont on débat depuis quelques années, est-il une réforme à adopter? À l'heure actuelle, on pense plus au RIP à l'échelon national qu'à l'échelon local (c'est le sens des propositions du rapport Bernasconi précité).

Qu'il s'agisse de l'échelon nation ou de l'échelon local, la participation des citoyens soulève de nombreuses questions qu'il serait trop long d'évoquer ici. Ce que l'on peut dire simplement, c'est que la décentralisation ne prend tout son sens que s'il existe une participation, des habitants et des citoyens, à la vie locale,

---

80. La diminution de la participation aux élections, qui est effectivement un signe de crise des démocraties concernées, dont la nôtre, ne caractérise pas seulement les élections locales, mais également les élections nationales (seule l'élection présidentielle échappe à cette désaffection, même si, là aussi, la participation est en diminution).
81. Il s'agit du rapport de M. Bernasconi, intitulé *Rétablir la confiance des Français dans la vie démocratique*, demandé par le Premier ministre de l'époque, M. Castex.
82. Lorsqu'il s'agit de participation, on peut éprouver une hésitation quant au terme à utiliser : faut-il parler d'habitants, ou de citoyens? Les deux ne se recoupent pas, et si la qualité de citoyen est la seule adaptée lorsque l'on parle du fonctionnement de l'État, à l'échelon local certains estiment que la notion de citoyen est trop restrictive.
83. Il s'agit des articles LO 1112-1 et s. CGCT.

sinon une déconcentration bien menée suffirait. Mais pour que la participation locale se développe, il faut que les structures et les procédures soient lisibles, compréhensibles, ce qui n'est pas le cas aujourd'hui.

D'une part, la tendance est trop, à l'heure actuelle, au regroupement, et au transfert de compétences à des institutions plus larges[84], à un niveau plus élevé. Dans les réformes qui ont été menées depuis des années, la propension a été de créer de nouvelles structures englobant les collectivités traditionnelles, et l'on a un peu oublié cette maxime qui vaut toujours « on n'administre bien que de près ». L'acte de décentralisation est aussi, et peut-être d'abord, celui qui respecte cette maxime.

D'autre part, malgré les affirmations réitérées de simplification, celle-ci n'est pas au rendez-vous. Mais s'il est difficile effectivement de simplifier, si, dans de nombreux cas, ce n'est guère possible, ou pas à un degré suffisant, en revanche il est toujours possible d'éviter certaines complications inutiles, dont la loi NOTRe fournit des illustrations, complications que la loi 3DS a cherché un peu timidement à corriger.

***
*

Il découle de ces réformes de décentralisation, et des complications qu'elle entraîne en même temps que, nécessairement, la multiplication des relations entre les collectivités territoriales et l'État, une régulation indispensable. Cette régulation est effectuée par le juge, plus précisément le juge administratif. Au début du XXe siècle, un commissaire du gouvernement près le Conseil d'État, s'adressant à ce dernier, déclarait que le juge était un peu « le supérieur hiérarchique » des collectivités locales. Une telle formule serait inacceptable aujourd'hui. Mais la réalité est sans doute plus accentuée qu'elle ne l'était du temps où ce commissaire du gouvernement s'exprimait. Le juge est désormais, depuis la fin de la tutelle décidée par le législateur – et même s'il y aurait beaucoup à dire sur cette suppression[85] – le régulateur obligé des collectivités territoriales. C'est l'un des traits de la décentralisation depuis quelques décennies, même s'il ne s'agit pas d'un acte de décentralisation.

---

84. On parle de syndicats de communes « XXL », et les métropoles s'inscrivent également dans la même perspective, certaines d'entre elles comptant près de 150 communes, ce qui est déraisonnable.
85. Voir J.-M. PONTIER, « Le maintien de la tutelle technique », *in* N. KADA (dir.) et collectif GRALE, *Droit et Gestion des collectivités territoriales – DGCT*, Paris, éd. Le Moniteur, 2022, p. 141.

1re Partie

LES PRINCIPES

LES INTENTIONS POLITIQUES DES ACTES 1 ET 2

Arnaud COUTANT
Professeur de droit public
Université de Reims Champagne-Ardenne – URCA
Directeur du Centre de Recherche Droit et Territoire – CRDT

À l'approche d'un anniversaire, organiser un colloque pour revenir sur les principales caractéristiques d'une politique, sur les grandes évolutions qui ont marqué un concept et sur les perspectives paraît d'autant plus pertinent que, en examinant la décentralisation et ses transformations, on ne peut que constater l'adaptabilité et la constante tension interne qui caractérise ce concept. Un anniversaire est l'occasion de faire un bilan, en se tournant vers le passé, tout en ouvrant des perspectives politiques et juridiques.

À cet égard, bien que ce colloque concerne au premier chef l'anniversaire de l'acte 1 de la décentralisation – les lois de 1982 et 1983 – il est naturel d'évoquer aussi l'acte 2, dont on célèbre également l'anniversaire…

Le rapprochement des deux actes peut sembler une évidence. Nous avons affaire à deux étapes majeures qui concernent une organisation administrative et politique dans un État donné.

Néanmoins, il suffit de citer certains passages des textes tirés de ces deux réformes pour soulever un souci de cohérence.

Les textes de 1982 et 1983, qui s'inscrivent dans un niveau législatif, évoquent une rupture avec le passé et une compétence des collectivités en matière locale.

Dans son discours du 26 octobre 1982, au congrès de l'Association des Maires de France, Gaston Defferre, ministre de l'Intérieur et de la Décentralisation, présente sa conception de la réforme :

> « Nous souhaitons introduire une rupture dans le cours séculaire de la centralisation et traduire immédiatement dans les faits un nouveau rapport de force.
> C'est fait.
> La première loi avait pour objet de donner le pouvoir aux élus, elle avait un caractère essentiellement institutionnel.
> Elle prévoyait :
> – la réforme des règles de contrôle sur les actes des collectivités locales. C'est fait ;

> – le transfert de l'exécutif départemental et régional. C'est fait.
>
> Elle permettait aux élus d'agir librement, de supprimer toutes les tutelles juridiques, administratives et techniques. C'est fait »[1].

Les questions qui demeurent?

– le transfert de compétences, l'extension des compétences locales est une conséquence normale;

– une réflexion sur la vie politique locale et l'intégration des citoyens en est le corollaire;

– des questions pratiques doivent alors être traitées comme les transferts de personnels;

– la quatrième question est financière. La clarification politique doit s'accompagner d'une clarification fiscale et budgétaire.

Le cœur juridique de l'acte 2 – c'est-à-dire la révision constitutionnelle – semble consacrer la décentralisation, en l'inscrivant comme une modalité d'organisation de la république, et, dans le même temps, lui donne une toute nouvelle signification en plaçant au cœur de cette organisation française un principe de subsidiarité. Accompagnant le projet de loi constitutionnelle relatif à l'organisation décentralisée de la République, Jean-Pierre Raffarin présente sa vision :

> « La République s'est construite sur les principes fondateurs de l'indivisibilité du territoire et de l'égalité des citoyens devant la loi. Les Français y demeurent profondément attachés. L'idée selon laquelle ces principes exigeraient que l'on bride les initiatives locales appartient, en revanche, au passé [...].
>
> Le présent projet de loi vise ainsi à modifier profondément le cadre constitutionnel de l'action des collectivités territoriales, en métropole et outre-mer [...]. C'est à l'État, et d'abord au Parlement, qu'il appartient de définir les grands principes et d'évaluer la façon dont ils sont mis en œuvre sur tout le territoire. Mais ce rôle sera d'autant mieux assuré si l'État se recentre sur ses missions principales. Quant aux collectivités territoriales, il convient de reconnaître leur capacité et leur autonomie de gestion, sous le contrôle du citoyen. Le droit à l'expérimentation permettra, pour chaque politique publique, de déterminer le bon niveau d'exercice des compétences. Ainsi les conditions de la mise en œuvre du principe de subsidiarité seront réunies »[2].

Avons-nous affaire au même concept, à une évolution identique?

En allant plus loin, on constate que le système français repose sur un certain nombre de contradictions lorsqu'on oppose deux grands concepts pourtant traditionnels, la décentralisation et la déconcentration. Il suffit de citer l'exemple de la politique du handicap pour relever la présence d'une politique déconcentrée (de niveau national) entre les mains d'une institution décentralisée, le département.

---

1. Le texte en est reproduit sur le site *https://www.vie-publique.fr/discours/257047-gaston-defferre-26101982-decentralisation-transfert-de-competences* [consulté le 15 avr. 2023].
2. Le texte est disponible sur le site *http://www.senat.fr/leg/pjl02-024.html* [consulté le 15 avr. 2023].

La présente contribution vise à rechercher une réponse à cette contradiction en revenant sur le concept de décentralisation. Les évolutions récentes de ce concept ne sont-elles pas un retour à l'origine, tenant compte de son hétérogénéité dans l'histoire française ?

Dans un premier temps, nous testerons l'hypothèse d'une nouvelle décentralisation, hypothèse qui se révèle fragile.

Dans un second temps, nous reviendrons sur l'hétérogénéité du concept, en en soulignant la pertinence pour comprendre la situation française, mais aussi les paradoxes au niveau pratique et juridique.

I. Vers une nouvelle décentralisation, une hypothèse apparente

L'analyse des deux réformes, en 1983 et en 2003, révèle des différences notables avec l'idée décentralisatrice originelle qui pourraient laisser envisager un tournant majeur. Est-ce une nouvelle décentralisation qui reposerait sur des fondements inédits, inspirés en partie de l'Union européenne ? On relève une contradiction apparente entre les textes. Néanmoins, une cohérence reste envisageable en revenant sur le concept au niveau français.

A. Une contradiction : d'une décentralisation à l'autre

Dans un premier temps, une contradiction apparaît lorsqu'on examine les transformations récentes de la décentralisation. Cette contradiction est d'autant plus aisément identifiable qu'il suffit d'opposer théorie et pratique pour faire naître des doutes sur l'utilisation récente de ce concept.

1. Une division théorique : déconcentration et décentralisation

Nous pourrions presque parler d'introduction au droit. La division entre déconcentration et décentralisation est abordée dès la première année de licence, durant les études juridiques, comme étant une sorte de principe incontournable des institutions administratives. De fait, elle repose sur des moyens d'action distincts et nourrit l'organisation administrative française dans son ensemble.

a. Une division majeure : deux moyens d'action

Au cœur de cette division, nous trouvons deux manières d'agir.

D'un côté, l'État dispose d'acteurs locaux, qui dépendent de lui, qui agissent en son nom, et qui peuvent répercuter à leur niveau les effets des politiques. La déconcentration, à cet égard, illustre l'une des modalités d'organisation. L'État continue d'agir, de manière directe ou indirecte. Cette idée trouve sa matérialisation dans une citation répétée à de multiples reprises, prononcée par Odilon Barrot, « c'est toujours le même marteau qui frappe, seulement on en a raccourci le manche »[3].

De l'autre, les acteurs territoriaux interviennent en lien direct avec les citoyens des collectivités. Ils agissent pour le bien de ces derniers, sous leur contrôle, en mettant en place un certain nombre de compétences financées au niveau local. Il y a ici un pouvoir local qui agit à l'intérieur de la république, à côté de l'État et non pas sous ses ordres.

b. Des concepts structurants de l'organisation administrative française

Les deux concepts qui reposent sur des distinctions organiques et matérielles servent de fondement pour structurer la république.

Organiquement, nous avons affaire à une seule personne publique qui intervient dans le cadre de la déconcentration et qui dispose d'un certain nombre d'acteurs locaux pour agir. Sur un plan identique, la décentralisation permet à plusieurs personnes publiques de mener des politiques à leur niveau, sur leur territoire.

Matériellement, la distinction est centrale, puisque les politiques nationales appartiennent à la logique de déconcentration tandis que des politiques territoriales sont dévolues à la logique de décentralisation.

Du point de vue des institutions, nous disposons en apparence de deux organisations distinctes avec un système hiérarchique d'un côté et un système thématique et institutionnel de l'autre.

2. Une contradiction pratique

Cette présentation, qui a le mérite de la simplicité, se heurte très rapidement à des contradictions lorsqu'on s'intéresse à la mise en œuvre d'un certain nombre de politiques. De fait, et ceci pourrait sembler être une exception limitée, dès la mise en place des textes des années 1980 on constate que des politiques déconcentrées ont été maintenues entre les mains de structures décentralisées. Ce qui aurait pu passer pour une exception connaît une évolution durable dans les années suivantes, et même une accentuation, ce qui n'est pas sans soulever un certain nombre de questions.

a. La présence initiale de politiques déconcentrées au niveau décentralisé

1983 marque un tournant dans la construction de l'État décentralisé en France. Cependant, les institutions territoriales qui vont, à partir de cette date, être dotées de compétences, préexistent. À cet égard, elles sont d'ailleurs parfois chargées d'agir au niveau local dans un cadre inattendu.

3. O. BARROT, *De la centralisation et de ses effets*, Paris, Didier et Cie., 1870, p. 164.

On peut prendre l'exemple de la politique du handicap. Avant 1983, les questions relatives à l'action sociale en faveur des personnes en situation de handicap ont été dévolues au département, qui agissait par l'intermédiaire du conseil général et du préfet. Autrement dit, la structure départementale disposait d'une approche déconcentrée.

Une exception notable à la division initiale est apparue en 1983 avec le maire. Le président du conseil municipal était déjà le représentant de l'État à ce niveau. Il est devenu en même temps le représentant d'un niveau local…

Le maintien de certaines de ses compétences après la mise en place de la décentralisation aurait pu passer pour une exception encadrée, liée à l'histoire de l'évolution administrative.

b. L'accentuation de cette tendance

Bien loin de n'être qu'une exception, cette volonté de confier au niveau territorial des politiques nationales qui auraient donc dû être déconcentrées connaît une approche systématisée dans les décennies suivantes.

Peu à peu, un certain nombre de compétences nationales sont ainsi transférées au niveau local, assorties d'un transfert budgétaire. La politique du handicap avec la loi de 2005 crée des structures rattachées au niveau départemental, les maisons départementales des personnes handicapées, alors qu'il s'agit d'une politique nationale. Les transferts se multiplient au nom de l'acte 2. C'est à ce niveau – le territoire – que la politique serait menée de manière satisfaisante. Cette dernière formule constitue une sorte de règle qui fournit une solution à la contradiction initiale.

B. Une cohérence possible : un concept unifié

Avons-nous affaire à une nouvelle décentralisation, dans un tel contexte ?

Si, dès le départ, des exceptions notables existaient au cœur des deux concepts, il faut peut-être s'interroger sur la mise en place du concept récent et sur ses conséquences. De fait, la décentralisation qui se construit après 2003 serait une réponse logique à un constat, la présence grandissante d'exceptions. À cet égard les exceptions devenant le principe, il a fallu construire un autre modèle théorique. Pour cela, les acteurs français ont choisi un principe européen de fonctionnement, la subsidiarité.

1. Des exceptions au principe

Si nous inversons la logique, et si nous évoquons l'existence des exceptions non pas comme à côté du principe, mais comme faisant partie de son évolution, on constate que la décentralisation retrouve une forme de cohérence.

a. Une inversion de la logique : les exceptions deviennent principes

De ce fait, si on considère que c'est justement le niveau territorial qui est le mieux à même d'appliquer les politiques nationales, y compris pour les adapter, on peut franchir un cap supplémentaire pour faire des exceptions le principe.

Dans cette mesure, la présence de plus en plus significative du concept d'expérimentation prend tout son sens. Parce qu'il y aurait des logiques locales, des intérêts locaux (nous retrouvons la vieille formule qui caractérisait la décentralisation), il y aurait pertinence à adapter au niveau local un certain nombre de règles, y compris en permettant une différenciation territoriale systématique.

b. Le niveau local comme niveau pertinent

Institutionnellement et organiquement, ce raisonnement trouverait sa réalisation avec les institutions territoriales.

En repartant du principe de différenciation et d'adaptation, on a pu ainsi imaginer des collectivités singulières répondant à des situations historiques ou politiques particulières (Collectivité d'Alsace), des instruments nouveaux pour répondre à des différences démographiques (le statut des métropoles) ou encore des adaptations en lien avec la géographie et le territoire (les multiples formes d'établissements publics de coopération intercommunale).

Ce niveau local est apparu tellement pertinent qu'il a permis de répondre à des questions politiques parfois dangereuses. Le Pays basque dispose aujourd'hui d'une institution politique locale qui permet de résoudre une tendance ancienne à l'autonomisation.

Naturellement, il nous faut trouver un concept directeur pour répondre à cette évolution.

2. La subsidiarité comme solution

La réponse se trouve dans le texte de 2003 et dans un lien avec une autre organisation en construction, l'Union européenne.

a. Le recours à un concept européen

La mise en place de cette union, à partir de 1992 de manière significative, s'est accompagnée de modalités d'organisation spécifiques. Loin d'un système de répartition des compétences qui caractérise une fédération comme les États-Unis, les constructeurs de l'union ont choisi de fonder l'organisation sur un principe opératoire : la subsidiarité.

L'idée est de définir le niveau politique non pas par le biais de compétences fixées à l'origine, mais en utilisant la finalité. L'action doit être menée par l'acteur le mieux à même d'agir. Ce principe conduit ainsi à démultiplier un certain nombre de politiques pour en faciliter la mise en œuvre.

b. Son utilisation au niveau français

Pourquoi ne pas transférer ce système au niveau français ?

On trouve une logique dans ce transfert en raison d'un des présupposés de la décentralisation française : la compétence générale. La présence d'une clause de compétence générale qui avait conduit à démultiplier les actions des acteurs locaux a longtemps fait l'objet de débats autour du millefeuille et de ses dépenses excessives. Le fait que, dans de multiples domaines, les trois niveaux de collectivités territoriales se trouvaient être compétents, avec la question d'une hiérarchie éventuelle entre eux, avait donné lieu à des débats d'autant plus importants qu'ils soulevaient des difficultés politiques, locales et démocratiques. Pourquoi donner la prééminence sur une collectivité territoriale par rapport à un autre ? Pourquoi privilégier telle ou telle collectivité pour telle ou telle politique ?

La subsidiarité devient une réponse utile qui permet de dépasser les querelles entre les collectivités territoriales, tout en offrant une solution élégante en matière politique. Le niveau le plus pertinent pour agir devient le niveau compétent, quoi de mieux dans ce raisonnement ?

Cette première série de réflexions met en lumière la nature complexe de l'évolution en matière de décentralisation. Loin d'un concept précis, encadré, on ne peut s'empêcher de constater la présence systématique, volontaire, d'un certain nombre d'exceptions. À cet égard, s'agit-il d'une volonté de transformer ce concept ? N'avons-nous pas plutôt affaire à une tendance lourde de cette approche en matière française ? Un détour par les origines de la décentralisation nous éclaire sur cette question.

II. Un concept hétérogène, une hypothèse aux conséquences majeures

Il suffit de revenir aux origines, c'est-à-dire à la naissance du concept de décentralisation, pour comprendre que nous avons affaire à un concept hétérogène. Cette hétérogénéité est une réponse politique satisfaisante. Elle permet de clarifier l'approche en intégrant les évolutions récentes. Néanmoins, juridiquement, elle soulève de véritables questions. De fait, avons-nous toujours affaire à une organisation cohérente juridiquement parlant ?

A. Une hypothèse politiquement satisfaisante

Lorsqu'on s'intéresse à un concept juridique, il est de coutume de revenir à son origine pour essayer d'en trouver une définition précise. Le fait de faire de la décentralisation un concept évolutif trouve alors une étonnante justification. En effet, lorsqu'on retourne aux origines de ce mot, on ne peut que constater son caractère polysémique. Une clarification est d'autant plus nécessaire qu'elle peut permettre une cohérence entre l'action politique et la définition juridique.

1. Un concept à l'origine incertaine

Bien loin de la définition juridique que nous avons évoquée au départ, la naissance du concept de décentralisation intervient dans un contexte confus et explique un certain nombre de débats ultérieurs.

a. Un souci sémantique

Nous avons évoqué les deux concepts comme étant essentiels dans la compréhension du système administratif français. La déconcentration s'opposerait à la décentralisation et, de manière générale, permettrait de présenter l'évolution étatique en France et ses grands principes. Or, il suffit de revenir sur la date de création des deux mots pour soulever une question.

Le mot décentralisation apparaît pour la première fois en 1829[4].

En revanche, il faut attendre 1869 pour voir naître le mot déconcentration sous la plume d'un juriste administrativiste, Léon Aucoc[5].

Le rapprochement de ces deux naissances soulève une question : si les deux termes n'ont pas été créés en même temps, quelle signification précise ont-ils eue en fonction de la période ?

De fait, entre 1829 et 1869, on constate que le mot décentralisation est utilisé dans deux sens différents.

D'un côté, il désigne le fait de confier au niveau local, à des institutions élues, des compétences locales, qui correspondraient à un intérêt local. C'est la présentation faite par plusieurs penseurs libéraux comme Alexis de Tocqueville ou Benjamin Constant. La décentralisation serait alors nécessaire administrativement et politiquement puisque, pour Tocqueville, elle serait une école de la démocratie.

De l'autre côté, le terme décentralisation est aussi utilisé par des tenants de l'action de l'État qui veulent voir dans la décentralisation le concept expliquant l'intervention des acteurs locaux de l'État, c'est-à-dire des agents dépendant du système étatique au niveau local. Sous la plume de Vivien ou de Cormenin, la décentralisation est synonyme de ce qu'on appellera plus tard la déconcentration. Un dernier exemple, juridique celui-là, est donné par le décret de décentralisation administrative de 1852 qui organise la fonction préfectorale…

---

4. P. BOISTE, *Dictionnaire universel de la langue française*, avec le latin et l'étymologie, Paris, Verdière, 1829, p. 194 ; l'auteur cite un député, Alexandre Mechin, élu de l'Aisne, qui a utilisé ce terme lors d'un débat parlementaire, en cette même année 1829.

5. L. AUCOC, *Conférences sur l'administration et le droit administratif faites à l'École impériale des ponts et chaussées*, Paris, Dunod, 1869, p. 88.

b. Une illustration politique et juridique complexe

Dans cette mesure, la présence d'une multiplicité de significations pour le seul mot de décentralisation soulève des questions de cohérence.

Soit la décentralisation est un mode politique et administratif de gestion locale, reposant sur des acteurs locaux. Dans cette première hypothèse, étayée par de nombreux penseurs du XIXe siècle, il faut rechercher des termes précis pour encadrer de manière organique et matérielle l'action décentralisatrice. Pour Constant, le niveau local est une véritable école politique et administrative. C'est le cas également pour Tocqueville qui veut voir dans ce procédé aux États-Unis un des éléments majeurs de l'évolution démocratique qui doit advenir en France. Les niveaux correspondent à des logiques spécifiques. Au niveau départemental doit être donné tout ce qui concerne l'intérêt départemental. Au niveau communal, tout ce qui concerne l'intérêt communal.

Soit la décentralisation est au contraire plus générale et pose la question d'une action en dehors du centre. Et dans ce cas, elle recouvre tout à la fois la logique décentralisatrice et l'idée d'une action locale de l'État, qui renverrait beaucoup plus à la déconcentration.

Nous trouvons deux exemples évidents historiquement parlant : d'un côté le conseil municipal et son maire, de l'autre le conseil général et le préfet. Dans les deux cas, nous découvrons une étrange symbiose entre la logique de déconcentration et la logique de décentralisation, avec une union entre les deux acteurs principaux de ces systèmes, en matière organique et matérielle.

2. Une clarification générale

Politiquement, l'évolution que nous avons relevée concernant la décentralisation conduit donc à une clarification d'autant plus bienvenue qu'elle est pertinente. Au-delà du concept polysémique, la décentralisation devient une méthode d'action de l'État, avec plusieurs niveaux d'action et plusieurs niveaux de répartition.

a. Un retour sur un concept polysémique

Il n'y aurait donc plus d'incohérence dans l'approche générale. Dès le départ, le concept étant polysémique, il peut conduire à une perspective double et évolutive.

Dans un premier temps, on peut souligner les multiples sens du concept à l'origine. La décentralisation peut signifier à la fois l'action territoriale par un acteur local ou l'action nationale par un acteur local. La seule question à poser concerne l'approche hiérarchique et ses conséquences.

Dans un second temps, on peut surtout insister sur le caractère évolutif du concept et sur ses transformations. Pourquoi ne pas passer d'un concept fondé sur les intérêts territoriaux à un concept fondé sur la subsidiarité, entre 1983 et 2003, puisque de toute façon le concept a lui-même évolué de manière significative entre 1829 et 1869 ?

On pourrait ainsi respecter le cœur de ce concept, son adaptabilité facilitant son utilisation dans des situations différentes.

b. Une nouvelle définition

À cet égard, une nouvelle définition peut être posée.

Organiquement, la décentralisation correspond bien à l'existence de personnes publiques qui disposent d'une forme d'autonomie dans leur action et dans leur fonctionnement.

Matériellement, en revanche, cette même décentralisation fait apparaître deux catégories distinctes de compétences. D'un côté, les collectivités territoriales sont compétentes pour ce qui les concerne au niveau territorial (et nous retrouvons la définition initiale de la décentralisation). De l'autre, en application du principe de subsidiarité, les collectivités territoriales sont le niveau pertinent d'action de l'État, y compris dans les grandes politiques nationales. Cette manière de présenter les choses a le mérite de simplifier la représentation générale avec un certain nombre de conséquences directes sur l'application juridique et politique.

Mais est-ce si simple ?

B. Une hypothèse juridiquement dérangeante

La présentation politique précédente a sans doute le mérite de simplifier les principales questions portant sur la décentralisation. À partir du moment où on choisit de modifier la définition précise en lien avec l'intérêt local pour ouvrir cette approche et permettre tout à la fois une différenciation territoriale, une expérimentation, une organisation des politiques nationales sous une forme déconcentrée et décentralisée, la nouvelle définition semble utile. Cependant, ne fait-elle pas naître des questions juridiques en raison de la présence d'autres principes, liés au niveau local ?

1. Une question sur l'autonomie locale

Si nous revenons aux sources de la décentralisation moderne, c'est-à-dire au texte de 1983 qui fait l'objet du présent colloque, nous constatons la présence d'un principe central. Derrière l'idée de libre administration des collectivités se trouvent plusieurs questions qui concernent tout à la fois le personnel, les compétences et surtout l'aspect budgétaire. Or, la nouvelle approche du concept de décentralisation, pour cohérente qu'elle soit politiquement parlant, entretient une véritable confusion.

a. Un problème budgétaire

L'idée de libre administration renvoie à une forme de liberté de choix concernant l'organisation et les finalités. Au cœur des institutions territoriales, on trouve ainsi un cadre d'action qui serait commun et une liberté dans les options en matière de politiques financées, de méthodes utilisées et de priorités budgétaires. Si on transfère une partie notable des politiques nationales à ce niveau, la contradiction est patente.

De fait, parce qu'il s'agit de politiques nationales, les dépenses liées à ces politiques sont considérées comme obligatoires. Elles ne peuvent pas faire l'objet d'arbitrage au niveau local et doivent simplement être mises en œuvre. On répondra que les transferts budgétaires ont eu lieu de la part de l'État. Mais de tels transferts (qui font d'ailleurs naître des questions sur leur caractère suffisant) constituent automatiquement une réorganisation des finances territoriales. Une part de plus en plus importante du budget est ainsi consacrée à des dépenses nationales, obligatoires.

Dans cette mesure, il suffit de revenir sur les termes utilisés pour comprendre que nous avons affaire à une transformation significative, mais aussi problématique. Les dépenses territoriales deviennent facultatives au sein du budget. Elles répondent certes à un intérêt local, mais elles soulèvent un certain nombre de débats.

L'autre question budgétaire concerne une forme d'autonomie fiscale. Pour pouvoir agir politiquement parlant au niveau territorial, les collectivités disposent-elles des finances nécessaires ? Les réformes récentes (on pense aussi à la taxe d'habitation) sont autant d'affaiblissements de la liberté locale au sens financier du terme.

b. Une solution entretenant la confusion

La solution qui consiste à confier au niveau territorial décentralisé tout à la fois des politiques déconcentrées et des politiques décentralisées fait naître une véritable confusion dans la manière d'aborder les choses.

Avons-nous affaire à une politique nationale ou à une politique locale ? La question ne semble pas poser de souci. Le handicap, les minima sociaux, les locaux éducatifs, tout cela s'intègre pleinement dans l'action nationale.

Or, de manière systématique, les transferts opérés ces dernières années ont eu pour conséquence de confier au niveau territorial des gestions nationales, tout en encadrant les pouvoirs territoriaux.

En insistant sur la liberté territoriale, les acteurs nationaux ont choisi de la restreindre. Il ne s'agit pas de permettre de faire des choix budgétaires au niveau territorial. Il s'agit d'appliquer de manière hiérarchique (puisque sur ces questions les règles sont fixées au niveau national) un certain nombre de politiques.

2. Une approche critiquable

Plus généralement, et toujours en se plaçant dans une approche juridique, un concept de décentralisation qui mélangerait les deux perspectives soulève des questions en matière d'organisation de l'État et d'orientation générale.

a. Un manque de réflexion sur l'organisation de l'État

C'est un premier constat. Dans une république comme la France qui a fait de son aspect indivisible un caractère central, l'existence de deux organisations distinctes, l'une émanant directement de l'État au niveau local, l'autre permettant une forme d'action territoriale, encadrée par des compétences précises, était parfaitement compatible avec l'histoire et le fonctionnement juridique. En revanche, la logique de subsidiarité qui démultiplie les politiques nationales entre les mains d'acteurs locaux devrait conduire à une réflexion beaucoup plus importante sur la forme de l'État.

Plusieurs perspectives incitent à réfléchir en ce sens.

Le principe initial voulait que, pour assurer une égalité entre les Français, une péréquation existe entre les différentes collectivités territoriales. Une telle modalité sous-entendait une cohérence d'ensemble qui, déjà, mettait en avant une question sur les spécificités locales.

Les deux logiques récentes, à savoir l'expérimentation et la différenciation, font apparaître une tout autre perspective. Si on choisit de revenir sur l'indivisibilité et sur l'égalité stricte, pour privilégier, avec la pertinence du niveau d'action, l'adaptation de l'approche locale, il est peut-être nécessaire de repenser la république dans son ensemble. La question d'une différenciation trouve déjà une résonance singulière avec le cas de la Nouvelle-Calédonie. Peut-on imaginer une approche plus globale qui viserait à repenser l'action de l'État, par l'intermédiaire des institutions et en posant clairement une question, celle de l'action fiscale ?

b. Une orientation paradoxale : l'union de tendances opposées

Actuellement, le système s'efforce d'unir des structures sans chercher réellement à les rendre cohérentes. En voulant ainsi transformer des institutions territoriales en acteurs étatiques, on prend le risque de désorganiser l'ensemble du système juridique et de poser la question de sa cohérence et de son respect des règles constitutionnelles.

Les niveaux territoriaux peuvent se voir chargés de politiques nouvelles, à condition de mieux encadrer leurs compétences et de poser la question de la conformité des réformes, d'une part, avec l'indivisibilité de la république, d'autre part, avec la libre administration.

Les acteurs de l'État au niveau local sont peu à peu déchargés de leurs compétences, avec un transfert vers les collectivités territoriales, sans avoir une finalité générale.

Une préoccupation semble dominante, limiter les dépenses et les conséquences budgétaires de l'organisation. Si une telle finalité s'explique et se justifie, de manière générale, elle ne peut en aucun cas être appliquée sans une réflexion globale en matière institutionnelle et politique.

***
*

En conclusion, nous pouvons faire trois remarques.

En premier lieu, le concept de décentralisation, en raison de son origine et de son évolution, fait partie de ces concepts juridiques singuliers qui nécessitent un encadrement précis, une actualisation fréquente de leur définition et une reprise systématique du contexte et de la finalité politique.

En second lieu, parler de décentralisation et de déconcentration illustre un autre phénomène propre à la science juridique, l'écart entre la théorisation et la pratique, la volonté d'encadrer une politique ou un mode de fonctionnement et l'adaptation inévitable lors de sa mise en œuvre et de sa réalisation.

Enfin, les différents actes de la décentralisation ont eu le mérite de faire avancer un certain nombre de politiques au niveau territorial en soulevant des questions majeures d'organisation et de fonctionnement. On peut toutefois regretter que les débats en cause n'aient pas eu pour conséquence une véritable interrogation sur la forme de l'État français, sur les logiques républicaines et leurs conséquences et sur la place des territoires dans une république comme la France au XXIe siècle.

L'ACTE 2 DE LA DÉCENTRALISATION : RETOURS D'UN ANCIEN COLLABORATEUR MINISTÉRIEL

Éric FREYSSELINARD

Préfet

Directeur de l'Institut des hautes études du ministère de l'Intérieur – IHEMI

J'ai été convié à ce colloque afin de m'exprimer sur mon expérience d'ancien collaborateur ministériel, ayant pris part à l'acte 2 de la décentralisation et, plus particulièrement, à la construction du projet de la loi organique relative aux libertés et responsabilités locales du 13 août 2004. Je fus en effet chef du bureau des services publics locaux, à la Direction générale des collectivités locales de 2000 à 2002, puis directeur adjoint et directeur du cabinet du ministre délégué aux Libertés locales, Patrick Devedjian, de 2002 à 2004, tout en étant conseiller du ministre de l'Intérieur, Nicolas Sarkozy.

Un des intervenants précédents a indiqué à ce micro que la décentralisation n'était pas un sujet propre à la gauche ou la droite. Si cela est peut-être le cas aujourd'hui, j'aimerais tout de même rappeler pour commencer que la décentralisation est une idée originellement portée par la droite. Dès 1865, le programme de Nancy incarne cette aspiration décentralisatrice, en se présentant comme un « manifeste des libertés locales ». Ce programme est le précurseur de grandes réformes menées dans les premières années de la IIIe République : la loi du 10 août 1871 qui donne de nouvelles compétences aux conseils généraux et instaure l'élection de leurs membres, et la loi du 5 avril 1884 qui fait de même avec les conseils municipaux.

Le mouvement décentralisateur est relancé par la création de la Fédération régionaliste de France (FRF), en 1900, qui demande la création de collectivités régionales, et par le mouvement du Félibrige qui défend la culture occitane.

Une bascule à gauche de la question décentralisatrice s'opère en 1981, avec l'arrivée au pouvoir du Président de la République, François Mitterrand, et les lois Defferre de 1982 et 1983. Ces dernières constituent alors l'acte 1 de la décentralisation.

La droite revient ensuite à ses positions en faveur de l'accroissement des compétences des collectivités territoriales en initiant l'acte 2 de la décentralisation sous la présidence de Jacques Chirac. Cette deuxième étape est portée par deux grands décentralisateurs, le Premier ministre, Jean-Pierre Raffarin, et le ministre délégué aux Libertés locales, Patrick Devedjian. Ce dernier fait valoir que, s'agissant de la décentralisation, le clivage ne s'opère plus sur une ligne de partage gauche/droite, mais bien sur une opposition entre jacobins et girondins. Par ailleurs, le courant décentralisateur se divise lui-même entre régionalistes et départementalistes.

En parallèle, le début des années 2000 voit également se renforcer le clivage entre européanistes et souverainistes, mettant en exergue la question du fédéralisme, tant au niveau européen que national. La question principale est alors de savoir si l'État doit laisser s'imposer à lui la strate du dessus ou celle du dessous.

L'acte 2 de la décentralisation s'ouvre avec la loi constitutionnelle du 28 mars 2003. L'article 1er de la Constitution est modifié afin d'intégrer le fait que l'organisation de la République « est décentralisée ». Par ailleurs, la région se voit consacrée juridiquement dans la Constitution.

L'essentiel des principes de l'acte 2 de la décentralisation provient d'un grand discours de Jacques Chirac, prononcé lors de la campagne des élections présidentielles de 2002, que nous avons étudié avec grande attention pendant la conception du projet de la loi relative aux libertés et responsabilités locales. Jean-Pierre Raffarin et Patrick Devedjian se sont fortement investis sur ce projet, considérant, selon les mots de ce dernier, que nous étions des « végétariens au royaume des anthropophages », car trop peu décentralisateurs.

I. La méthode de conception du projet de loi

Afin d'élaborer le projet de loi, nous nous attelons à reprendre un certain nombre de propositions formulées par le passé, comme la décentralisation du revenu minimum d'insertion (RMI) et le transfert des personnels techniciens, ouvriers et de service (TOS) aux collectivités territoriales. Nous nous appuyons également sur les travaux du Groupement de recherche sur l'administration locale en Europe (GRALE).

Des réunions hebdomadaires permettent à Nicolas Sarkozy de suivre l'avancée des travaux sur le projet de loi. Il décide également d'organiser des assises partout sur le territoire, chaque réunion devant se tenir en présence de 1 000 personnes. Le 17 février 2003, en parallèle, tous les ministères sont reçus à Matignon, en notre présence, pour présenter leurs demandes en matière de décentralisation.

Les collectivités territoriales sont évidemment impliquées dans le processus puisque nous leur demandons leurs propositions. La moitié des conseils généraux, notamment, preuve de leur appétence et de leurs moyens, et le tiers des conseils régionaux répondent à nos sollicitations. Étonnamment, les conseils régionaux de Bourgogne et du Languedoc-Roussillon réclament le transfert des plans régionaux de qualité de l'air, qui avaient pourtant déjà été décentralisés dans la loi relative à la démocratie de proximité du 27 février 2002. Le conseil régional d'Alsace est la seule collectivité à répondre avec un document extrêmement bien fourni, de plus d'une centaine de pages et avec des propositions de rédaction des textes législatifs.

Nicolas Sarkozy et Patrick Devedjian rencontrent également les associations d'élus locaux et les grands élus. Des discussions techniques sont conduites avec les directeurs généraux des associations d'élus locaux, mettant en lumière une certaine contradiction entre les élus, très demandeurs, et les administrateurs territoriaux, plus prudents. Des oppositions se font également jour entre les différents niveaux de collectivités territoriales, les départements étant les plus demandeurs.

II. Les négociations sur les transferts de compétence

Des réticences importantes apparaissent, notamment sur le transfert des TOS. Si les départements, qui gèrent déjà chacun des milliers d'agents, ne font pas de difficultés pour prendre à leur charge les personnels des collèges, les régions expriment des craintes importantes s'agissant des lycées. En effet, certaines régions, comme les Pays de la Loire, sont ainsi censées passer de 500 à 5 000 agents. Par ailleurs, elles indiquent vouloir rester des administrations de mission. Le ministère de l'Éducation nationale étant également réticent, le Premier ministre finit par imposer le transfert des TOS qui constituent ainsi 100 000 des 150 000 fonctionnaires transférés aux collectivités territoriales. L'annonce est faite lors des assises nationales à Rouen, le 28 février, entraînant une grève des TOS et des professeurs.

Les régions s'opposent également au transfert des routes à leur charge. Sur cette question, le Premier ministre respecte le souhait des collectivités. Il paraît en effet logique de ne pas créer de nouveaux services en charge de la gestion des routes, en plus de ceux des conseils généraux et de l'État, à moins de confier les routes départementales aux régions, ce qui n'est alors pas envisageable. 20 000 kilomètres de routes nationales sont ainsi placés sous la gestion des départements, s'ajoutant aux 360 000 kilomètres de routes départementales déjà existants. Les 30 000 personnels de l'Équipement sont également transférés aux départements, dans un premier temps sous forme d'une simple mise à disposition.

Nous sommes conviés avec Benoît Ribadeau-Dumas, du cabinet du Premier ministre, au bureau de l'Association des Régions de France (ARF). La plupart des présidents de conseils régionaux sont présents. Deux points de friction apparaissent : ils considèrent que le projet de loi privilégie les départements au détriment des régions et ils trouvent que l'État ne va toujours pas assez loin en matière de décentralisation.

Les présidents de conseils régionaux refusent que l'État puisse encore contracter avec les communes s'agissant du développement économique local. Ils manifestent ainsi le souhait d'un retrait complet de l'État sur cette thématique. En outre, si l'État garde des fonds sur cette question, ils proposent qu'il ne puisse les dépenser qu'en conventionnant avec les régions.

Par ailleurs, ils acceptent que les départements reçoivent en gestion les routes nationales, mais à la seule condition que leur action s'inscrive dans le cadre d'un schéma routier de caractère prescriptif qui serait établi par le conseil régional.

S'agissant de la loi RMI (futur RSA) du 18 décembre 2003, nous défendons avec vigueur la suppression de la règle des 17 %. Cette dernière imposait aux conseils généraux de consacrer l'équivalent de 17 % des dépenses d'allocation de RMI de l'année précédente à l'insertion des jeunes. J'obtiens la suppression de cette règle à l'arraché lors d'ultimes réunions, mais elle est réintégrée au projet de loi par l'Élysée, la veille du passage en Conseil des ministres. Finalement, cette disposition est supprimée par un amendement voté au Sénat, lors de l'examen du projet de loi.

Des points d'achoppement apparaissent également entre ministères. Le ministre de la Ville, Jean-Louis Borloo, bien que décentralisateur, souhaite créer une agence nationale en charge de la gestion des crédits de rénovation pour démolir et remplacer les grands ensembles HLM vieillissants (future ANRU). Le cabinet du ministre Devedjian se bat contre ce projet d'agence, mais le ministre de la Ville obtient gain de cause, en chargeant les préfets de représenter localement cette future agence, afin de prévenir la création d'agences locales.

Par ailleurs, le ministre Devedjian souhaite absolument confier aux maires le contingent préfectoral qui est un droit de réservation de 30 % des logements sociaux à la main des préfets pour loger les plus démunis. Il estime insuffisante la prise en compte des conséquences sociales des placements de foyers en HLM sans souci de la mixité sociale. La disposition est adoptée par le Sénat lors de l'examen du projet de loi. Cependant, le Président de la République en demande le retrait et il est décidé de l'appliquer de manière expérimentale, avec un éventuel retrait de la mesure en cas de mauvaise application.

En définitive, les transferts de compétences réalisées au profit des collectivités territoriales sont nombreux. Pour se limiter à l'essentiel, les régions se voient ainsi confier le développement économique, la formation professionnelle ou bien encore la gestion des fonds européens et des monuments historiques d'intérêt local. Elles siègent également dans les conseils d'administration des agences régionales d'hospitalisation (ARH), devenues agences régionales de santé (ARS) en 2010. Les départements deviennent compétents sur la majorité du réseau routier, les politiques sociales ou bien les schémas d'élimination des déchets. La gestion de nombreux ports et aéroports leur est également confiée.

III. Les négociations sur le financement des transferts

L'autonomie financière des collectivités territoriales est un terrain d'affrontement important. Les débats portent notamment sur l'inscription du principe d'une part déterminante de la fiscalité dans les ressources des collectivités locales. Le ministre Devedjian propose l'adoption du terme « prépondérante », mais voyant qu'il n'y arrive pas et que le ministère des Finances souhaite le mot « significative », il profite d'un voyage en avion avec le Premier ministre pour lui suggérer le terme « déterminante », que ce dernier reprend ensuite à son compte. Nous apprendrons par la suite que le Président de la République lui-même s'opposait à l'adoption du terme « prépondérante ».

Par ailleurs, une partie de la majorité parlementaire de l'époque souhaite que les transferts de fiscalité aux collectivités locales le soient avec un pouvoir de taux, alors que la Constitution et le projet de loi organique prévoient de considérer, comme recettes propres des collectivités locales, les simples transferts de fiscalité.

En ce qui concerne la taxe intérieure de consommation sur les produits énergétiques (TIPP), la Commission européenne donne à la France son accord pour un régime dérogatoire. Celui-ci consiste, non pas en une autorisation générale pour les régions de fixer leur taux, mais en la fixation d'un taux national maximum, avec possibilité de dérogation pour les régions avec des taux inférieurs. Une exception toutefois est faite pour le gasoil professionnel, pour lequel la Commission européenne souhaite un taux unique. Un accord formel de la Commission européenne et un vote à l'unanimité du Conseil des ministres des finances de l'Union européenne à l'automne 2003 permettra de retenir cette disposition.

Le ministère des Finances est plutôt favorable aux transferts, car des économies semblent alors pouvoir être réalisées. Bercy craint même que les collectivités fassent des bénéfices sur le RMI, car le sommet du nombre d'allocataires paraît avoir été atteint.

Par ailleurs, de 1981 à 2002, un mouvement d'environ deux points du PIB s'est déjà opéré des prélèvements obligatoires de l'État vers ceux des collectivités locales.

***
*

La loi du 13 août 2004 relative aux libertés et responsabilités locales reste un texte important dans l'histoire de la décentralisation. Avec 3 000 amendements déposés lors de son examen, 119 articles, une centaine de pages, 11 à 13 milliards d'euros et plus de 130 000 agents transférés, elle constitue une étape fondamentale dans l'accroissement des compétences des collectivités territoriales.

LA TERRITORIALISATION DE LA FONCTION PUBLIQUE

Nicolas KADA

Professeur de droit public
Université Grenoble Alpes, Centre de Recherche Juridique – CRJ
Codirecteur du Groupement de recherche
sur l'administration locale en Europe – GIS-GRALE

40 ans bientôt... la loi du 26 janvier 1984 relative à la fonction publique territoriale va dans quelques mois fêter un anniversaire symbolique (à son tour, comme sa grande sœur, la loi du 2 mars 1982). Or, 40 ans, c'est l'âge de la maturité, de la reconnaissance, de l'insertion définitive de la fonction publique territoriale dans cette grande famille qu'est le droit de la fonction publique. La fonction publique territoriale s'intègre ainsi dans une dimension historique. Intégrant les agents non titulaires, l'emploi public territorial n'a cessé de s'accroître puisqu'il englobe désormais un tiers des agents publics (soit près de 2 millions d'agents), alors que l'on ne comptait dans les années 1970 qu'un peu plus de 600 000 agents communaux.

« Acte fondateur de la fonction publique territoriale »[1] comme la qualifie le Professeur Jacques Fialaire, la loi du 26 janvier 1984[2] décide de l'intégrer dans un même cadre statutaire que son homologue de l'État, tout en lui reconnaissant des spécificités à même de justifier une décentralisation de la gestion des agents concernés. Cette évolution n'est pas anodine, tant les personnels employés par les collectivités territoriales et les établissements publics locaux obéissaient à des statuts variés, empruntant parfois à un véritable système de carrière, mais penchant souvent pour un modèle fondé sur l'emploi. Certes, les règles de base de la fonction publique d'État étaient bien respectées, ne serait-ce que parce que le pouvoir législatif ou réglementaire l'imposait ou parce que le juge administratif y veillait, apportant un minimum de garanties quant aux conditions de recrutement et au déroulement des carrières. Mais cela n'empêchait nullement de limiter

1. J. FIALAIRE, « Fonction publique territoriale » *in* N. KADA, R. PASQUIER, V. AUBELLE, et Cl. COURTECUISSE (dir.), *Dictionnaire encyclopédique de la décentralisation*, Paris, Berger-Levrault, févr. 2017, 1 000 p.

2. Loi n° 84-53 du 26 janv. 1984 portant dispositions statutaires relatives à la fonction publique territoriale, *JORF* 27 janv. 1984.

sensiblement les possibilités d'avancement et cantonnait ainsi les agents dans les cadres d'emplois de leur propre collectivité. Comment dès lors envisager une véritable décentralisation et une dynamique d'emploi territorial sans refonder cette structuration qui s'était faite progressivement et sans logique d'ensemble ? Comment garantir à partir de 1983 aux fonctionnaires d'État transférés ou aux fonctionnaires territoriaux nouvellement recrutés des conditions statutaires satisfaisantes et, *a minima*, équivalentes à celles en vigueur dans les administrations étatiques ?

Mais la décentralisation ne pouvait pas non plus s'accompagner d'une gestion des personnels fondée sur le clientélisme, alors qu'il y a autant d'employeurs que de collectivités et d'établissements publics locaux. On objectera alors que ceux-ci ne décident pas de grand-chose, en réalité, dans la mesure où le recrutement, l'avancement comme la fixation du traitement indiciaire sont encadrés par des règles strictes et uniformes. Par ailleurs, ces employeurs recouvrent des situations très différentes en fonction du nombre d'habitants que représente chaque collectivité concernée.

Le statut présente donc cet indéniable avantage de pouvoir harmoniser les conditions de recrutement, l'évolution des carrières des agents et les droits et devoirs de chacun. Pour autant, il laisse une certaine liberté aux employeurs tout en garantissant un principe d'égalité sur l'ensemble du territoire. Comment imaginer en effet que chaque employeur puisse décider seul du niveau de rémunération de ses agents ? Cela paraît tout simplement impensable. Le système peut donc sembler mal conçu dès l'origine, mais il est incontestable qu'on ne pouvait en réalité le concevoir différemment. Mal conçu ? C'est effectivement un peu sévère de le qualifier ainsi. En réalité, à partir de 1983, comme le souligne Laure Ortiz, « trois concepts – érigés en principes fondateurs – caractérisent l'ambition du nouveau statut général de la fonction publique : l'unité, la parité et la spécificité »[3]. Le principe d'unité signifie que le législateur entend généraliser à tous les agents territoriaux et hospitaliers la distinction du grade et de l'emploi sur lequel repose la fonction publique d'État. Le titre I du statut général regroupe ainsi tous les droits et toutes les obligations que la loi impose à tous les agents publics, soulignant l'unité de l'ensemble. Le point d'orgue a en quelque sorte été atteint avec l'entrée en vigueur du Code général de la fonction publique le 1er mars 2022. Le principe de parité, ensuite, a éprouvé davantage de difficulté à s'imposer tant l'abandon de l'objectif de comparabilité des corps entre fonctions publiques a été rapidement abandonné pour céder la place à un système moins contraignant, évitant toute similitude ou même simplement symétrie entre les trois fonctions publiques. Enfin, le principe de

3. L. ORTIZ, « La fonction publique territoriale : l'unité au défi de la territorialité » *in* S. REGOURD, J. CARLES et D. GUIGNARD (dir.), *La décentralisation, 30 ans après*, Toulouse, Presses Universitaires, LGDJ, 2013, p. 267.

spécificité entend concilier l'unité espérée de la fonction publique avec le principe de libre administration des collectivités territoriales qui leur garantit une relative autonomie de gestion, comme l'a rappelé le Conseil constitutionnel[4].

Cet objectif n'a sans doute jamais réellement été atteint, tant la fonction publique territoriale apparaît encore instable sur un plan juridique, certaines de ses dispositions demeurant sans effet. Déjà, en 2014, la doctrine universitaire pointait du doigt quelques évolutions et questions toujours sans réponse : « Les enjeux de la fonction publique territoriale sont-ils les mêmes que ceux des réformes de la décentralisation en général ou de la fonction publique de l'État ? Faut-il poursuivre, ou reprendre, le rapprochement entre la fonction publique territoriale et la fonction publique de l'État, y compris au moyen de réformes statutaires comme le préconisait il y a déjà une dizaine d'années le rapport Pêcheur ? Est-il possible de résorber les différences entre les régimes indemnitaires, freins à la mobilité[5] ? » se demandaient ainsi les Professeurs Jacques Fialaire et Gérard Marcou lors du colloque organisé par le groupement de recherche sur l'administration locale en Europe (GRALE) au Sénat à l'occasion des 30 ans de la fonction publique territoriale. Ainsi, deux grandes catégories de difficultés semblent se dégager des différentes réflexions, les unes tenant au cadre juridique de la fonction publique territoriale et les autres relevant davantage des acteurs impliqués et des pratiques instituées… et auraient ainsi pu ainsi structurer cette analyse. De même, nous aurions pu réduire notre étude aux seuls transferts de personnels qui ont accompagné les transferts de compétences tant en 1983 qu'en 2004. Il est néanmoins apparu à la fois plus audacieux et plus convaincant de sortir de cette distinction artificielle entre la théorie juridique et la pratique administrative et d'en revenir plus simplement à ce que recouvre le terme « territorialisation » : c'est un processus qui consiste en une appropriation qui peut être descendante et qui montre comment le droit saisit la diversité du territoire (I) ou ascendante consistant à observer comment ce même territoire, érigé en lieu de pouvoir, se saisit lui-même du droit à sa disposition (II).

I. Une vision descendante : l'appropriation de la diversité du territoire par le droit

La loi du 26 janvier 1984 relative à la fonction publique territoriale résulte d'une rencontre entre le droit des collectivités territoriales et le droit de la fonction publique : un compromis entre diversité et égalité, que les législations ultérieures n'ont cessé de compléter.

4. Décision n° 83-168 DC du 20 janv. 1984, *Loi relative à la fonction publique territoriale*, *Rec. Cons. const.* 1984, p. 38 ; *RDP* 1984, p. 687, note L. Favoreu ; *AJDA* 1984, p. 258, note J.-Cl. Nemery.
5. G. MARCOU et J. FIALAIRE (dir.), *Les 30 ans de la fonction publique territoriale – Contradictions et adaptations*, Paris, Actes du colloque du GRALE et du CNFPT du 31 janv. 2014, L'Harmattan, coll. « GRALE », 2014.

A. Une clef de voûte : la loi du 26 janvier 1984

Il faut être clair : la territorialisation de la fonction publique n'a pas commencé en 1984. Sans remonter jusqu'à l'Ancien régime où les villes ont longtemps été administrées par des secrétaires, parfois élus par l'assemblée des habitants ou nommés par le conseil de ville, la patrimonialisation des fonctions publiques s'est progressivement développée à partir du XVIe siècle et a débouché sur le système de la vénalité, rapidement complété par celui de l'hérédité, des charges des officiers locaux. Certes, cette organisation a été abolie à la Révolution française après la nuit du 4 août 1789 et une fonction publique locale a vu le jour avec la loi du 14 décembre 1789 qui pour la première fois reconnaît au secrétaire-greffier de ville le statut de fonctionnaire public. Cette consécration demeure néanmoins imparfaite et inaboutie, puisque les agents locaux restent dans leur grande majorité, au XIXe siècle, des agents de droit privé liés par un contrat de travail à leur employeur communal. La réelle publicisation n'intervient qu'à la fin du XIXe siècle, avec des étapes successives tant du côté du législateur (loi du 5 avr. 1884 qui instaure la charte communale, loi Jules Ferry du 30 oct.1886 relative à l'organisation de l'enseignement primaire qui organise le cumul des emplois de secrétaire de mairie et d'instituteur…) que du juge administratif à l'image de la célèbre jurisprudence *Cadot* du Conseil d'État (13 déc. 1889)[6].

Ce n'est donc que tardivement que le droit de la fonction publique territoriale se trouve unifié, notamment par rapport à la fonction publique de l'État. La première étape est constituée par la loi du 28 avril 1952 portant statut général du personnel des communes et des établissements publics communaux, mais c'est fondamentalement la loi du 26 janvier 1984 qui vient achever cette évolution vers une fonction publique de carrière élargie aux agents de toutes les collectivités territoriales et leurs groupements. Pour autant, le législateur ne se contente pas de consacrer une situation préexistante, mais se veut bel et bien audacieux, puisant dans l'histoire de l'administration locale et le statut général de la fonction publique une double inspiration. Au-delà de l'entrée dans la fonction publique, le choix d'un système de carrière induit une structuration hiérarchisée, au terme de laquelle, à l'image des corps de la fonction publique de l'État[7], chacun des cadres d'emplois de la FPT « regroupe les fonctionnaires soumis au même statut particulier, titulaires d'un grade leur donnant vocation à occuper un ensemble d'emplois »[8]. De même, à l'instar des autres fonctions publiques, ces cadres d'emplois « sont répartis en trois catégories désignées dans l'ordre hiérarchique décroissant par les lettres A, B et C »[9].

6. *Rec. Lebon*, p. 114.
7. D'ailleurs conservée pour les agents de la Ville de Paris.
8. Art. 4 al. 3 de la loi n° 84-53 du 26 janv. 1984.
9. Art. 5 de la loi préc.

L'homologie avec la fonction publique d'État présente tout de même quelques limites, ne serait-ce que parce qu'en application du principe de libre administration des collectivités territoriales, le droit de la fonction publique territoriale bénéficie d'une assise législative plus large. En effet, du fait de la combinaison de l'article 72 alinéa 3 de la Constitution définissant le principe de libre administration des collectivités territoriales et de l'article 34 qui en confie au législateur la détermination des principes fondamentaux, ce dernier dispose d'une compétence élargie en la matière et validée par le Conseil constitutionnel[10]. Certes, les employeurs locaux bénéficient d'un pouvoir réglementaire, mais celui-ci est résiduel par rapport au pouvoir réglementaire national : il s'exprime notamment à travers une forte autonomie de gestion en ce qui concerne les emplois fonctionnels. C'est une forme de territorialisation – limitée mais bien réelle – du droit de la fonction publique qui traduit cette nécessité reconnue d'adapter les règles aux situations locales. La plus flagrante illustration de ce pragmatisme du législateur se trouve dans l'organisation des concours de recrutement : toute réussite à un concours d'accès à la fonction publique territoriale se traduit par une simple inscription sur une liste d'aptitude établie par ordre alphabétique. Le recrutement définitif n'est alors décidé que dans un second temps par les employeurs publics locaux qui doivent prioritairement recruter des agents titulaires inscrits sur cette liste d'aptitude.

B. Une architecture complétée : les législations ultérieures

La fonction publique territoriale recouvre une triple diversité : celle d'un découpage en catégories, filières, et cadres d'emplois, celle des métiers exercés et celle des collectivités concernées. Sur ce dernier point, la loi de 1984 a dès l'origine pris en compte la situation différenciée des collectivités territoriales. Cela se traduit notamment par des règles spécifiques pour la Ville de Paris et le recours à une politique des seuils, avant que des lois ultérieures ne viennent encore compléter le dispositif.

Première illustration de cette différenciation territoriale à l'œuvre, les agents des administrations parisiennes bénéficient en effet d'un statut dérogatoire aux termes de l'article 118 de la loi du 26 janvier 1984, fixé par décret en Conseil d'État[11]. Ce régime particulier permet de faire appliquer de dispositions relevant parfois du statut de la fonction publique territoriale (en ce qui concerne les congés, le temps partiel ou les dispositifs d'évaluation individuelle) et parfois de celui de la fonction publique d'État. La Ville de Paris, par exemple, organise ses propres concours de recrutement et garantit ainsi aux lauréats une nomination par ordre de mérite dans les emplois correspondant à leur grade au sein des corps (et non des

10. Décision n° 83-168 DC du 20 janv. 1984 préc.

11. Décret en Conseil d'État n° 94-415 du 24 mai 1994 portant dispositions statutaires relatives aux personnels des administrations parisiennes.

cadres d'emplois) propres à la collectivité. Il n'y a donc pas de liste d'aptitude, comme c'est le cas pour l'ensemble de la fonction publique territoriale. De même, tout fonctionnaire territorial d'une autre collectivité ne pourra occuper un emploi à la Ville de Paris que par détachement, et non par mutation. Une différenciation équivalente s'applique dans les collectivités d'outre-mer, même si la tendance est davantage à l'harmonisation avec le reste de la fonction publique territoriale.

Une autre technique a été mise en place dès 1984 pour garantir une prise en compte de la diversité des territoires d'application de la loi : la politique des seuils démographiques. L'appartenance à une strate démographique donnée détermine ainsi le caractère obligatoire ou facultatif de l'affiliation de la collectivité aux centres de gestion. De même, ces seuils encadrent la structure des emplois et limitent de fait le recrutement de fonctionnaires appartenant aux grades supérieurs de la fonction publique territoriale. Fixés par décret, ces seuils font régulièrement l'objet de critiques et sont progressivement revus à la baisse par le législateur.

Mais la fonction publique se territorialise aussi au gré des réformes territoriales intervenues depuis la loi du 2 mars 1982, d'autant plus que leur fréquence s'est sensiblement accélérée depuis 2010. D'abord avec l'intervention de quatre lois importantes[12] entre 2010 et 2015, puis la loi Engagement et proximité du 27 décembre 2019 et évidemment la loi relative à la différenciation, décentralisation, déconcentration et simplification (dite 3DS) du 21 février 2022. Sans revenir dans le détail des dispositions législatives, il faut en effet noter que ces réformes ont toutes tendu à faciliter les mobilités des agents lorsque les limites géographiques des collectivités territoriales étaient redéfinies, à valoriser les emplois fonctionnels notamment dans les métropoles, à favoriser le passage d'une fonction publique à l'autre par voie de détachement notamment, ou encore à mettre en place une logique managériale liée aux particularismes locaux.

Est-ce à dire que le droit de la fonction publique prend, seul, la mesure de la diversité territoriale dans une logique purement descendante ? La réponse est assurément négative tant les collectivités territoriales et leurs groupements ont appris à se saisir des subtilités juridiques pour adapter à leur tour la règle de droit, dans une logique cette fois-ci ascendante.

---

12. Loi n° 2010-1563 du 16 déc. 2010 de réforme des collectivités territoriales ; Loi n° 2014-58 du 27 janv. 2014 de modernisation de l'action publique territoriale et d'affirmation des métropoles ; Loi n° 2015-29 du 16 janv. 2015 modifiant notamment la délimitation de certaines régions par fusions entre elles ; Loi n° 2015-991 du 7 août 2015, Nouvelle organisation territoriale de la République ; Loi n° 2019-1461 du 27 déc. 2019 relative à l'engagement dans la vie locale et à la proximité de l'action publique ; Et loi n° 2022-217 du 21 févr. 2022 relative à la différenciation, la décentralisation, la déconcentration et portant diverses mesures de simplification de l'administration.

II. Une vision ascendante : l'appropriation des subtilités du droit par le territoire

Si le droit de la fonction publique n'est pas monolithique et insensible aux particularismes locaux, la territorialisation relève aussi d'une démarche initiée par les autorités locales elles-mêmes (collectivités territoriales, établissements publics de coopération intercommunale ou offices publics HLM...) visant à personnaliser leur gestion des ressources humaines et à prendre en compte la politisation de certaines fonctions exercées localement. Mais les libertés revendiquées localement dans ce domaine se heurtent à la vigilance de l'État.

A. Un principe assumé : la politisation de certaines fonctions

La politisation de la haute fonction publique territoriale est une réalité que nul ne conteste. Son rattachement à une problématique plus large, commune à l'ensemble de la fonction publique, est néanmoins plus délicat à admettre, révélant en la matière l'existence d'un véritable tabou[13]. Le principe de neutralité n'est pas qu'un corollaire du principe d'égalité qui structure le service public : il en est la déclinaison la plus sensible et, par conséquent, la plus exposée à la critique ou à l'instrumentalisation. La neutralité exige que les agents du service public se tiennent à l'écart de toute manifestation d'appartenance à un courant idéologique, politique ou partisan, que cela se traduise par des paroles ou des actes. Certes, les agents bénéficient d'une liberté d'opinion clairement reconnue et protégée par le juge, mais cette liberté trouve ses propres limites dans les restrictions qui sont apportées à une autre liberté fondamentale : la liberté d'expression. Cependant, cette obligation de ne rien dire, de ne rien faire qui puisse laisser devenir l'opinion de l'agent doit composer avec une autre obligation, positive celle-ci : celle d'être loyal envers l'autorité politique qui détient l'exécutif de la collectivité-employeur. Cela signifie dans ce cas que l'agent doit accepter d'agir pour un motif politique. Contradiction ? Pas nécessairement si l'on considère que tous les agents des collectivités partagent un objectif commun, assimilable à ce que le droit allemand désigne comme un « ordre constitutionnel, démocratique et social ». Un tel loyalisme, non partisan, ne pose ainsi en théorie aucune difficulté.

Mais cet équilibre entre deux obligations – neutralité et loyauté – n'est-il pas délicat à respecter lorsqu'on se situe en collectivité territoriale ? L'adhésion politique du haut fonctionnaire territorial est-elle communément admise ou ne relève-t-elle pas, au moins pour partie, de l'ordre d'un tabou récurrent ? Cette distinction à faire entre la fonction éminemment politique du haut fonctionnaire en poste dans une direction centrale ou un cabinet d'un ministère et les fonctions partiellement

13. N. KADA, « Entre dogmes et tabous : la fonction publique territoriale » *in* N. KADA (dir.), *Les tabous de la décentralisation*, Paris, Berger-Levrault, juin 2015, p. 305.

politisées du haut fonctionnaire territorial n'est pas toujours aisée. Le droit de la fonction publique s'y essaie pourtant. Il existe, en effet, dans la fonction publique territoriale des emplois supérieurs dits « fonctionnels ». Mais il faut admettre que cette catégorie n'est pas clairement déterminée, que la liste des emplois concernés n'est pas exhaustive, que leur nature n'est pas clarifiée et que leur régime juridique lui-même n'est pas stabilisé.

Si d'aucuns qualifient un peu hâtivement de *« spoil system »* cette situation dans la haute fonction territoriale, un des effets pernicieux de ce dispositif réside surtout dans la précarité qui caractérise ces emplois fonctionnels. La haute fonction publique territoriale n'est pas la seule concernée, mais sans doute que la précarité prend en ce qui la concerne une tournure singulière, tant on se situe ici à la jonction du politique et du droit, où cohabitent légitimité et légalité, contrat et statut, emploi et carrière. Or, là encore, le droit de la fonction publique se veut conciliant et pragmatique : l'existence même d'un statut de droit public n'exclut pas l'application du droit du travail de la même manière que le statut général de la fonction publique n'impose pas nécessairement un régime de carrière et n'interdit pas définitivement une spécialisation des emplois. Mais la territorialisation présente alors des risques supplémentaires pour les agents concernés, tant la proximité avec les élus peut être source de pression en tout sens.

Il s'agit certes d'une question ancienne, mais la politisation de la haute administration engendre un droit de la fonction publique plus nuancé qu'il n'y paraît. La prise en compte des préoccupations politiques, le souci de satisfaire les élus tout en préservant l'intérêt de la collectivité, la recherche de garanties statutaires envisagées comme des contreparties légitimes à la précarité des fonctions, autant de paramètres qui interviennent en faveur de ces emplois fonctionnels dont la spécificité n'a d'égale que la malléabilité. La territorialisation devient alors synonyme de précarisation.

B. Un principe malmené : les rappels à l'ordre de l'État

Le débat récent quant à l'application stricte de la règle des 1 607 heures dans les collectivités territoriales et leurs groupements n'a pas revêtu qu'une dimension politique : il a également rappelé la faible autonomie des employeurs locaux face aux contraintes du législateur, aux injonctions du gouvernement, aux menaces des préfets et à la vigilance des juridictions administratives. Alors que près de vingt ans plus tôt, à l'occasion de la réforme portant sur les 35 heures hebdomadaires, le législateur avait autorisé les collectivités territoriales à maintenir les régimes de temps de travail mis en place avant l'entrée en vigueur de la loi du 3 janvier 2001[14],

14. Loi n° 2001-2 du 3 janv. 2001 relative à la résorption de l'emploi précaire et à la modernisation du recrutement dans la fonction publique ainsi qu'au temps de travail dans la fonction publique territoriale.

une certaine liberté, et donc diversité, régnait dans les administrations décentralisées. Certains agents bénéficiaient en effet d'un système qui leur était plus favorable, rompant en la matière avec une exigence nationale d'unité et d'égalité. Mais la loi du 6 août 2019[15] de transformation de la fonction publique a souhaité revenir sur ces possibilités de dérogation et ramener tous les agents à un même régime horaire annuel. L'article 47 de la loi impose en effet aux collectivités territoriales de fixer, par une délibération prise dans le délai d'un an à compter du renouvellement de leurs assemblées délibérantes, les règles relatives au temps de travail de leurs agents dans les limites applicables à ceux de l'État. Certaines communes ont néanmoins refusé de mettre en œuvre cette obligation nouvelle et donc d'augmenter le temps de travail des agents jusqu'aux 1 607 heures annuelles : c'est notamment le cas des communes de Bonneuil-sur-Marne, Fontenay-sous-Bois, Vitry-sur-Seine, Ivry-sur-Seine et Villejuif qui ont décidé de contester la constitutionnalité de cet article de la loi. Selon elles, faute d'être justifiées par un objectif d'intérêt général, ces dispositions législatives portaient atteinte au principe de libre administration des collectivités territoriales. Ainsi saisi par la voie d'une question prioritaire de constitutionnalité, le Conseil constitutionnel a rendu sa décision[16] le 29 juillet 2022 et a jugé constitutionnelle l'obligation pour toutes les collectivités locales de fixer le temps de travail de leurs agents publics à 1 607 heures et ainsi de mettre fin aux régimes dérogatoires préexistant. Pour fonder sa décision, le Conseil souligne que « si le législateur peut, sur le fondement des articles 34 et 72 de la Constitution, assujettir les collectivités territoriales ou leurs groupements à des obligations et à des charges, c'est à la condition que celles-ci répondent à des exigences constitutionnelles ou concourent à des fins d'intérêt général, qu'elles ne méconnaissent pas la compétence propre des collectivités concernées, qu'elles n'entravent pas leur libre administration et qu'elles soient définies de façon suffisamment précise quant à leur objet et à leur portée. » Or, à travers l'article 47 de la loi dont la constitutionnalité était contestée, « le législateur a entendu contribuer à l'harmonisation de la durée du temps de travail au sein de la fonction publique territoriale ainsi qu'avec la fonction publique de l'État afin de réduire les inégalités entre les agents et faciliter leur mobilité. Ce faisant, il a poursuivi un objectif d'intérêt général ». En outre, le Conseil constitutionnel rappelle que « les collectivités territoriales qui avaient maintenu des régimes dérogatoires demeurent libres, comme les autres collectivités, de définir des régimes de travail spécifiques pour tenir compte des sujétions liées à la nature des missions de leurs agents ». À la territorialisation et à la différenciation en cours en matière de fonction publique, le Conseil constitutionnel oppose donc une nouvelle fois un objectif d'intérêt général et un principe : l'égalité.

15. Loi n° 2019-828 du 6 août 2019 de transformation de la fonction publique.
16. Cons. const. 29 juill. 2022, n° 2022-1006 QPC, *Commune de Bonneuil-sur-Marne et autres*.

***
*

La création d'une fonction publique spécialisée pour les administrations décentralisées apparaît donc incontestablement comme un succès, mais sa territorialisation en souligne les faiblesses, insuffisances et lacunes. Son instabilité juridique chronique ne fait finalement que traduire une tension originelle, mais toujours bien réelle : l'opposition entre les principes d'unité de la fonction publique au principe de liberté d'administration. La question prioritaire de constitutionnalité précitée le rappelle fort opportunément : la territorialisation de la fonction publique ne peut qu'être limitée, le principe de libre administration des collectivités territoriales étant lui-même confronté à de fortes limites d'ordre constitutionnel, mais aussi culturel.

ENTRE TOTEM, TABOU ET NOUVEAU DOGME : QUELLES COMPÉTENCES POUR LES COLLECTIVITÉS ?

Nelly FERREIRA

Maître de conférences en droit public
Doyenne de la Faculté de droit, CY Cergy Paris Université
Laboratoire d'études juridiques et politiques – LEJEP

La répartition des compétences entre l'État et les collectivités, ainsi qu'entre les collectivités, est une question d'autant plus importante que les compétences sont sans doute l'élément central, névralgique, de la décentralisation, qu'elles en constituent son contenu, sa modalité principale, sa justification première, la décentralisation ne pouvant exister sans transferts de compétences de l'État vers les collectivités, puisque telle est la vision française, du haut vers le bas. Compétences qui doivent être « effectives »[1] comme l'a précisé le Conseil constitutionnel dès 1985 et rappelé en 2016, lors de la décision de QPC qui avalisait définitivement la suppression de la clause générale des départements[2], sans jamais vraiment définir cette effectivité en termes d'ampleur et de qualité de ces compétences.

Plus de quarante ans après, les critiques résonnent, fortes et immuables : enchevêtrement, illisibilité, inefficacité, en atteste encore le récent rapport de la Cour des comptes[3] qui pointe du doigt l'imbrication des compétences et en appelle, une fois de plus, à simplifier et clarifier, sans que l'on soit certain que les moyens proposés (expérimentation et différenciation) ne permettent de parvenir au but fixé et même, à l'inverse, dont on est sûr qu'ils accroîtront cette complexification.

Or, critiquer le partage des compétences n'est pas anodin, d'autant plus lorsque la critique émane de l'État, car les compétences constituant l'essence même de la décentralisation, cette critique emporte dès lors questionnement de cette dernière, voire remise en cause de la décentralisation, du moins dans son organisation première de 1982, avant peut-être de finir par emporter la décentralisation elle-même ?

1. Cons. const. 8 août 1985, n° 85-196 DC, *Loi sur l'évolution de la Nouvelle-Calédonie*, consid. 10.
2. Cons. const. 16 sept. 2016, n° 2016-565 QPC, *Assemblée des départements de France*.
3. C. comptes, Rapport annuel 2023, *La décentralisation, 40 ans après*.

Pourtant, le législateur, dès le début, avait conscience de la difficulté de la tâche que serait la distribution claire et équilibrée de ces attributions afin qu'aucun niveau ne se sente lésé, puisqu'il annonçait, de manière quelque peu prophétique, que la répartition des compétences entre l'État et les collectivités s'effectuerait « dans la mesure du possible en distinguant celles qui sont mises à la charge de l'État et celles qui sont dévolues aux communes, aux départements ou aux régions de telle sorte que chaque domaine de compétences ainsi que les ressources correspondantes soient affectées en totalité, soit à l'État, soit aux communes, soit aux départements, soit aux régions »[4].

« Dans la mesure du possible » : cette expression résume bien la difficulté de l'objectif sans doute mythique, ainsi fixé de répartition claire, mais permet peut-être aussi une certaine relativisation d'un but qui ne paraît pas si impératif, après tout.

Ce partage des compétences était d'autant plus difficile qu'il s'agissait de transférer, sans doute moins des compétences précises, exclusives, que des domaines d'actions, de politiques publiques intégrant plusieurs compétences, voire des « responsabilités » comme l'évoque parfois le législateur, et qui, en outre, devaient s'appliquer sur le même territoire, nécessitant donc une coopération entre des collectivités imbriquées puisque chapeautant, telles des poupées russes, le même lieu d'intervention.

Difficulté de la tâche due également à l'absence de grand principe répartiteur (dont la question de l'existence peut d'ailleurs se poser) pouvant donner l'impression d'un législateur tâtonnant, hésitant, ou au contraire, imposant, obligeant, mû par ce souci de clarté, mais sans toujours disposer d'une vision générale et cohérente en la matière.

Ainsi, la rigueur professée par l'acte 1 avec le transfert par blocs de compétences montre, dès le début, une méthode de spécialisation des attributions, comme si chaque niveau territorial détenait une expertise dans une matière, et rendait les autres niveaux illégitimes à intervenir. Spécialisation qui, érigée en totem, réapparaîtra constamment comme la voie à suivre, et justifiera la suppression de la clause générale de compétence des départements et régions.

Pourtant, cette idée d'une répartition simple, presque étanche, des compétences ne correspond pas à la réalité d'acteurs locaux qui n'existent pas de manière séparée, mais sont amenés à coopérer, ce qu'a admis le législateur en attribuant la clause générale de compétence autorisant les collectivités à déterminer, en fonction des besoins de leur territoire, de leur « intérêt local », les champs d'action à investir sans qu'ils ne soient précisément définis par un législateur dont on pensait alors qu'il n'avait pas vocation à se mêler de tout dans le détail, et permettant aux collectivités

4. Art. 3 de la loi du 22 juill. 1983 complétant la loi du 7 janv. 1983 relative à la répartition des compétences entre les communes, les départements, les régions et l'État, repris à l'art. L. 1111-4 CGCT.

d'intervenir ensemble sur des actions communes. Plus récemment, il a mis en place des dispositifs incitant à un exercice conjoint des compétences et permettant un partage localisé, singulier des compétences, concrétisant une forme de subsidiarité de leur exercice, et mettant en exergue l'aspect utopique de la simplification ; il semble donc qu'il soit temps de lever ce tabou qu'est l'imbrication des compétences et de la reconnaître comme inhérente à la décentralisation.

Et ce d'autant plus que le souhait de voir se développer la différenciation, sorte de nouveau dogme, devant redonner une marge d'action, par des compétences non plus spécialisées par catégories de collectivités, mais spécifiques à certaines collectivités au sein d'une même catégorie, ne permettra aucune simplification. À l'inverse. Et verra, en outre, l'émergence d'une organisation, non centralisée, mais étatisée, verticale entre les mains de l'État, devenu le grand metteur en scène du rôle de chaque collectivité.

I. Le totem de la spécialisation des compétences

La volonté du législateur, en 1983, de compléter la clause générale de compétences par des compétences d'attribution sous forme de blocs de compétence, devait sans doute se comprendre comme l'octroi d'un levier incitant (ou plutôt obligeant) les collectivités à agir, sorte d'outil émancipateur, mais aussi comme un élément rassurant quant au fait que la décentralisation ne déboucherait pas sur un capharnaüm, puisque chaque niveau territorial disposerait de domaines d'action que l'on voulait exclusifs « dans la mesure du possible », mais qui seraient plutôt des vocations dominantes à agir, de grandes lignes d'orientation traçant néanmoins une forme de partage des tâches.

Mais très vite, ces monolithes uniformes et étanches se sont fissurés et le pari de ces blocs, vision très rationnelle, ordonnée, n'a pas tenu, cela ne correspondant pas à la réalité d'une vie locale multiple (politique, économique, sociale, culturelle) où les interactions des diverses collectivités sont heureusement et utilement de mise.

Ainsi, aucune compétence ne relève exclusivement d'un seul niveau territorial, mais se trouve toujours partagée avec d'autres niveaux, au moins celui étatique qui peut toujours intervenir, aucun champ d'action ne lui étant interdit, qu'il s'agisse de l'urbanisme, pourtant confié aux communes, de l'action sociale dévolue aux départements ou du développement économique octroyé aux régions. Que dire en outre de l'enseignement réparti entre les trois niveaux, voire quatre avec l'État et dont le transfert a été moins celui d'une compétence que de la gestion des bâtiments ?

Par ailleurs, la définition même de ces blocs et de manière générale, de tout transfert de compétence n'est jamais très rigoureuse. Ainsi les matières concernées procèdent souvent d'une appréhension large (que dire de l'imposante définition des compétences régionales ?) ou relèvent de domaines d'action nécessitant l'intervention de plusieurs compétences, ou encore figurent dans une liste dans laquelle doivent être piochées les matières à transférer, ce qui n'aide pas à la clarté. La loi dite 3DS[5] innove aussi en la matière en permettant des transferts à la carte de compétences facultatives des communes aux intercommunalités. Concernant la collectivité bénéficiaire, elle peut parfois ne pas être expressément identifiée par le législateur comme cela fut le cas avec la loi du 13 août 2004[6] où une sorte de mise en concurrence entre collectivités était ouverte pour certaines compétences proposées au transfert.

Cet échec de ces improbables blocs de compétences n'a pourtant pas empêché la résurgence du même discours de l'indispensable clarification devant passer par la nécessaire spécialisation des compétences. La suppression de la clause générale de compétence des départements et régions (dont on ne retracera pas l'aspect feuilletonesque et qui montre l'hésitation, l'errance du législateur en la matière), présentée comme responsable de l'imbrication croissante des compétences a donc spécialisé leurs missions. Outre la question de savoir si la décentralisation peut accepter une réduction du choix de leurs actions par des élus locaux, il apparaît paradoxal de spécialiser, c'est-à-dire de réduire et d'homogénéiser les compétences de ces deux catégories de collectivités, au moment même où tous s'accordent à reconnaître l'échec des blocs de compétence et où le discours de la nécessaire adaptation des collectivités et notamment de leurs compétences à leurs territoires, se développe, appelant donc à une marge d'action... qui se trouve ainsi rognée...

Il apparaît donc que la méthode même d'attribution de compétences, notamment dans son degré ultime de blocs, ne correspond pas aux besoins des collectivités et n'a pas permis d'atteindre l'objectif de simplification. Sans doute aussi parce que le législateur n'a eu de cesse d'empiler des lois de transferts successifs sans que, jamais, il ne se pose la question de la cohérence de ce catalogue, de ce véritable inventaire à la Prévert, mais qui reste toutefois nécessaire à une action diversifiée des collectivités parce que leurs territoires requièrent ces réponses variées.

Mais surtout parce que le législateur, encore lui, a incité à une gestion conjointe des compétences, s'éloignant donc de son discours officiel de partage clair de ces missions. On peut dès lors s'interroger sur la persistance de ce discours et sur le tabou, qu'il conviendrait de surmonter, que semble constituer l'enchevêtrement des compétences, pourtant intrinsèquement lié à la décentralisation.

---

5. Loi n° 2022-217 du 21 févr. 2022 relative à la différenciation, la décentralisation, la déconcentration et portant diverses mesures de simplification de l'action publique locale dite loi 3DS.
6. Loi n° 2004-809 du 13 août 2004 relative aux libertés et responsabilités locales.

II. Le tabou de l'enchevêtrement des compétences

La spécialisation ne paraît donc pas constituer une réponse adéquate à la complexité territoriale qui nécessite plusieurs éléments : un champ d'action suffisamment large pour permettre d'apporter des réponses aux demandes des populations, mais aussi un exercice conjoint de compétences entre collectivités, ainsi qu'une adaptation des compétences aux territoires, par le biais d'un exercice « localisé » de ces attributions.

Jusqu'en 2015, la clause générale de compétence permettait de répondre à ces exigences ; sa suppression (y compris pour les communes puisqu'elles ne peuvent en principe plus intervenir dans les compétences dont elles se dessaisissent au profit des intercommunalités) a rendu nécessaire la mise en œuvre de dispositifs permettant cette marge de manœuvre, cette coordination et cette adaptation des compétences, mais atténuant largement l'objectif incantatoire de spécialisation et clarification.

Une certaine marge d'action a été conservée par le maintien de compétences partagées entre les trois niveaux territoriaux, choisies par le législateur et qui montre bien que la solidarité territoriale nécessite un exercice multilatéral de certains domaines, plus que de compétences d'ailleurs, et dont l'ampleur (culture, tourisme, sport, promotion de l'égalité entre les femmes et les hommes, éducation populaire…)[7] peut permettre de larges interventions.

La coordination a été réalisée par le biais du chef-de-filât[8], dispositif réactivé et généralisé tous azimuts par la loi MAPTAM[9], comme moyen sans doute de rationaliser les risques accrus d'imbrication dus au rétablissement de la clause générale par cette même loi MAPTAM. C'est le législateur qui désigne la collectivité chef de file qui, par voie conventionnelle, devra « organiser les modalités de l'action commune », selon l'article 72, alinéa 5 de la Constitution. Ce développement du chef de filât à tous les niveaux territoriaux et pour de nombreuses compétences, ou plutôt de larges champs d'action, non précisément identifiés, n'a pas contribué à la simplification du partage des compétences, même si l'on peut admettre que le législateur a pris soin de ne pas bouleverser les grandes orientations des compétences d'attribution, faisant donc correspondre ce statut à des compétences déjà détenues principalement par la collectivité ainsi qualifiée.

À côté de l'exercice conjoint des compétences, les nécessités locales laissent apparaître une demande d'adaptation des compétences aux territoires qui va se traduire par la possibilité de délégation de compétences entre collectivités par voie

7. Art. L. 1111-4 CGCT.
8. Art. L. 1111-9 CGCT.
9. Loi n° 2014-58 du 27 janv. 2014 de modernisation de l'action publique territoriale et d'affirmation des métropoles.

conventionnelle. Ce procédé est ainsi largement ouvert, aussi bien de manière générale par le biais de l'article L. 1111-8 du CGCT, que par la voie de délégations plus précises et qui ont été encore étendues par la loi 3DS. On peut ainsi citer les délégations de compétences des régions et départements aux intercommunalités à fiscalité propre proposées par la loi du 13 août 2004 ou plus récemment, à l'inverse, celles de ces mêmes intercommunalités envers les mêmes régions et départements, prévues par la loi 3DS[10], comme si l'on pouvait ainsi s'échanger les compétences...

On notera aussi la possibilité de transférer des compétences également par voie conventionnelle, s'agissant des compétences dont les départements devaient se dessaisir au profit des métropoles, dans une liste prévue par le législateur.

Cette délégation conventionnelle permet donc d'adapter les compétences en fonction de chaque territoire, réalisant une répartition pragmatique, un aménagement local des compétences, sans que cela ne semble susciter grand effroi. L'objectif est donc d'offrir aux collectivités un dispositif qui leur permette d'organiser au mieux, entre elles, le partage de leurs rôles, sans doute en recherchant le niveau le plus pertinent, dans une forme d'application localisée de la subsidiarité, octroyant la compétence au niveau territorial qui peut « le mieux la mettre en œuvre à son échelon » pour reprendre l'énoncé du principe de subsidiarité de l'article 72, alinéa 5 de la Constitution, dont le contenu peu précis aboutira à la jurisprudence neutralisante du Conseil constitutionnel de 2005[11] qui vide ce principe de réelle portée contraignante.

Ces partages conventionnels de compétences redonnent une marge de manœuvre aux collectivités, leur laissant le choix de leur rôle respectif, et permettant ce que certains nomment une mobilité des compétences. Est-ce une nouvelle vision d'une décentralisation qui ferait confiance aux collectivités, mais avec l'éventuel risque de bouleverser le cadre « habituel » de répartition des compétences ? On ne peut que noter la prudence en la matière des collectivités qui ne se sont pas réellement emparées de cette possibilité, sans doute parce que l'intérêt de gérer une compétence au nom et pour le compte d'une autre collectivité n'apparaît pas évident, mais à l'inverse semblerait induire une forme de contrôle entre collectivités. Sans doute aussi parce que le critère du choix, « le mieux », englobe efficacité et performance et qu'il peut être malaisé de l'identifier et enfin parce

10. Art. L. 1111-8 CGCT.

11. Cons. const., n° 2005-516 DC, *Loi de programme fixant les orientations de la politique énergétique*, consid. 12 : « Il résulte de la généralité des termes retenus par le constituant que le choix d'attribuer une compétence à l'État plutôt qu'à une collectivité territoriale ne pourrait être remis en cause, sur le fondement de cette disposition, que s'il était manifeste qu'eu égard à ses caractéristiques et aux intérêts concernés, cette compétence pouvait être mieux exercée par une collectivité territoriale. »

que les « faiblesses » juridiques des délégations rendent confuse l'identification du porteur de la compétence, davantage encore que ne le fait un exercice conjoint de compétences.

Ces exercices conjoints ou délégués de compétences atténuent largement le principe de spécialisation des compétences qui ne correspond pas à la dynamique de la vie des collectivités. Le pragmatisme est donc de mise, ainsi que la complexité du partage des compétences. Dès lors, le changement de discours s'avère nécessaire, reconnaissant que cet emmêlement des compétences participe à la décentralisation, participe de la décentralisation, qu'il est inhérent à cette dernière : l'interaction est de mise, l'exercice unilatéral, isolé est inopérant, irréalisable et sans doute contraire à la décentralisation.

Dès lors, faut-il continuer à ériger en objectif inatteignable la simplification ou enfin lever ce tabou qu'est l'enchevêtrement des compétences que le législateur s'échine à mettre en œuvre, en même temps qu'il le critique ? Et la différenciation, sorte de nouveau dogme pour une plus grande flexibilité, ne va sans doute rien clarifier.

III. Le nouveau dogme de la différenciation des compétences

La demande de souplesse accrue de la part des départements et régions, notamment depuis la suppression de leur clause générale, a trouvé une forme de réponse dans la nouvelle incantation de la différenciation, adoubée par l'avis du Conseil d'État du 7 décembre 2017 qui, reconnaissant toutefois un risque d'illisibilité et d'insécurité juridique, avait indiqué un certain nombre de conditions, dont le fait que cela préserve « l'effort de clarification des compétences engagé par le législateur ces dernières années »[12].

Cette différenciation est dorénavant prévue par la loi 3DS[13] qui autorise ainsi le législateur à octroyer des compétences supplémentaires à des collectivités, dont ne bénéficient pas les autres collectivités de la même catégorie.

Possibilité qui n'est toutefois pas nouvelle, en dépit du discours officiel, puisque le législateur avait déjà octroyé des attributions complémentaires à certaines collectivités, régions d'outre-mer ou Collectivité européenne d'Alsace sans les étendre à l'ensemble des autres collectivités des mêmes catégories. Le législateur avait également accepté la réduction de compétences de certaines collectivités telles que les départements situés sur le territoire d'une métropole et devant transférer

12. CE avis 7 déc. 2017, n° 393651.

13. Art. L. 1111-3-1 CGCT : « Dans le respect du principe d'égalité, les règles relatives à l'attribution et l'exercice des compétences applicables à une catégorie de collectivités territoriales peuvent être différenciées pour tenir compte des différences objectives de situations dans lesquelles se trouvent les collectivités territoriales relevant de la même catégorie, pourvu que la différence de traitement qui en résulte soit proportionnée et en rapport avec l'objet de la loi qui l'établit. »

à celle-ci un minimum de trois de leurs compétences, ou encore les communes qui, par le jeu de transfert de compétences optionnelles et facultatives, également au profit d'intercommunalités, ne conservent pas toutes les mêmes attributions.

Flexibilité qui existait donc déjà, l'innovation résidant dans le pouvoir d'initiative donné aux départements et régions qui pourront demander à bénéficier de ces attributions supplémentaires, en utilisant la procédure dont disposaient jusque-là les seules régions et maintenant généralisée aux départements, et consistant à pouvoir « présenter des propositions tendant à modifier ou à adapter des dispositions législatives ou réglementaires, en vigueur ou en cours d'élaboration, concernant les compétences, l'organisation et le fonctionnement d'un ou de plusieurs de l'ensemble des départements (ou régions) »[14].

La décision revient au seul législateur qui devra prendre garde à ne pas remettre en cause les orientations de la répartition des compétences, sauf à accorder de multiples différenciations, en méconnaissance des préconisations du Conseil d'État et au risque de remettre en cause la notion de catégorie de collectivité territoriale.

Cette possibilité semble redonner une marge d'action, sorte de subsidiarité, aux départements et régions, dont ils ne disposaient plus depuis la suppression de leur clause générale. Mais la flexibilité offerte n'est pas de même nature : la clause générale leur permettait de choisir leur terrain d'action, application locale de l'habilitation générale, tandis que la différenciation s'inscrit dans une procédure lourde de demandes et d'autorisations où les collectivités se retrouvent dans une forme de subordination dans l'attente de la réponse étatique.

C'est un véritable paradoxe que de substituer à la clause un système autrement plus contraignant et unilatéral, loin du discours émancipateur et simplificateur, et introduisant une vision nouvelle de la répartition des compétences : une répartition fondée sur un dispositif organisé autour de dérogations et d'exceptions accordées par l'État. Là où la clause générale permettait l'adaptation souple, informelle d'une habilitation législative générale, d'une vraie subsidiarité, on pourrait avoir le développement de compétences spécifiques à des collectivités, prenant en compte et officialisant dans la loi les singularités et accroissant les fragmentations.

Cette différenciation, comme son nom l'indique d'ailleurs, exprime bien cette accentuation et consécration des singularités, donc des exceptions, nécessitant une compétitivité accrue pour que chaque collectivité se démarque et justifie de cette dérogation, nécessitant de faire reconnaître sa singularité, en opposition avec les autres, en concurrence avec les autres. Sans compter le risque d'invisibilité de la règle générale, puisque se développeront les cas de dérogations, d'exceptions officialisées par la loi. Entraînant le risque d'une illisibilité encore plus grande.

14. Art. L.3211-3, et art. L.4221-1 CGCT.

À cette nouvelle procédure, s'ajoute également celle de l'expérimentation permettant la dérogation aux lois et règlements nationaux concernant notamment les compétences des collectivités, l'ensemble s'orientant donc vers l'accentuation de la spécialisation des compétences, vers des compétences à la carte, propres à chaque territoire, voire même spécifiques à chaque acteur local.

Mais cette spécialisation, qui pourrait s'avérer pertinente pour les collectivités, évolue, de manière paradoxale, dans un cadre davantage contraint, presque vertical, l'État y jouant un rôle dorénavant décisif, sous un semblant de marge d'action retrouvée pour les collectivités. Ce jeu de pirouette au détriment de ces dernières montre à la fois une certaine incertitude et une forme d'embarras de la part de l'État quant à la liberté qu'il souhaite laisser aux collectivités, se traduisant par un hiatus entre le discours officiel de simplification et de priorité redonnée aux acteurs locaux et la réalité d'un droit toujours plus contraignant, imposant une gestion multipartenariale des compétences, sous l'égide resserrée de l'État qui, dans les modalités renouvelées de différenciation, d'expérimentation, de délégation, affermit son rôle de grand répartiteur des compétences, non plus seulement de chaque catégorie, mais bien de chaque grande collectivité.

Le paysage ainsi peint, induit une vision simplement instrumentale, voire gestionnaire des compétences, et un rôle nécessairement limité des collectivités, réduites à n'agir que dans le cadre posé et imposé par l'État. Au-delà du système complexe ainsi organisé, c'est bien la décentralisation qui se trouve ainsi questionnée et remise en cause…

Et on se plaît à imaginer une autre situation : si le totem de la simplification n'est plus de mise, si le tabou de l'imbrication ne fait plus peur et si la spécialisation, non plus au sens de compétences d'attribution, mais de compétences à la carte, semble acceptée, pourquoi dès lors, ne pas véritablement faire confiance aux collectivités et leur redonner une habilitation large de choix de leurs actions, sans que l'État ne se mêle, par des lois pointilleuses, intrusives, du détail de tout exercice des compétences ? Pourquoi ne pas redonner souplesse et réelle liberté d'action, en réactivant la clause générale, évitant ainsi ce meccano législatif qui enferme, limite et au final malmène les collectivités et la décentralisation ?

2e Partie

LES THÈMES

L'INTERVENTIONNISME ÉCONOMIQUE DES COLLECTIVITÉS TERRITORIALES : DE L'ACCOMPAGNEMENT AU PARTENARIAT

Nadine DANTONEL-COR

Professeure de droit public
Université de Lorraine, Metz, IRENEE
Membre du conseil scientifique du GRALE

L'interventionnisme économique des collectivités territoriales n'est pas un phénomène récent et la construction de ce droit s'est réalisée par touches successives, sans qu'il y ait une véritable réflexion sur son contenu ni sur les personnes publiques les plus aptes à intervenir dans ce domaine. Le renforcement de la différenciation territoriale tel qu'encouragé par la loi 3DS du 21 février 2022 entraîne une adaptation des interventions économiques aux réalités locales, et par voie de conséquence, une impossibilité de systématisation puisque les collectivités territoriales disposent d'une marge de manœuvre non négligeable dans le respect des dispositions législatives existantes.

D'un point de vue historique, ce sont les communes qui ont été les premières collectivités territoriales à constater les besoins des citoyens ou des entreprises dans le domaine économique. La célèbre loi du 5 avril 1884 intitulée la « charte municipale », transformant les communes en collectivités territoriales, permet à celles-ci de prendre des initiatives de création de services publics, favorisant ainsi le « socialisme municipal ». C'est surtout le décret-loi Poincaré du 5 novembre 1926 qui autorisait « l'intervention des communes par voie d'exploitation directe ou par simple participation financière dans les entreprises ayant pour objet le fonctionnement des services publics, le ravitaillement et le logement de la population, les œuvres d'assistance, d'hygiène et de prévention sociale ou la réalisation d'améliorations urbaines ». Dans la continuité, un second décret-loi du 28 novembre 1926 donnait la possibilité aux communes d'exploiter directement des services publics à caractère industriel et commercial.

Malgré ces possibilités conférées aux communes d'intervention dans le domaine économique, l'application du principe de liberté du commerce et de l'industrie par le juge administratif est venue limiter leurs initiatives. Le célèbre arrêt du Conseil d'État du 30 mai 1930, *Chambre syndicale du commerce en détail de*

Nevers, témoigne de la volonté de réserver la gestion des entreprises commerciales à l'initiative privée, conformément au contenu du « décret d'Allarde » des 2-17 mars 1791[1]. On se souvient de la formule célèbre selon laquelle les conseils municipaux ne pouvaient intervenir qu'en raison d'un intérêt public, en cas de circonstances particulières de temps et de lieu, et uniquement dans l'hypothèse de carence de l'initiative privée.

Par la suite, la jurisprudence s'est assouplie puisque les collectivités territoriales peuvent prendre en charge une activité économique dans le respect du principe de concurrence et donc, de la liberté du commerce et de l'industrie[2]. Ainsi, les collectivités territoriales peuvent intervenir en cas de carence, mais aussi d'insuffisance, qualitative ou quantitative, de l'initiative privée pour répondre à des besoins de la population. De ce fait, ont pu être créés, entre autres tant la liste est longue, des théâtres municipaux, des terrains de camping communaux dans des stations balnéaires, des services municipaux de consultations juridiques ou encore des restaurants économiques pour aider les personnes en difficultés. Aujourd'hui, les collectivités territoriales peuvent attribuer des aides destinées à favoriser l'implantation ou le maintien de professionnels de santé dans des zones bien déterminées et accorder des aides aux vétérinaires en permettant d'assurer la continuité des soins aux animaux d'élevage[3].

Ces interventions directes sur les services publics ont pu être ultérieurement complétées par des soutiens plus ciblés en faveur des entreprises privées, conduisant à une réelle diversification du développement économique local qui revêt de multiples facettes. Les collectivités territoriales disposent d'une liberté de choix dans leurs interventions et dans les orientations de leurs politiques économiques. Toutefois, cette libre administration s'inscrit dans la mise en œuvre de politiques cohérentes entre collectivités publiques, puisque l'article L. 2251-1 du CGCT dispose que « l'État a la responsabilité de la conduite de la politique économique ». Dans la période de la crise sanitaire liée au Covid-19, l'État n'a pas hésité à aider les entreprises sans activités en créant un fonds exceptionnel de solidarité afin de limiter les effets des mesures de suspension de l'activité professionnelle. Cette affirmation du rôle prioritaire de l'État dans la direction de l'économie est toutefois assouplie par l'article L. 1111-2 du CGCT qui dispose que « les collectivités

---

1. Le « décret d'Allarde » pose le principe de la liberté du commerce et de l'industrie dans son article 7 : « À compter du 1er avril prochain, il sera libre à toute personne de faire négoce ou d'exercer telle ou telle profession, art ou métier qu'elle trouvera bon, mais il sera tenu auparavant de se munir d'une patente. »
2. CE 31 mai 2006, *Ordre des avocats au barreau de Paris*, n° 275531.
3. Art. L. 1511-8 et L. 1511-9 CGCT.

territoriales concourent avec l'État au développement économique ». Tout comme l'État, les collectivités territoriales, grâce aux interventions législatives successives, disposent de réels outils d'interventionnisme économique.

Pendant très longtemps « l'interventionnisme économique a toujours été au cœur d'un débat idéologique passionné, s'articulant autour de la dichotomie public/privé et socialisme municipal opposé au capitalisme libéral »[4]. Aujourd'hui, le débat a gagné en neutralité et la priorité de l'interventionnisme économique consiste à rechercher l'efficacité et l'efficience en vue de l'intérêt général[5].

Compte tenu de la définition très large du développement économique, notre étude se concentre sur l'interventionnisme économique local en faveur des aides aux entreprises, au sens large de ce terme. La réflexion porte sur les actes 1 et 2 de la décentralisation, mais aussi sur les évolutions les plus récentes du développement économique local. Dans l'état actuel de la législation, il est possible de recenser, d'une part, l'existence de mesures d'accompagnement des collectivités territoriales en faveur du développement économique local (I) et d'autre part, la multiplication d'implications partenariales des collectivités territoriales en renforcement du développement économique local (II).

I. Les mesures d'accompagnement des collectivités territoriales en faveur du développement économique local

À partir de la loi du 2 mars 1982, les collectivités territoriales se sont vu progressivement attribuer la possibilité d'adopter des mesures d'accompagnement des entreprises en faveur du développement économique local. Le législateur légalise et officialise le rôle d'actrices des collectivités territoriales, selon des modalités bien déterminées. La confiance envers les régions ne fait aucun doute puisque leur rôle est, entre autres, « de contribuer au développement économique… » Corrélativement, les régions deviennent les collectivités planificatrices puisque la loi du 29 juillet 1982 leur confie l'élaboration de contrats de plan État-Région. Cette volonté de renforcement du rôle des régions en faveur du développement économique local ne faiblira pas puisque la loi du 13 août 2004 relative aux libertés et responsabilités locales, ainsi que la loi MAPTAM du 27 janvier 2014 consacrent la région comme la collectivité « chef de file » dans le domaine précité (A). Dans la même mouvance, le conseil économique, social et environnemental est une instance qui perdure et dont l'utilité n'est plus à démontrer.

---

4. J.-Cl. NEMERY, « L'interventionnisme économique des collectivités territoriales », *Pouvoirs locaux* 1985, n° 28, p. 139-146.

5. F. OLIVIER, *L'interventionnisme économique régional face au droit des aides économiques*, Thèse Lille, 2019.

En dehors de cette responsabilité régionale importante dans le domaine économique, les intercommunalités et les autres collectivités territoriales peuvent intervenir de manière complémentaire, même si leur concours est loin d'être homogène (B). Il faudra distinguer, parmi les groupements communaux, ceux qui ont été privilégiés par le législateur ; il conviendra également de constater les modalités différenciées d'interventions du bloc communal et des départements. Bien entendu, toutes les interventions économiques des collectivités territoriales doivent être conformes à l'intérêt public local et le juge administratif se livre à une appréciation circonstanciée de cet intérêt public[6].

A. La prédominance de la région dans la détermination des aides aux entreprises

La prédominance de la région en matière de développement économique est incontestable et la fusion de certaines régions opérée par la loi du 16 janvier 2015 la renforce. L'article 2 de la loi NOTRe du 7 août 2015 portant nouvelle organisation territoriale de la République dispose que « la région est la collectivité territoriale responsable, sur son territoire, de la définition des orientations en matière de développement économique ». Certes, la région ne définit pas strictement la politique de développement économique sur le territoire régional, seule la détermination des grandes orientations lui a été confiée par le législateur. Cette définition des orientations passe obligatoirement par l'élaboration du schéma de développement économique, d'innovation et d'internationalisation, qui constitue le document de référence en matière d'interventionnisme économique sur l'ensemble du territoire régional, y compris pour les collectivités infrarégionales. Selon l'article L. 4251-13 du CGCT, le schéma doit contenir « les orientations en matière d'aides aux entreprises, de soutien à l'internationalisation, d'aides à l'investissement immobilier et à l'innovation des entreprises, ainsi que les orientations relatives à l'attractivité du territoire régional ». Il détermine également les orientations permettant le développement de l'économie sociale et solidaire, ainsi que celles favorisant le développement de l'économie circulaire.

Cette mission planificatrice économique est fondamentale puisque toutes les actions menées sur le territoire régional devront se conformer aux grandes orientations et la région devra veiller à la cohérence des interventions des autres collectivités avec ces grandes orientations. Le schéma doit organiser, sur le territoire régional, la complémentarité des actions décidées par la région dans le domaine des aides aux entreprises avec les actions décidées par les collectivités et les groupements infrarégionaux. Le schéma constitue donc le document de référence de la stratégie économique sur le territoire régional. De ce fait, il doit être approuvé

---

6. R. MEYER, « L'intérêt général et l'intervention économique des personnes publiques », *AJCT* 2022, p. 543 et s.

par le représentant de l'État dans la région qui doit veiller au respect des intérêts non seulement régionaux, mais également nationaux. Le contenu du schéma doit donc également s'inscrire dans le moule de la politique économique défendue par le gouvernement. Il en résulte une diminution de la libre administration régionale, qui se conçoit en raison de l'importance de la cohérence des actions menées par les différents protagonistes. Toutefois, ce contrôle de l'État sur le respect des intérêts économiques nationaux interroge au regard des dispositions de la loi du 21 février 2022 qui renforce la différenciation territoriale et qui tient compte de l'adaptation des normes locales aux territoires qui les composent.

Surtout, le conseil régional est seul compétent pour définir les régimes d'aides et pour décider de l'octroi des aides aux entreprises dans la région. Si la loi du 13 août 2004 relative aux libertés et responsabilités locales a supprimé la distinction établie en 1982 entre les aides directes et les aides indirectes, une énumération des aides possiblement accordées est mentionnée à l'article L. 1511-2 du CGCT. Ces aides, qui ont pour objet la création ou l'extension d'activités économiques, peuvent consister en prestations de services, subventions, bonifications d'intérêts, prêts et avances remboursables, à taux nul ou à des conditions plus favorables que les conditions du marché. Ces interventions peuvent être qualifiées d'accompagnement positif puisque l'objectif consiste à renforcer le tissu économique régional.

Dans une conception plus sociale, les interventions du conseil régional peuvent être fondées sur une volonté de redresser des entreprises en difficulté. Au moment de l'intervention régionale, il s'agit d'adopter des délibérations permettant de limiter les situations humaines de licenciement. Lorsque la protection des intérêts économiques et sociaux de la population le requiert, la région peut accorder des aides à des entreprises en difficulté ; celles-ci sont formalisées dans une convention qui peut prévoir, en cas de retour à une meilleure fortune, le remboursement de tout ou partie des aides régionales.

La région, collectivité de confiance économique, est la seule collectivité territoriale autorisée par le législateur à faire le lien entre les collectivités et établissements infrarégionaux, l'État et les instances européennes. En effet, les collectivités territoriales et leurs groupements doivent transmettre, avant le 30 mars de chaque année, toutes les informations relatives aux aides et régimes d'aides mis en œuvre dans leur ressort au titre de l'année civile précédente. En fonction de ces informations, le conseil régional établit un rapport relatif aux aides et régimes d'aides mis en œuvre sur son territoire en évaluant les conséquences économiques et sociales de celles-ci et ce document est transmis au représentant de l'État dans la région[7]. L'ensemble des aides accordées par les collectivités territoriales doit être conforme au droit de l'Union européenne.

7. Art. L. 1511-1 et L. 1511-1-1 CGCT.

Dans le cas contraire, les collectivités territoriales ou les groupements doivent procéder à la récupération de l'aide, si une décision de la Commission européenne ou un arrêt de la Cour de justice européenne le lui enjoint. En cas d'absence de réaction de la part de la collectivité ou du groupement concerné, le préfet y procède par tout moyen et utilise son pouvoir de substitution d'action.

Si les régions « se taillent la part du lion » dans la détermination des aides aux entreprises, les collectivités infrarégionales et les établissements publics de coopération intercommunale peuvent intervenir de manière complémentaire pour apporter leur aide aux entreprises.

B. L'intervention complémentaire des collectivités infrarégionales et des intercommunalités

Les collectivités infrarégionales et les groupements intercommunaux peuvent participer au financement des aides et des régimes d'aides mis en place par la région. Tout comme les aides régionales, elles ont pour objet la création ou l'extension d'activités économiques. Il peut s'agit de prestations de services, de subventions, de bonifications d'intérêts, de prêts et d'avances remboursables, à taux nul ou à des conditions plus favorables que les conditions du marché[8]. De manière plus exceptionnelle, les aides peuvent être attribuées aux entreprises en difficulté[9].

L'outil juridique de mise en œuvre de l'ensemble de ces aides est la convention signée entre la région d'une part, et la Métropole de Lyon, les communes ou leurs groupements d'autre part. La contractualisation s'est banalisée dans les rapports entre les collectivités territoriales et ces dernières sont censées être traitées sur un même pied d'égalité, en conformité avec le principe d'absence de tutelle d'une collectivité territoriale sur une autre, garanti à l'article 72 alinéa 5 de la Constitution. Toutefois, si les communes et les groupements disposent du libre choix de participer au régime d'aide régional, leur pouvoir décisionnel est limité puisqu'ils ne participent aucunement à la détermination du régime d'aides en faveur des entreprises. Tout au plus ont-ils la possibilité de se déterminer sur le montant financier engagé en faveur des entreprises régionales[10].

Il faut également relever que le conseil régional, après avoir déterminé le contenu des régimes d'aides, peut en déléguer l'octroi, en tout ou partie, à la Métropole de Lyon, aux communes ou à leurs groupements. La compétence d'octroi des aides

---

8. Art. L. 1511-2 I. CGCT.
9. Art. L. 1511-2 II CGCT.
10. Dans son article sur « l'atypisme de la contractualisation en matière de développement économique local », le Professeur Dupéron s'interrogeait : « Le contrat est-il vecteur d'un rapport de hiérarchie entre la région et les autres acteurs publics locaux ? », *in* R. ALLEMAND et N. DANTONEL-COR (dir.), *La contractualisation de l'action publique locale. Des collectivités territoriales libres ou sous contrainte ?*, Paris, éd. L'Harmattan, « coll. GRALE », 2019, p. 171-190.

est exercée au nom et pour le compte de la région délégante. Cette délégation est régie par une convention qui en fixe la durée, les objectifs à atteindre, ainsi que les modalités du contrôle effectué par la région sur l'autorité délégataire.

Cette dépendance des collectivités infrarégionales vis-à-vis de la région n'est pas absolue. D'une part, le département, qui s'est vu retirer l'attribution générale d'aides économiques par l'article 3 de la loi NOTRe du 7 août 2015, retrouve ponctuellement une compétence économique : à titre d'exemple, l'article 71 de la loi du 27 décembre 2019 lui donne la possibilité accorder des aides dérogatoires aux entreprises concernées par une reconnaissance de l'état de catastrophe naturelle et dont l'activité est affectée en raison des dommages importants subis par leur outil de production[11].

D'autre part, cette dépendance bien marquée des collectivités infrarégionales vis-à-vis de la région s'estompe également dans le domaine bien spécifique de l'investissement immobilier des entreprises et de location de terrains ou d'immeubles. L'énumération figurant à l'article 3 de la loi NOTRe du 7 août 2015 montre la grande diversité de ces aides qui sont réservées aux communes, aux groupements de coopération intercommunale et à la Métropole de Lyon, qui sont les seuls à être en capacité de définir les régimes d'aides à l'immobilier d'entreprises et de décider de leur octroi[12]. Il peut s'agir de subventions, de rabais sur le prix de vente, de location ou de location-vente de terrains nus ou aménagés ou de bâtiments neufs ou rénovés, de prêts, d'avances remboursables ou de crédit-bail, à des conditions plus favorables que celles du marché. Les décisions des communes et des groupements doivent être compatibles avec le schéma régional de développement économique, d'innovation et d'internationalisation (SRDEII), ce qui permet d'envisager une certaine souplesse décisionnelle, la compatibilité imposant seulement de ne pas contredire la norme[13].

Le parallélisme des procédures de développement économique est visible, car ces aides relatives à l'immobilier d'entreprises bénéficient du même mécanisme juridique que celui des aides portant sur la création ou l'extension d'activités économiques. En effet, on constate premièrement que la région, qualifiée de « chef de file » dans le domaine économique, peut participer au financement des aides immobilières dans le cadre de conventions passées avec les protagonistes

11. Art. L. 3231-3 CGCT. Le département peut aussi intervenir ponctuellement pour aider les entreprises intervenant dans le domaine du tourisme ou accorder des aides à des entreprises de spectacles cinématographiques.

12. Art. L. 1511-3 CGCT.

13. Selon le Professeur J.-P. Lebreton, « la notion de compatibilité demeure accidentogène », ce qui conduit fréquemment à soumettre l'interprétation des dispositions au juge « pour qu'il en dévoile le sens » ; Voir J.-P. LEBRETON, « Des degrés de normativité en urbanisme », *AJDA* 2004, p. 830 ; Voir aussi CE 12 déc. 2012, *Société Davalex*, req. n° 353496.

responsables, c'est-à-dire la commune, l'établissement public de coopération intercommunale ou la Métropole de Lyon. Deuxièmement, les communes ou les établissements publics de coopération intercommunale à fiscalité propre peuvent déléguer au département l'octroi de tout ou partie des aides à l'immobilier d'entreprise. Relevons qu'il s'agit d'une délégation et que la convention doit prévoir les modalités de contrôle de la part de la collectivité délégante, ce qui peut sembler paradoxal qu'un groupement, qui n'est pas une collectivité territoriale, vérifie la conformité de l'octroi des aides départementales avec la détermination du régime intercommunal d'aides immobilières. Enfin, le parallélisme avec les aides régionales est flagrant, car il est précisé au sixième alinéa de l'article L. 1511-3 du CGCT que les aides immobilières du bloc communal doivent avoir pour objet la création ou l'extension d'activités économiques.

Cette intervention complémentaire des autres collectivités territoriales et des groupements intercommunaux est loin d'être négligeable. Parmi la catégorie des établissements publics de coopération intercommunale, certains sont privilégiés par le législateur. Les métropoles participent pleinement à l'élaboration du SRDEII puisque les orientations du schéma sont adoptées conjointement par le conseil de la métropole et le conseil régional. À défaut d'accord sur le contenu de ce document, la métropole élabore un document d'orientation stratégique qui prend en compte le schéma régional. Par la suite, une fois qu'il est adopté, le principe d'égalité entre groupements refait surface puisque la mise en œuvre du schéma peut faire l'objet de conventions entre la région et un ou plusieurs établissements publics de coopération intercommunale[14].

Ces multiples conventions constituent, selon le Professeur émérite Pontier, un mode concerté d'exercice des compétences et non une véritable relation contractuelle. Le Professeur Pontier démontre que la notion de contractualisation dans les relations entre les collectivités territoriales traduit l'intention des « parties » de travailler ensemble et d'agir dans l'intérêt public, ce qui confère un véritable sens à cette contractualisation[15].

Ce régime juridique d'accompagnement des entreprises par les collectivités territoriales a progressivement été complété par la mise en place de mesures plus interventionnistes, d'implications plus fortes des collectivités territoriales afin de conforter le développement et le tissu économique local (II).

---

14. Art. L.4251-18 CGCT.
15. J.-M. PONTIER, « Contractualisation et libre administration », *RFDA* 2017 ; J.-M. PONTIER, « Présentation générale de la contractualisation de l'action publique locale », *in* R. ALLEMAND et N. DANTONEL-COR (dir.), « La contractualisation de l'action publique locale. Des collectivités territoriales libres ou sous contrainte ? », Paris, éd. L'Harmattan, 2019, p. 19 et s.

II. Les implications partenariales des collectivités territoriales en renforcement du développement économique local

Les collectivités territoriales deviennent progressivement de véritables partenaires du développement économique local, le partenariat pouvant prendre diverses formes qui témoignent de l'engagement multiple des acteurs locaux en tant qu'animateurs du territoire ou facilitateurs du développement économique[16]. Les partenaires publics spécialisés, c'est-à-dire les représentants publics de certains secteurs professionnels, comme les chambres de commerce et d'industrie ou les chambres d'agriculture, sont très souvent sollicités pour faciliter le développement économique de tel ou tel territoire[17].

Ces implications partenariales de plus en plus poussées obligent les collectivités territoriales à recruter des personnels spécialisés, possédant des compétences très éclectiques. Les développeurs économiques des collectivités doivent être des experts polyvalents, capables d'attirer les entreprises sur le territoire, dans le cadre d'une coordination avec les partenaires institutionnels, les associations d'accompagnement des entreprises, ainsi que les acteurs de l'insertion et de l'enseignement supérieur.

Le partenariat décisionnel se décline en un partenariat financier bien encadré, qui concerne toutes les collectivités territoriales et des intercommunalités (A), ainsi qu'en un partenariat administratif qui peut prendre de multiples facettes et qui s'appuie sur la complémentarité de son réseau d'acteurs (B).

A. Le partenariat financier entre les collectivités territoriales et les entreprises

Les régions, les départements, les communes et les intercommunalités peuvent devenir des partenaires des entreprises en accordant leur garantie d'emprunt ou en prenant des participations au capital de sociétés. Les modalités de mise en œuvre de ce partenariat financier diffèrent en fonction de la catégorie de collectivité territoriale ou d'établissement public, car il existe de nombreuses interdictions et dérogations.

Les interventions financières des collectivités territoriales auprès des entreprises se sont généralisées et la suppression de la compétence économique aux départements reste très limitée puisque ces collectivités territoriales peuvent aussi accorder des garanties d'emprunts et devenir de véritables actionnaires locaux.

---

16. Intercommunalités de France, « Les intercommunalités, animatrices du développement économique local », Dossier, janv. 2023.

17. R. DEGRON, « La régionalisation du réseau des CCI : une réforme attendue révélatrice d'un nouvel ordre territorial », *AJDA* 2010, p. 1938 ; J.-M. PONTIER, « La ruralité saisie par le droit », *AJDA* 2022, p. 1716.

Toutes les collectivités territoriales peuvent ainsi accorder des garanties d'emprunts selon diverses modalités. Si l'on prend l'exemple des garanties d'emprunts ou des cautionnements octroyés par les communes, ils constituent un moyen d'intervention très apprécié dans un contexte de frilosité des organismes financiers à financer certains projets. Les interventions communales en faveur des personnes de droit privé sont très encadrées, afin de limiter les risques financiers pesant sur les collectivités territoriales. De manière générale, et sans développer les exceptions, trois principes prudentiels ont été institués par le législateur : une garantie du plafonnement par commune, une garantie de plafonnement par personne bénéficiaire, et une garantie liée aux partages des risques[18]. Malgré ces garde-fous, la décision d'accorder une garantie d'emprunt constitue une décision créatrice de droits, que l'administration ne peut abroger ou retirer que si elle est illégale et à la condition que l'abrogation ou le retrait interviennent dans le délai de quatre mois suivant cette prise de décision[19]. La commune se trouve donc très rapidement contrainte par ses engagements. La seule hypothèse favorable à la collectivité territoriale consiste à prévoir des conditions résolutoires permettant à l'administration de retrouver sa liberté en cas de non-respect des objectifs contenus dans la convention d'octroi de la garantie d'emprunt.

Une autre stratégie à la disposition des collectivités territoriales consiste à prendre des participations dans le capital de diverses sociétés. Là encore, toutes les collectivités territoriales, y compris les départements, peuvent participer au capital de sociétés[20]. Pour établir un parallélisme avec l'hypothèse précédente, l'intervention des communes dans le capital fait l'objet de nombreuses dispositions générales et particulières. Ainsi, les participations des communes dans le capital des sociétés commerciales et de tout autre organisme à but lucratif n'ayant pas pour objet d'exploiter des services communaux ou des activités d'intérêt général sont interdites[21]. Malgré cette règle générale d'interdiction, il existe de nombreuses dérogations, par exemple l'acquisition possible par une commune d'actions des sociétés mixtes locales ou des sociétés publiques locales[22], voire la participation, seule ou conjointement avec d'autres collectivités territoriales, au capital d'un établissement de crédit ou d'une société de financement ayant pour objet exclusif de garantir des concours financiers accordés à des personnes morales de droit privé.

18. Art. L.2252-1 CGCT. Voir S. DYENS, J. VIELH, « Octroi et retrait des garanties d'emprunt par les communes », *AJCT* 2018, p. 142.

19. Art. L.242-1 CRPA. Voir CE 28 juill. 1993, *Commune de Faye-d'Anjou*, nº 135903 ; CAA Marseille, 4 févr. 2013, nº 10MA00825.

20. A. LABETOULLE, G. BENOIT, « Interventions économiques : les conséquences de la loi NOTRe sur l'actionnariat des départements », *JCP A*, nº 4, 2017, 2038.

21. Art. L.2253-1 du CGCT, modifié par les articles 36 et 122 de la loi 3DS du 21 févr. 2022.

22. Cl. DEVÈS, « Les entreprises publiques locales dans la loi 3DS : de quelques nuances d'amélioration », *JCP A*, nº 12, 2022, p. 2097.

Dans le même sens, la commune peut participer par versement de subventions à la constitution de fonds de garantie auprès de l'établissement de crédit ou de la société de financement.

Il est régulièrement rappelé que la multiplicité d'acteurs locaux entraîne de nombreuses incertitudes et l'absence d'une stratégie cohérente d'intervention. Les chambres régionales et territoriales des comptes constatent fréquemment de nombreux manquements dans l'évaluation des interventions financières économiques : le contrôle sur les obligations des entreprises bénéficiaires est le plus souvent défaillant, ce qui ne favorise pas la cohérence et la performance de l'action économique locale[23].

De nombreuses critiques sont formulées à l'égard des collectivités territoriales qui jouent un rôle entrepreneurial, car les interactions sont nombreuses dans la mise en œuvre des politiques publiques entre les partenaires publics et privés. Selon le Professeur Kouévi, les collectivités territoriales courent toutes sortes de risques inhérents à la gestion des entreprises privées : « Risque économique, qui peut être lié à la nature ou à la viabilité de l'activité privée; risque juridique et financier, qui peuvent être liés à la situation de la collectivité, à sa capacité de dégager de nouvelles ressources et au niveau de ses engagements hors budget[24]. » C'est la raison pour laquelle toutes les interventions entrepreneuriales des collectivités territoriales sont strictement encadrées, tant au niveau interne qu'au niveau du droit de l'Union européenne. Le partenariat financier se couple d'un partenariat administratif diffus et différencié qui se noue entre les services des collectivités territoriales et les acteurs publics et privés (B).

B. Le partenariat administratif externe ou/et externalisé pour renforcer l'attractivité économique du territoire

En dehors du partenariat de droit commun entre les différentes catégories de collectivités territoriales qui a été mis en évidence dans cette étude, la compétence de développement économique en faveur des entreprises peut prendre deux formes particulières : une coopération externe, entre les collectivités territoriales et d'autres catégories d'acteurs publics, bien ancrés sur le territoire et/ou une coopération externalisée, de caractère endogène ou exogène. Cette coopération s'inscrit dans le

23. F. ADVIELLE, P. VAN HERZELE, « Les chambres régionales et territoriales des comptes et l'action économique des personnes publiques locales », *AJDA* 2017, p. 564.

24. A. G. KOUÉVI, « La substitution partielle de la collectivité territoriale à l'entreprise », *in* A. G. KOUÉVI (dir.), *Le droit des interventions économiques des collectivités territoriales*, LGDJ, coll. « Décentralisation et développement local », 2003, p. 173 ; L. MIDOL-MONNET, « Enjeux et risques attachés à la qualification de PME pour bénéficier des aides d'État », *JCP A*, n° 45, 14 nov. 2022, p. 2311.

cadre de la libre administration des collectivités territoriales[25] et repose sur la réalisation d'actions d'intérêts communs, à la fois publics et privés. Il y a convergence de l'intérêt général et des intérêts privés, afin de renforcer l'attractivité du territoire.

La première forme de coopération, externe à l'activité économique, peut s'inscrire dans l'obligation des collectivités territoriales de concilier le développement économique et la « sobriété de mobilité ». Pour attirer les entreprises, la disponibilité foncière ne suffit plus ; les besoins des entreprises ont évolué et la politique foncière doit être complétée d'offres de services convaincantes, telles qu'une mobilité facilitée, des services de restauration et de conciergerie à destination des futurs personnels des entreprises[26].

Pour bénéficier d'une réelle souplesse et pour limiter les contraintes juridiques pesant sur les acteurs publics, le partenariat administratif public peut être complété par un partenariat externalisé. Les acteurs privés peuvent répondre aux attentes des collectivités territoriales dans le domaine diversifié du développement économique. Ainsi, l'accompagnement des entreprises déjà présentes sur le territoire peut être confié à des agences de développement à gouvernance multipartenariale, constituées sous la forme d'associations, financées majoritairement par les collectivités territoriales. D'autres catégories d'agences privées peuvent avoir pour objectifs d'attirer de nouvelles entreprises, tant françaises qu'européennes et internationales. En soutien des projets innovants, des technopoles et des technoparcs, accompagnent les porteurs de projets à la demande des collectivités territoriales[27].

Les collectivités territoriales peuvent également créer et participer au financement des sociétés d'économies mixtes locales, même si certaines d'entre elles doivent développer une stratégie cohérente sur un territoire pertinent afin de produire les effets escomptés en matière de développement économique[28]. Les collectivités territoriales, souvent régionales, peuvent aussi constituer des sociétés publiques locales, personnes de droit privé possédant au moins deux actionnaires, afin de leur confier des missions d'aides en ingénierie économique. Ces sociétés publiques locales ont vocation à intervenir pour le compte de leurs actionnaires collectivités territoriales afin de mener, entre autres, des actions d'intérêt général de développement économique.

---

25. F. ROBBE, « Interventionnisme économique et libre administration des collectivités territoriales », *in* S. CAUDAL et J.-F. SESTIER (dir.), *Les collectivités locales et l'entreprise*, LGDJ, coll. « Décentralisation et développement local », 2002, p. 17 et s.

26. A. HAMAÏDE, *La contribution du transport aérien au développement économique local, un enjeu pour les politiques publiques locales*, Thèse Reims, 2020.

27. Les termes utilisés pour aider au développement économique des entreprises méritent approfondissement. En dehors des exemples susévoqués, il est question de *clusters*, de pôles de compétitivité, d'incubateurs…, qui permettent de prendre en compte les particularités des territoires, mais qui renforcent la complexité.

28. F. ADVIELLE, P. VAN HERZELE, *Les chambres régionales et territoriales des comptes et l'action économique des personnes publiques locales*, *op. cit.*

La formalisation d'un partenariat peut aussi se concrétiser par la constitution d'une société d'économie mixte à opération unique (SEMOP) permettant à, une collectivité territoriale de s'associer à un ou plusieurs opérateurs économiques afin de renforcer le développement économique d'une infrastructure (un port par exemple) grâce à l'expertise des entreprises partenaires. Ces fonctionnements partenariaux se constatent surtout dans les agglomérations, mais les secteurs ruraux ne sont pas épargnés par le renforcement du partenariat administratif. Pour permettre de redynamiser les zones rurales, les collectivités territoriales et les communautés de communes n'hésitent pas à mener des actions de partenariat avec les chambres d'agriculture, telles qu'un accompagnement des jeunes agriculteurs à l'installation ou la mise en place d'actions de valorisation des métiers de l'agriculture dans les collèges. Les partenariats peuvent être formalisés par la signature de conventions de coopération prévoyant les conditions de participation au projet, souvent financières, des différents partenaires.

Lorsqu'elles sont plus pérennes, les coopérations peuvent être portées par groupements de personnes publiques, par exemple des syndicats mixtes, le plus souvent ouverts. Cette forme de coopération territoriale structurante permet de rendre plus durables des projets collectifs entre de nombreux acteurs locaux : participent généralement au soutien des entreprises la commune, l'intercommunalité, le département, la région et la chambre de commerce et d'industrie. La culture partenariale territoriale renforce l'attractivité économique du territoire.

***
*

En 2007, le rapport de la Cour des comptes se prononçait sur les différents dispositifs d'aides en faveur des entreprises mis en place depuis les lois de décentralisation de 1982-1983. Il révélait la grande complexité de l'attribution des aides et le manque de coordination des dispositifs existants[29]. Qu'en est-il aujourd'hui, en 2023 ? On peut établir un constat similaire au regard de la complexité, qui s'est d'ailleurs encore renforcée par l'enchevêtrement des compétences en matière économique[30]. La coordination s'effectue par l'intermédiaire de la planification et de la contractualisation et on peut penser qu'il y a eu progression. Toutefois, le trop grand nombre d'acteurs, tant publics que privés, nuit à la lisibilité de l'action publique en matière de développement économique et à la mise en place d'évaluations fiables, ce qui est regrettable.

---

29. C. comptes, Rapport thématique, *Les aides des collectivités territoriales au développement économique,* 28 nov. 2007.
30. C. comptes, Rapport annuel, 10 mars 2023, p. 213 et s.

L'ACTION SOCIALE ET MÉDICO-SOCIALE, UNE DÉCENTRALISATION SOUS CONTRÔLE

Martine LONG

Maîtresse de conférences HDR en droit public
Université d'Angers
CJB UPRES (EA 4337) du pôle de recherche LL-SHS

L'idée de « déplacement » des politiques publiques est certainement une qualification qui sied parfaitement à la réalité de la gestion de l'action sociale et médico-sociale. Pour autant, une nuance sera dès le départ apportée puisque si les aides sociales ont bien été « déplacées » dans leur gestion, les politiques sociales et leur définition relèvent toujours de la compétence de l'État[1]. La mise en œuvre bénéficie simplement d'une dimension locale permettant, le cas échéant, une adaptation et une amélioration des conditions d'octroi[2], et ce même si l'article L. 121-1 du Code de l'action sociale et des familles (CASF) souligne que : « Le département définit et met en œuvre la politique d'action sociale, en tenant compte des compétences confiées par la loi à l'État, aux autres collectivités territoriales ainsi qu'aux organismes de sécurité sociale. Il coordonne les actions menées sur son territoire qui y concourent. » Il s'agit donc bien ici de confier aux départements des attributions qui relèvent d'une mise en œuvre opérationnelle d'un certain nombre de dispositifs et qui constituent, pour la plupart, des dépenses obligatoires. Il en résulte une réalité complexe où l'État est dans une perpétuelle recherche d'équilibre, dans un système de cogestion qui ne favorise pas véritablement le développement d'identités locales bien définies[3]. Les départements qui ont bénéficié d'un rôle de chef de file en

1. Art. L. 111-1 CASF : « Sous réserve des dispositions des articles L. 111-2 et L. 111-3, toute personne résidant en France bénéficie, si elle remplit les conditions légales d'attribution, des formes de l'aide sociale telles qu'elles sont définies par le présent code. »
2. Art. L. 121-3 CASF : « Dans les conditions définies par la législation et la réglementation sociales, le conseil départemental adopte un règlement départemental d'aide sociale définissant les règles selon lesquelles sont accordées les prestations d'aide sociale relevant du département. » L'article L. 121-4 CASF : « Le conseil départemental peut décider de conditions et de montants plus favorables que ceux prévus par les lois et règlements applicables aux prestations mentionnées à l'article L. 121-1. Le département assure la charge financière de ces décisions. »
3. Voir en ce sens : C. comptes, *La décentralisation, 40 ans après*, mars 2023, p. 279.

matière d'action sociale souffrent ainsi d'un triple déficit : de moyens financiers, de perspective à long terme et très certainement de confiance dans la capacité de porter un regard neuf.

Le déplacement des politiques sociales a été relatif. Il s'est en effet agi davantage d'une translation que d'un déplacement géographique, les prestations d'aide sociale étant déjà très largement gérées de façon opérationnelle par les directions départementales des affaires sanitaires et sociales (DDASS), services déconcentrés de l'État, dans un système d'ailleurs assez complexe faisant participer le département et les communes[4] au financement.

La décentralisation de l'action sociale, partiellement envisagée dès 1978 dans le cadre du projet de loi sur le développement des responsabilités des collectivités locales, si elle a suscité des interrogations au regard du principe d'égalité[5], n'a pas généré pour autant de blocage politique, même si les départements ont eu tendance pendant longtemps à valoriser leur interventionnisme économique et éducatif, avant de porter véritablement l'étendard du social[6].

L'enjeu de la décentralisation étant à la fois de transférer une compétence et une capacité d'action et de décision[7], peut-on dire quarante ans après que les départements ont acquis une pleine maturité dans la gestion de cette compétence ? La réponse est très certainement dans la formulation de la question. Si les dépenses d'action sociale représentent aujourd'hui pas loin de 70 % en moyenne du budget de fonctionnement des départements[8], l'action de ces derniers demeure très largement corsetée par l'État. Certes, de la différenciation apparaît dans les modalités d'action, notamment avec des expérimentations, telles la recentralisation de la gestion du RSA pour certains départements, ou encore celle de la conditionnalité des aides pour les bénéficiaires du RSA, mais fondamentalement l'architecture demeure celle d'un État unitaire dans lequel l'État définit « la libre administration des collectivités territoriales, leurs compétences et leurs ressources » (art. 34). Il en résulte une ambivalence consubstantielle à l'organisation même de notre État (I), qui n'a pas permis une émancipation des départements (II), même s'ils peuvent être porteurs d'innovations.

---

4. C. comptes, *La décentralisation en matière d'aide sociale*, 1995.
5. V. DONIER, *Le principe de l'égalité dans l'action sociale des collectivités territoriales*, Presses universitaires d'Aix-Marseille, 2005 ; M. BOUDJEMAÏ, *La territorialisation de l'aide sociale légale. Une source d'inégalité selon de département de résidence*, L'Harmattan, 2022.
6. J.-F. BRISSON (dir.), *Les transferts de compétences de l'État aux collectivités locales,* Actes des journées de l'Association française de droit des collectivités locales organisées les 19 et 20 sept. 2007 à Bordeaux et à Agen, L'Harmattan, 2009, coll. « Droit des collectivités territoriales », 593 p.
7. H. RIHAL, « Trente ans de décentralisation de l'action sociale », *JCP A*, 2012.
8. DREES, *L'aide et l'action sociales en France*, déc. 2022.70,3 %, selon le *Bulletin d'information statistique de la DGCL*, févr. 2023.

I. Un transfert ambivalent dès l'origine

Le transfert de l'action sociale et médico-sociale au département collectivité territoriale a été très certainement celui qui a suscité le débat doctrinal le plus développé, essentiellement au regard de la matière et du rattachement des prestations à l'idée de solidarité nationale.

A. La solidarité nationale, versus *gestion de proximité*

L'enjeu du transfert de compétence de l'action sociale était bien à l'époque, tout en conservant un principe de solidarité nationale, d'aller vers une meilleure adaptation aux particularismes locaux. Le Conseil constitutionnel ayant souligné qu'une prestation fondée sur la notion de solidarité nationale peut être gérée à l'échelon local[9], sous réserve pour le législateur de prévenir, par des dispositions appropriées, « la survenance de ruptures caractérisées d'égalité dans l'attribution », il en est résulté un mécanisme complexe de combinaison de définition légale du socle de base, mais sans que la gestion décentralisée ne soit remise en question dans sa globalité[10].

Selon l'Observatoire national de l'action sociale décentralisée (ODAS), trois écueils pouvaient se présenter à l'époque[11] : un repli frileux, la prégnance de l'électoralisme, le développement des inégalités.

Si les départements ont pris la mesure de leur engagement, en grande partie en raison du caractère obligatoire des dépenses d'aide sociale, la réalité est aujourd'hui contrastée.

Si en 1983 la répartition des compétences entre ce qui continue de relever de l'État et ce qui relève du département était assez claire, il n'existe pas aujourd'hui de ligne de partage permettant de resituer les actions. On est ainsi davantage dans de la co-construction et de la complémentarité que dans un transfert pur. L'État, conformément à l'organisation constitutionnelle des pouvoirs publics, décide des orientations et enjeux, sans qu'une véritable concertation institutionnalisée ne soit menée sur les objectifs. Les départements se retrouvent ainsi bien souvent à devoir mettre en musique des dispositifs pour lesquels ils ne sont pas à l'origine maître d'ouvrage.

9. Cons. const. 21 janv. 1997, n° 96-387 DC, *Rec.*, p. 23 ; Voir aussi Cons. const. 18 juill. 2001, n° 2001-447 DC, *Rec.*, p. 89.

10. M. BORGETTO, « Les enjeux de la décentralisation en matière sociale. L'égalité, la solidarité », *Inf. sociales* 2005, n° 121, p. 6.

11. *La décentralisation de l'action sociale. Bilan et perspectives,* Rapport de l'ODAS sur l'acte II de la décentralisation, juill. 2003.

Cette situation se double d'une indétermination dans le financement[12] et d'une charge de plus en plus pressante. En effet si dès 1982-1983 le principe de compensation a été posé par la loi (art. 5 de la loi du 7 janvier 1983, art. 102 de la loi du 2 mars 1982, art. 94 de la loi du 7 janvier 1983), ce principe bien qu'inscrit dans la Constitution (révision constitutionnelle du 28 mars 2003) reste malmené[13]. Le Conseil constitutionnel n'exige, en effet, qu'une compensation au moment du transfert sans imposer une compensation « glissante » qui permettrait de tenir compte de l'augmentation de la prévalence et des publics. L'action sociale pâtit à la fois d'une base de définition mouvante des publics et de déterminismes fixés à l'échelon étatique. Cela, même si la jurisprudence administrative a tendu récemment à apporter des garanties[14] sur le fondement de l'article L. 1614-2 du CGCT[15]. Une évolution est d'ailleurs prévue dans la perspective d'un nouvel acte de décentralisation, avec une obligation de fixer des évaluations régulières concernant l'évaluation des charges.

B. L'absence d'une ligne directrice clairement définie

Dès 2007-2008, le constat de l'IGAS sur la décentralisation sociale est sans appel : « Le paysage sur la décentralisation des politiques sociales engagé depuis 1982 est aujourd'hui complexe, marqué par une grande diversité d'acteurs. » Si les compétences affectées au département paraissent claires dans leur définition, l'autonomie décisionnelle de ce dernier reste étroitement enserrée dans un corset juridique qui rend difficile une action pleine et entière.

---

12. *Rallier les citoyens, relier les territoires : le rôle incontournable des départements*, Rapport d'information de Mme Cukierman, Sénat, sept. 2020.

13. F. LEROYER, « Le financement de la décentralisation sociale dans l'impasse? À propos des décisions QPC, APA et PCH du Conseil constitutionnel du 30 juin 2011 », *RDSS* 2012 ; F. TOURETTE, « Les enjeux de la compensation financière des départements devant le Conseil constitutionnel : entre une prudence constante et l'affirmation de quelques garanties », *AJCT 2011.461* ; P. DE MONTALIVET, « QPC et droit des collectivités territoriales », *AJDA* 2016.586.

14. TA Paris, 30 juin 2020, *Départements de l'Orne, du Calvados et de la Manche,* n° 1815544/2-1 ; F. LAMAS « De la décentralisation de l'action sociale. Le département-providence : vers la fin d'un mythe? », *in* F. CROUZATIER-DURAND et M. TOUZEIL-DIVINA (dir.), *40 Regards sur 40 ans de décentralisation*, JDA, 2022, p. 155.

15. « Les charges correspondant à l'exercice des compétences transférées font l'objet d'une évaluation préalable au transfert desdites compétences. Toute charge nouvelle incombant aux collectivités territoriales du fait de la modification par l'État, par voie réglementaire, des règles relatives à l'exercice des compétences transférées est compensée dans les conditions prévues à l'article L. 1614-1. Toutefois, cette compensation n'intervient que pour la partie de la charge qui n'est pas déjà compensée par l'accroissement de la dotation générale de décentralisation mentionnée à l'article L. 1614-4. »

En vertu de l'article 34 de la Constitution du 4 octobre 1958, le législateur détermine les principes fondamentaux « de la libre administration des collectivités territoriales, de leurs compétences et de leurs ressources », il en résulte une compétence première du législateur pour définir ce qui relève du département.

Plusieurs exemples d'une reprise en main récente de l'État peuvent être cités[16], telles la loi n° 2022-140 du 7 février 2022 sur la protection de l'enfance, l'intégration de la protection maternelle et infantile dans les objectifs de politique sanitaire définis par le ministre chargé de la Santé, la recentralisation à titre expérimental de la gestion du RSA dans certains départements ou encore la création d'un cinquième risque autonomie rattaché à la sécurité sociale (lois n° 2020-991 et 2020-992 du 7 août 2020).

Trois éléments marquent un retour de l'État dans le pilotage opérationnel des politiques sociales :

- le manque de définition d'une ligne claire de partage des compétences. Ainsi en matière de protection de l'enfance, si la loi n° 2007-293 du 5 mars 2007 avait marqué un souhait de faire de l'exécutif départemental l'acteur clef du système, les législations qui ont suivi, et notamment la dernière loi de février 2022, remettent l'État au cœur du dispositif avec la création du nouveau « GIP enfance », ou la définition d'un fichier national des mineurs non accompagnés ;
- les techniques de contractualisation, développées notamment dans le cadre de la stratégie nationale de prévention et de lutte contre la pauvreté (2017-2022), qui marquent la volonté de l'État de fixer des objectifs et de souligner l'efficience des politiques publiques, imposant des indicateurs et conditionnant les moyens des départements à l'atteinte de résultats ;
- les techniques de co-décision[17] et de partenariat qui s'imposent dans une gestion complexe des jeux d'acteurs, mais qui nuisent à une prise de responsabilité claire comme c'est le cas en matière de petite enfance.

Ces différents éléments sont renforcés par la réalité factuelle du social et les situations d'urgence qui amènent le juge à servir de régulateur et à poser, dans un souci de protection et de dignité de la personne humaine, un principe d'action qui dépasse les lignes classiques de la répartition des compétences notamment pour les étrangers en situation irrégulière[18].

16. V. DONIER, « La santé et la cohésion sociale », *RFDA* 2022, p. 432.
17. J.-F. BRISSON, « Les compétences des collectivités territoriales », *RFDA* 2022, p. 291.
18. H. RIHAL, « La tentative de règlement par le Conseil d'État d'un chevauchement de compétences : le chef de file et le bon samaritain », *AJDA* 2016, p. 2162 ; M. LONG, « Les libertés publiques et le droit des étrangers : les obligations des collectivités territoriales », *BJCL* 2018, p. 677.

II. La nécessité de la construction d'une identité d'action

Si le département est identifié en qualité de territoire des solidarités sociales et territoriales, son intervention reste encore aujourd'hui trop souvent guidée par une logique assistancielle et non en termes de développement social.

A. Une mainmise de l'État entraînant une logique de guichet

L'enjeu de la décentralisation résidait dans une gestion de proximité devant se traduire par une meilleure prise en charge des publics et une valorisation des territoires. Pour autant, l'État en refusant une capacité d'action et d'innovation aux départements les a maintenus dans une logique d'opérateur du social, sans que l'intérêt d'un portage politique fort des politiques sociales à l'échelle locale ne soit valorisé. La compétence sociale du département est aujourd'hui précisée par l'article L. 3211-1 du CGCT qui dispose que le département « est compétent pour mettre en œuvre toute aide ou action relative à la prévention ou à la prise en charge des situations de fragilité, au développement social, à l'accueil des jeunes enfants et à l'autonomie des personnes. Il est également compétent pour faciliter l'accès aux droits et aux services des publics dont il a la charge. » L'article L. 121-1 du CASF, quant à lui, donne un rôle de coordination, qui en pratique est limité à la fois par la liberté d'association et par l'interdiction de tutelle d'une collectivité sur une autre.

Le département apparaît ainsi à la fois comme incontournable dans son rôle de soutien aux plus fragiles, mais aussi comme un lieu d'action davantage que comme un partenaire dans la stratégie de mise en œuvre des politiques sociales de l'État. Ainsi, même si ces derniers mettent en place des éléments innovants[19], ils demeurent étroitement encadrés dans leur liberté d'initiative par ce qui est décidé par l'État. Le refus de l'État de permettre une expérimentation du revenu universel alors même que trente départements soutenaient ce projet en constitue une illustration intéressante[20]. De la même façon, le lancement d'une expérimentation sur la conditionnalité des aides dans le cadre de la création de France travail dans dix-neuf départements sans qu'un cadre législatif clair n'ait été débattu en amont et sans qu'une totale transparence sur la mise en œuvre ne soit affichée en constitue un autre exemple. Alors même que seule la loi peut imposer des contraintes aux collectivités territoriales, le développement d'outils d'action parallèles vient brouiller les cartes. L'expérimentation sociale peut d'ailleurs faire appel à d'autres acteurs que le département comme cela a été le cas avec le dispositif Territoires zéro chômeur ou encore l'expérimentation de territoires de non-recours aux droits, les champs de référence étant variables.

---

19. Voir par exemple, la plateforme « New deal départmental » développée en févr. 2019.
20. Proposition de loi d'expérimentation territoriale visant à instaurer un revenu de base, Ass. nat., n° 1541, 19 déc. 2018.

Il en résulte que les départements se situent aujourd'hui bien souvent dans une visée défensive leur empêchant une vision claire à moyen ou long terme qui leur permettrait de mailler efficacement le territoire et de créer des réseaux d'action pérennes. Certes, le président du conseil départemental dispose d'un pouvoir décisionnel et d'un pouvoir de police administrative spéciale important dans ce secteur, mais sans véritablement bénéficier de toutes les clefs d'action pour pouvoir pleinement développer une politique de développement social propre à son territoire.

Un deuxième écueil est également que, même si les départements tentent aujourd'hui de sortir de logiques sectorielles pour aller vers une transversalité d'action, cette transversalité est percutée par l'intervention de législations qui demeurent axées sur des publics cibles.

B. La zone grise du médico-social

Un autre domaine fragilisé est le secteur médico-social[21]. Si avant 2010, les départements disposaient d'un entier pouvoir de planification sur ce secteur au travers du schéma départemental des établissements et services sociaux et médico-sociaux, le préfet n'intervenant qu'à la marge, cette situation a évolué.

La création des agences régionales de santé (ARS) et l'extension de leur domaine de compétence au médico-social ont amené à un double rattachement. Désormais, le projet régional de santé élaboré par l'ARS doit inclure un volet médico-social. Ce dernier intègre un schéma régional de santé (art. L. 1434-2 CSP)[22], « établi pour cinq ans sur la base d'une évaluation des besoins sanitaires, sociaux et médico-sociaux et qui détermine, pour l'ensemble de l'offre de soins et de services de santé, y compris en matière de prévention, de promotion de la santé et d'accompagnement médico-social, des prévisions d'évolution et des objectifs opérationnels ». Ce dernier s'impose aux départements[23].

Ainsi, si le président du conseil départemental dispose toujours de pouvoirs importants dans ce domaine, ces derniers doivent se concilier avec les orientations et décisions prises à l'échelon régional. Certes, des modalités de concertation, de dialogues sont prévues mais qui demeurent insatisfaisantes à ce jour.

21. M. LONG, « Santé, territoire(s) et loi "3DS" du 21 février 2022 » *in* S. BRIMO et O. RENAUDIE (dir.), *Santé et Territoire(s)*, Lexisnexis, 2022, p. 145.
22. Code de santé publique (CSP).
23. V. DONIER, « La construction des compétences départementales, ou la porosité de la distinction entre action sanitaire et action sociale », *RDSS* 2022.423.

La crise sanitaire a joué sur ce point un rôle de révélateur, sans que toutes les conséquences n'en soient tirées. Si le secteur est morcelé entre des interventions se rattachant directement au domaine sanitaire, comme le long séjour hospitalier et des structures bénéficiant d'une dualité d'interventions, et de financements, une certaine unification des modalités d'action serait bienvenue.

Le département est ainsi sur ce domaine d'action qui tend à se développer, tant les problèmes sociaux et sanitaires sont étroitement imbriqués, soumis à une complexité d'intervention et de financements qui impliquent à la fois la Caisse nationale de solidarité pour l'autonomie et les agences régionales de santé. La définition d'objets propres à leur territoire dépend ainsi du partage d'une vision avec d'autres opérateurs. Si les départements ont vu leur poids renforcé dans la gouvernance des ARS, le système reste très étroitement piloté par le directeur de ces dernières qui impulse et décide.

***
*

En conclusion, il apparaît que près de quarante ans après les premiers transferts de compétences et alors que le département a semblé conforté dans son rôle de gestionnaire du social, sa place et ses modalités d'action restent sous un étroit contrôle de l'État. Ce dernier est à la recherche des modalités les plus adéquates de gestion et de ce fait organise et désorganise les compétences, ce qui ne permet pas un exercice serein. Plusieurs indicateurs, tels la création du cinquième risque, la création de France travail, ou les perspectives d'évolution de la protection maternelle et infantile montrent qu'alors même que le département est l'échelon des solidarités, les compétences générées sont en perpétuel questionnement.

LES TRANSFERTS DE COMPÉTENCES DANS LE DOMAINE DE L'ÉDUCATION : ENTRE LIMITES ET SPÉCIFICITÉS

Jacques FIALAIRE

Professeur émérite de droit public
Nantes Université

L'enseignement public, du préélémentaire au secondaire, connaît en France une forte particularité tenant dans une large responsabilité incombant à l'État dans l'architecture d'ensemble du système perdurant depuis qu'a été instaurée pour la première fois en 1882 une obligation d'enseignement. De là découlent des spécificités fortes affectant les transferts de compétences.

Ce pluriel englobe un objet portant à la fois sur la gestion et la planification des infrastructures scolaires, l'utilisation des locaux scolaires au-delà du temps scolaire sous la responsabilité des collectivités territoriales, et sur l'organisation des transports scolaires. Le cœur de ces transferts se situe néanmoins dans la gestion des infrastructures.

La réalité du transfert de compétences a été doublement contestée. On doit au préalable démontrer la pertinence de cette qualification.

Transfert de compétence ou transfert de responsabilité dans l'éducation ?
Pour Jean-Marie Pontier, on ne peut parler de « compétences des collectivités territoriales en matière d'enseignement », car « qu'il s'agisse des programmes, de la pédagogie, des examens ou, plus encore, du statut des personnels enseignants, les collectivités territoriales ne disposent strictement d'aucune compétence » ; il ne peut s'agir selon cette conception que d'un « transfert de responsabilité »[1]. Cette vision exigeante renvoie à une conception orthodoxe de la notion de compétence.

Mais on peut aussi adopter une conception plus souple du transfert de compétence, reposant sur une logique fonctionnelle. Cette transmutation est alors perceptible dès lors qu'il se produit un « transfert de domaine d'activité », sans

1. J.-M. PONTIER, « les fausses promesses du libre exercice des compétences », *in* N. KADA (dir.), *Les tabous de la décentralisation*, Berger Levrault, 2015, p. 280.

que cela s'accompagne nécessairement de « transferts explicites de compétences normatives »[2]. Elle s'inscrit dans une perspective de « réalisme juridique ». Nous pencherons pour cette approche réaliste.

Transfert de compétence ou transfert de charges ?
Nombre de commentateurs ont perçu dans les années 1980-1990 un simple transfert de charges dans l'élargissement des contributions financières des collectivités territoriales aux infrastructures scolaires.

Pour nous, cette disqualification ne tient pas sur le long terme. Les compétences transférées en matière d'éducation se sont exercées suivant un processus dynamique. Autrement dit, les collectivités récipiendaires ont dépassé leurs fonctions gestionnaires initiales, suivant un répertoire renvoyant à la sociologie de l'action publique.

Il n'en demeure pas moins que la décentralisation scolaire apparaît limitée au regard de son impact financier. Selon les statistiques officielles, « l'État participe [encore] de manière prépondérante au financement de la dépense intérieure d'éducation (DIE), à hauteur de 57,3 % en 2019. Les collectivités territoriales financent 23,3 % de la DIE »[3].

La frilosité de la décentralisation scolaire en France trouve des explications d'ordre socio-économique. Elle a été en partie nourrie par la crainte « d'une gestion en termes de "marché scolaire" »[4]. Ce vecteur de propagation des transferts de compétences explique que « la méfiance vis-à-vis de la décentralisation du système éducatif semble faire consensus au sein des organisations enseignantes du secteur public. Ces oppositions, relayées par l'administration de l'Éducation nationale, ont empêché toute réorganisation des services académiques œuvrant dans les domaines de compétences transférés par la loi du 22 juillet 1983[5]. En 2004, le

2. Voir J.-B. AUBY, *La décentralisation et le droit*, LGDJ, coll. « Systèmes », 2006, p. 69.
3. Ministère de l'Éducation nationale, de la Jeunesse et des Sports, Direction de l'évaluation de la prospective et de la performance, *L'état de l'école 2020*, rapport officiel, déc. 2020, e--ISSN 2431-5559.
4. Voir D. HALPIN, S. POWER, G.WHITTY, 1998 ; D. T. GAMAGE, J. ZAJDA, 2009 ; I. FERHAT, « Comment se positionner face à la décentralisation du système éducatif ? L'exemple de la FEN de 1968 à 1992 », *Carrefours de l'éducation* 2014/1, nº 37, p. 141.
5. Il s'est imposé que « les mises à disposition effectivement réalisées, en ce qui concerne les rectorats et inspections académiques, sont restées marginales. Toutes les régions et de nombreux départements ont progressivement mis en place et développé leurs propres services chargés de mettre en œuvre les compétences transférées en matière d'enseignement public », voir L. MALLET, « Décentralisation de l'éducation et de la formation professionnelle : compétences sans moyens, moyens sans compétences ? » *Revue française de sciences sociales – Formation-emploi*, janv.-mars 2006, p. 99-113.

refus du transfert des personnels techniciens, ouvriers et service (TOS) du second degré aux conseils généraux et régionaux a ainsi mobilisé la quasi-totalité du syndicalisme enseignant »[6].

Un premier constat s'impose. En France les transferts de compétences dans le domaine de l'éducation présentent des limites dirimantes, maintenant les politiques locales à la périphérie du système éducatif. Ce constat reste encore valable aujourd'hui (I).

Mais on peut s'interroger sur la pérennité des particularismes attachés au système éducatif. En réalité, « les collectivités s'investissent bien au-delà de leurs compétences premières, à partir d'initiatives nombreuses et diverses dans le champ péri-éducatif et dans l'aide aux élèves et aux familles notamment »[7] (II).

I. Des limites des transferts de compétences partiellement liées aux spécificités du domaine de l'éducation

Les transferts de compétences affectant le service public de l'enseignement possèdent une nature juridique particulière, reposant sur un partage de compétences (A).

La spécificité de la décentralisation scolaire apparaît aujourd'hui confortée. En témoigne une tendance à une « portabilité » du modèle des établissements public locaux d'enseignement (EPLE) au-delà de l'univers propre à l'Éducation nationale (B).

Émerge dès lors un système complexe sur lequel pèse une série de contraintes altérant l'autonomie locale (C).

A. Les limites dans la nature juridique des transferts

Ces limites découlent de ce qui fait la puissance de « l'État éducateur ». D'où un partage des compétences entre l'État et les collectivités territoriales, qui s'appuie à la fois sur des fondements juridiques et sociopolitiques.

Le fondement constitutionnel est à rechercher dans le préambule de la Constitution du 27 octobre 1946, dont l'alinéa 13 dispose que « l'organisation de l'enseignement public gratuit et laïque à tous les degrés est un devoir de l'État »[8]. Serait inconstitutionnel un transfert de compétences qui porterait sur la définition des programmes d'enseignement et du cadre pédagogique général. Même une région ou un département d'outre-mer ne dispose à ce titre que du droit d'émettre

6. *Id.*, p. 143.

7. Voir I. FEERHAT, « La décentralisation éducative à travers l'Europe », *supra*.

8. Suivant cette logique, la loi énonce que « l'éducation est un service public national, dont l'organisation et le fonctionnement sont assurés par l'État, sous réserve des compétences attribuées par le présent code aux collectivités territoriales pour les associer au développement de ce service public », art. L.211-1 al. 1er C. éduc. résultant de la loi relative aux libertés et responsabilités locales (LRL) nº 2004-809 du 13 août 2004.

des « vœux sur le calendrier et les rythmes scolaires », et de rendre des « avis sur les programmes des enseignements dispensés dans les écoles et EPLE implantés » sur son territoire[9].

Mais le caractère restrictif de la décentralisation scolaire possède une autre explication plus d'ordre sociologique. Un « modèle hexagonal » s'impose où « "l'État éducateur" conserve une large partie de la maîtrise de l'école »[10]. Il en résulte que « dans le secteur éducatif, la délimitation [des compétences] relève plutôt de choix discrétionnaires opérés par le législateur »[11] [seulement] pour partie commandés par le préambule de la Constitution de 1946.

La précision du contenu des transferts en matière d'éducation signe une seconde caractéristique[12].

En outre, contrairement à d'autres champs de transferts de compétences[13], ceux relatifs à l'éducation sont relativement stables. Le seul changement majeur a concerné le domaine des transports scolaires. Le transfert initial de compétence au profit des départements est intervenu dans le prolongement de la réforme opérée par la loi d'orientation des transports intérieurs (LOTI) du 30 décembre 1982 (art. 29) qui a confié aux départements la compétence d'organiser les services réguliers publics non urbains de transport de personnes. Désormais, la région s'est vu transférer par la loi NOTRe nº 2015-991 du 7 août 2015 la compétence portant sur l'organisation des transports non urbains de personnes, avec transfert corrélatif de la compétence en matière de transport scolaire, à l'exception du transport des enfants handicapés, qui reste une compétence départementale. Mais ce transfert est porté par une logique autre, regardant les politiques de transport. Il est entré en vigueur fin 2017.

---

9. Art. L.311-6 C. éduc.

10. C. BEILLEROT, 2003, *in* I. FERHAT (dir.), « Comment se positionner face à la décentralisation du système éducatif? L'exemple de la FEN de 1968 à 1992 », *Carrefours de l'éducation* 2014/1 (nº 37), p. 141.

11. J. FIALAIRE, « La répartition des compétences entre l'État et les collectivités territoriales dans l'éducation, la culture et les sports », contribution au colloque GRALE/ENA des 21 au 22 mai 2014 « L'administration territoriale demain », *RFAP*, nº 156/2015, p. 1065.

12. On est renvoyé ici à une classification binaire adoptée par Jean-François Brisson, affirmant que « les transferts de compétences [entre l'État et les collectivités locales] peuvent avoir un objet précis ou au contraire se borner à affirmer "la vocation" sans plus de précision de telle ou telle collectivité », voir J.-F. BRISSON, « Complexité de la répartition des compétences entre l'État et les collectivités locales », *in* A. HASTINGS, B. FAURE (dir.), *La décentralisation à la française*, LGDJ Lextenso éditions, 2015, p. 155.

13. Rien ici de comparable avec la portée de la loi de finances pour 2022 (art. 43 de la loi nº 2021-1900 du 30 déc. 2021) qui a lancé une expérimentation tendant à la renationalisation du revenu de solidarité active à laquelle le département de Seine-Saint-Denis s'est empressé de se porter candidat.

Autre caractéristique propre à l'éducation. Ici l'État ne s'en tient pas à fixer les normes générales applicables aux transferts. Ses compétences s'étendent à différents domaines plus opérationnels[14]. L'innovation majeure de la réforme de 1983 tient dans la procédure de planification scolaire retenue dans le second degré, même s'il s'avère que ces règles sont imparfaitement respectées[15]. Le raffinement du partage de compétences État/collectivités territoriales est ici porté à l'extrême. Si une certaine maîtrise du processus est donnée à ces dernières aux stades prospectif et pré-opérationnel[16], les autorités de l'État sont investies de pouvoirs décisionnels leur permettant de verrouiller le dispositif aux deux niveaux ultimes et décisifs, se situant :

– au stade de l'élaboration de la « structure pédagogique des établissements »[17] ;
– au stade final, où « le représentant de l'État arrête la liste annuelle des opérations de construction ou d'extension des établissements que l'État s'engage à pourvoir des postes qu'il juge indispensables à leur fonctionnement administratif et pédagogique »[18].

14. Ils sont récapitulés à l'article L. 211-8 du Code de l'éducation selon lequel : « L'État a la charge :
1° De la rémunération du personnel enseignant des écoles élémentaires et des écoles maternelles créées conformément à l'article L. 212-1, sous réserve des dispositions prévues à l'article L. 216-1 ;
2° De la rémunération du personnel de l'administration et de l'inspection ;
3° De la rémunération du personnel exerçant dans les collèges, sous réserve des dispositions des articles L. 213-2-1 et L. 216-1 ;
4° De la rémunération du personnel exerçant dans les lycées, sous réserve des dispositions des articles L. 214-6-1 et L. 216-1 ;
5° Des dépenses de fonctionnement à caractère directement pédagogique dans les collèges, les lycées et les établissements d'éducation spéciale ».

15. L'Inspection générale de l'Éducation nationale a relevé dès le début des années 1990 un non-respect assez fréquent des règles de la planification scolaire dans le second degré, jugées souvent trop contraignantes par les exécutifs des collectivités territoriales.

16. Dans la phase préalable (en termes de prospective), l'article 13-2 de la loi de 1983 (art. L. 214-1 C. éduc.) prévoit qu'un « schéma prévisionnel des formations » est arrêté par chaque conseil régional qui le propose au représentant de l'État. Ce choix s'articule logiquement avec les compétences dévolues à la région en matière de développement économique et d'aménagement du territoire.
Dans la phase pré-opérationnelle, un « programme prévisionnel des investissements » est prévu selon l'article 13-3 de la loi (art. L. 213-1 et L. 214-5 C. éduc.), qui assure la mise en œuvre des orientations du schéma prévisionnel ; il est établi par le conseil départemental pour les collèges, par le conseil régional pour les lycées. Il s'agit de « classer les opérations envisagées selon un ordre de priorité, indiquer leurs coûts prévisibles et fixer les dates probables d'entrée en service des nouveaux locaux ».

17. La loi du 22 juill. 1983 modifiée (art. L. 211-2 C. éduc.) précise que « chaque année, les autorités compétentes de l'État arrêtent la structure pédagogique des établissements d'enseignement du second degré en tenant compte du schéma prévisionnel des formations » (établi par la région). Ceci signifie que, si les collectivités territoriales définissent « la localisation et la capacité d'accueil des établissements », l'autorité académique définit « les conditions d'affectation des élèves dans les établissements ».

18. Selon l'article L. 211-2 du Code de l'éducation (issu de la loi n° 83-663 du 22 juill. 1983, art. 13, IV). On admettra que « la liste annuelle, parce qu'elle vaut engagement de l'État d'affecter des postes, ne comporte que des opérations jugées compatibles avec les emplois dont l'autorité

Cette situation de compétences partagées est qualifiée comme telle par la jurisprudence, y compris pour la décision de fermeture d'un établissement public local d'enseignement (EPLE)[19].

Plus globalement, le statut des EPLE, qui déroge largement au statut de droit commun des établissements publics locaux, manifeste aussi une spécificité que le législateur a tendu à conforter.

B. La diffusion du modèle des EPLE au-delà du champ de l'Éducation nationale

Dès l'origine, certaines dispositions du statut des EPLE ont vu leur application étendue aux établissements d'enseignement agricole, ainsi qu'aux établissements d'enseignement maritime et aquacole[20].

Dans le domaine de l'enseignement agricole

Les établissements publics locaux d'enseignement et de formation professionnelle agricole (EPLEFPA), qui ont souvent une structure fédérative assemblant des centres de formation professionnelle et de promotion agricole ou des centres de formation d'apprentis, se sont vu transposer des règles de contrôle budgétaire des EPLE « scolaires ».

Dans le domaine de l'enseignement maritime

Les lycées professionnels maritimes, formant les marins (personnels d'exécution) s'embarquant sur les navires de commerce[21], sont des EPLE dépendant pour le volet formation du ministère chargé de la Mer. L'autorité académique est exercée par la direction interrégionale de la mer (DIRM) dont ils relèvent. Une particularité tient cependant en ce que la région, collectivité de rattachement, dispose pour ces établissements d'un droit d'option en faveur de l'application ou non du régime des EPLE.

---

compétente de l'État estimera pouvoir disposer soit par voie de création nouvelle, soit par voie de redéploiement dans l'académie concernée », voir J. FIALAIRE, « Chapitre 14 – Compétences des collectivités territoriales : enseignements publics (limites et effets des transferts) », *Encyclopédie Dalloz des collectivités locales*.

19. « Le législateur a entendu partager la compétence pour l'organisation du service public de l'enseignement du second degré entre l'État, d'une part, et, s'agissant des collèges, le département, d'autre part. La décision de fermeture d'un collège ne saurait, dès lors, intervenir qu'au terme d'une procédure permettant de recueillir l'accord tant du représentant de l'État que des organes compétents du département concerné. » (CAA Douai, 7 déc. 2021, req. nº 20DA01169).

20. Art. L. 214-8 C. éduc.

21. Ont le statut d'EPLE « douze lycées d'enseignement professionnel situés à Boulogne/Le Portel, Fécamp, Cherbourg, Saint-Malo, Paimpol, Le Guilvinec, Etel, Nantes, La Rochelle, Ciboure/Saint-Jean-de-Luz, Sète et Bastia » ; s'y ajoute le collège d'enseignement technique maritime (CETM) de Marseille (*https://www.marine-marchande.net*).

Même pour l'enseignement supérieur maritime, la loi retient une clef de répartition des compétences partiellement calquée (la gestion du personnel en moins) sur le régime applicable aux EPLE : aux régions revient la charge du « financement du fonctionnement et de l'investissement des écoles de la marine marchande » ; à l'État celle des « dépenses pédagogiques », mais aussi un ensemble de compétences allant du pouvoir de « fixer les conditions d'accès aux formations des officiers de la marine marchande » à la délivrance des « diplômes ou des attestations suivant la nature de la formation »[22].

Au-delà de la loi du 22 juillet 1983, tout un courant de réforme est venu étendre le champ d'application du statut des EPLE. Il en est allé ainsi des anciens établissements scolaires ayant un temps conservé des statuts spéciaux, ainsi que des CREPS.

Établissements à statuts spéciaux

Depuis la loi LRL n° 2004-809 du 13 août 2004, le statut d'EPLE est pleinement consacré comme le droit commun applicable aux établissements publics d'enseignement secondaire, cette loi ayant notamment transformé les lycées à sections binationales ou internationales, demeurés antérieurement rattachés à l'État, en EPLE[23].

Statut des « Centres de ressources, d'expertise et de performance sportive » (CREPS)

Une compétence légale revient désormais en propre aux régions, suite à la loi NOTRe n° 2015-991 du 7 août 2015[24], qui retentit à la fois sur :

- la répartition des compétences entre l'État et les régions, ces dernières étant ici bénéficiaires d'un transfert, elles sont désormais chargées, suivant le prototype des lycées, « 1° De la construction, de la reconstruction, de l'extension et des grosses réparations des locaux et des infrastructures des CREPS ; 2° De l'entretien général et technique et du fonctionnement des centres ; 3° De l'acquisition et de la maintenance des équipements des centres ; 4° De l'accueil, de la restauration et de l'hébergement au sein des centres »[25].
- la nature juridique des CREPS, établissements qui sont « investis d'une mission de formation des enseignants en EPS et de sportifs de haut niveau »[26], les CREPS devenant des « établissements publics locaux de formation dans les domaines du sport, de la jeunesse et de l'éducation populaire »[27], alors qu'ils étaient jusque-là des établissements publics nationaux.

---

22. Art. L. 715-1 à 3 C. éduc.
23. Art. L. 421-1 C. éduc.
24. Loi n° 2015-991, art. 28.
25. Art. L. 114-5 C. sport.
26. Art. L. 114-2 C. sport.
27. Art. L. 114-1 C. sport.

Les CREPS sont ainsi devenus des organismes hybrides, à l'image des établissements publics locaux d'enseignement (EPLE), par :

- la dissociation parmi les missions des CREPS, de celles « "exercées au nom de l'État" – "formation et préparation des sportifs" en lien avec les fédérations ; diverses missions de formation initiale et continue »[28] – et de celles exercées « au nom de la région » – « accueil et accompagnement de sportifs régionaux », promotion d'activités sportives au sens large, « mise en œuvre des offres de formation aux métiers du sport et de l'animation, conformément aux besoins identifiés par le schéma régional des formations »[29] ;
- la dissociation des charges incombant à l'État – rémunération des agents de l'État exerçant dans les CREPS ; dépenses pédagogiques y compris celles « d'acquisition et de gestion » des outils numériques[30] – et de celles incombant à la région – gestion des équipements ; restauration et hébergement[31]. La région est en outre propriétaire des locaux des CREPS[32] et « peut confier au CREPS qui lui est rattaché un mandat de délégation de maîtrise d'ouvrage pour la réalisation, au sein du centre, de travaux de construction, de reconstruction ou d'extension portant sur le patrimoine immobilier dont elle a la charge [...] »[33].

Le modèle des EPLE transparaît aussi en ce que la loi :

- dote les CREPS d'un « directeur nommé par arrêté du ministre chargé des sports » et « représentant l'État au sein de l'établissement »[34] ; le modèle du chef d'établissement scolaire est ici reproduit ;
- pose le principe de « gratuité » des « transferts en pleine propriété » des biens immobiliers de l'État aux régions, « sous réserve du maintien de leur affectation au service public du sport »[35].

Cette « hybridation » est conçue comme durable, la loi disposant que « les agents de l'État ou de la région affectés dans un CREPS conservent leur statut, sont administrés par la personne publique dont ils relèvent et sont placés sous l'autorité du directeur de l'établissement »[36].

Comment expliquer cette diffusion par capillarité du modèle de l'EPLE au-delà de l'espace de l'Éducation nationale ? Deux explications sont pour nous concevables :

---

28. Art. L. 114-2 C. sport.
29. Art. L. 114-3 C. sport.
30. Art. L. 114-4 C. sport.
31. Art. L. 114-5 C. sport.
32. Art. L. 114-7 C. sport.
33. Art. R. 114-3 C. sport.
34. Art. L. 114-11 C. sport.
35. Art. L. 115-1 I C. sport.
36. Art. L. 114-16 I C. sport.

– si l'on s'en tient à une exégèse de la loi, on estimera que le législateur a fait reposer cette construction particulière qu'est le statut des EPLE sur une approche fonctionnelle;
– si l'on verse dans une approche réaliste, en s'extrayant de toute naïveté, on soutiendra qu'« un processus de délestage successif de charges de l'État vers les collectivités territoriales oriente l'œuvre législative, auquel la loi NOTRe du 7 août 2015 (art. 28) ne déroge pas »[37] pour ce qui est des CREPS.

C. Les contraintes pesant sur les transferts de compétences dans le domaine de l'éducation

Toute une série de critiques sont ici rémanentes, ayant été formulées dès la mise en œuvre des premiers transferts, et réitérées jusqu'à l'époque actuelle[38].

Une substance complexe des transferts
Un premier degré de complexité, d'ordre matériel, a trait à l'éclatement initial du patrimoine scolaire, dont une grande partie était propriété des communes[39]. D'où un transfert étalé dans le temps[40].

---

37. J. FIALAIRE, « La répartition des compétences entre l'État et les collectivités territoriales dans l'éducation, la culture et les sports », contribution au colloque GRALE/ENA des 21 au 22 mai 2014, « L'administration territoriale demain », *RFAP*, n° 156/2015, p. 1070.

38. Pour une critique récente : voir P. BERTONI et R. MATTA-DUVIGNAU (dir.), *Les politiques éducatives au prisme de la déconcentration et de la décentralisation*, rapport, publication du Cnesco, 2022, *Localtis*, 22 mars 2022.

39. La situation du patrimoine scolaire au 1er janv. 1986, date d'effet des transferts de compétences concernant les lycées et collèges, était la suivante : « Les communes et leurs établissements publics de coopération étaient propriétaires de 87,4 % des collèges, 61,7 % des lycées, 49,6 % des lycées professionnels, 53,1 % des ensembles multiples [...], soit en moyenne 75 % de l'ensemble des locaux des établissements d'enseignement secondaire, les départements étant propriétaires de 2,9 % de ces locaux et l'État de seulement 10,1 % » (G. MARCOU, « Les collectivités territoriales et l'Éducation nationale », *in* IFSA, *La décision dans l'Éducation nationale*, 1990, Presses universitaires de Lille, p. 194).

40. Il a résulté du décret n° 85-348 du 20 mars 1985 (voir aujourd'hui art. D.211-12 C. éduc.) que le dispositif de transfert de compétences en matière d'enseignement est entré en vigueur selon le calendrier suivant :
– en mars 1985 : l'élaboration des schémas prévisionnels des formations et des programmes prévisionnels des investissements; les règles relatives à l'utilisation des locaux scolaires en dehors des heures de cours;
– au 1er sept. 1985 : les règles relatives à la répartition des dépenses des écoles à recrutement intercommunal (application ultérieurement reportée); les règles relatives à l'organisation des activités éducatives, sportives et culturelles complémentaires; les règles relatives à la modification des heures d'entrée et de sortie des écoles et établissements d'enseignement; l'entrée en fonction des conseils académiques et départementaux de l'Éducation nationale;
– au 1er nov. 1985 : la mise en place des conseils d'administration des établissements publics locaux d'enseignement (EPLE);

Matérielle, la complexité est aussi juridique. Le transfert principal repose sur une double base, à la fois organique (les EPLE succédant notamment à d'anciens lycées d'État) et matérielle (la gestion des locaux scolaires confiée aux collectivités territoriales est dissociée des dépenses pédagogiques, domaine réservé à l'État), et renvoie aux deux formes classiques de décentralisation, technique et territoriale.

La complexité se lie aussi dans l'organisation financière. L'enseignement fait l'objet d'un financement partagé entre l'État et les collectivités territoriales, contrairement au principe appliqué en matière de transferts de blocs de compétences homogènes.

La décentralisation scolaire présente encore la particularité de ne reposer ni sur l'autonomie financière des collectivités territoriales bénéficiaires des transferts de compétences opérés depuis les années 1980 ni sur une complète autonomie de gestion de celles-ci.

Une absence d'autonomie financière
Elle se vérifie spécialement dans le système adopté pour la compensation des charges nouvelles liées aux transferts de compétences.

Une garantie constitutionnelle est fournie ici[41], puisque peuvent être considérées, au sens de l'article 72-2 alinéa 4 de la Constitution[42], comme constitutives d'un transfert de charges à compenser, les nouvelles missions transférées aux collectivités territoriales par la loi LRL 2004, relatives à l'entretien général et technique des établissements, ainsi que celles relatives à l'accueil, la restauration et l'hébergement des élèves du second degré.

Un défi concret a résidé dans la compensation des dépenses d'investissement en matière scolaire supportées par les départements et les régions; pour cela ont été créées deux dotations spécifiques recouvrant l'ensemble des crédits précédemment inscrits au budget de l'État pour les investissements des collèges et des lycées : la

- au 1er janv. 1986 : la mise à disposition des biens des lycées et collèges préexistants aux collectivités territoriales nouvellement compétentes et la prise en charge par celles-ci des dépenses de construction, de reconstruction, d'extension, de grosses réparations, d'équipement et de fonctionnement des établissements du second degré ; l'établissement de la structure pédagogique générale des établissements par chaque autorité académique.

41. L'article 72-2 al. 4 de la Constitution (issu de la révision opérée par la loi constitutionnelle n° 2003-276 du 28 mars 2003) prévoit que : « Tout transfert de compétences entre l'État et les collectivités territoriales s'accompagne de l'attribution de ressources équivalentes à celles qui étaient consacrées à leur exercice. Toute création ou extension de compétences ayant pour conséquence d'augmenter les dépenses des collectivités territoriales est accompagnée de ressources déterminées par la loi. » Sur cette base, un droit général à compensation financière est ouvert par le premier alinéa du I de l'article 119 de la loi n° 2004-809 du 13 août 2004 au titre des « transferts de compétences à titre définitif inscrits dans cette loi et ayant pour conséquence d'accroître les charges des collectivités territoriales ou de leurs groupements ».

42. Issu de la révision de 2003.

dotation régionale d'équipement scolaire (DRES) et la dotation départementale des collèges (DDEC)[43]. *A priori*, c'était une avancée décentralisatrice, l'instauration de ces dotations faisant disparaître une tutelle indirecte de l'État sur les collectivités territoriales, qui s'appuyait sur le pouvoir d'allouer des subventions au « coup par coup ». De surcroît, ce mécanisme avait été retenu par le législateur antérieurement à la révision constitutionnelle de 2003.

Malgré cela, des critiques ont porté sur l'insuffisance des enveloppes de ces dotations, poussant à un engagement financier des collectivités allant bien au-delà du montant des dotations affectées[44]. Un constat comparable est dressé de nos jours, suivant lequel « le niveau des dépenses obligatoires des collectivités a été aggravé par de récentes réformes décidées par l'État, comme l'extension de l'obligation de l'instruction dès trois ans ou le dédoublement de certaines classes en zone d'éducation prioritaire »[45].

Une absence d'autonomie dans la gestion des locaux scolaires

L'autonomie de gestion est clairement écartée par l'application d'une règle stricte d'affectation des dépendances du domaine public scolaire au service public de l'enseignement. Les dispositions législatives concernant l'affectation des locaux des écoles publiques prévoient que « les bâtiments sont une propriété communale grevée d'une affectation au service de l'enseignement ». Le caractère national du service public de l'enseignement emporte ici une situation tranchant avec l'autonomie large dont disposent les collectivités territoriales dans la gestion des locaux sportifs, culturels, rattachés à ses services publics locaux. Ainsi les locaux scolaires ne peuvent être transformés en équipements publics multi-usages.

Cette autonomie de gestion est aussi réduite à l'échelle des EPLE. Alors qu'un besoin d'évaluation des résultats des établissements scolaires s'est fait jour à partir du décret du 31 octobre 1990 (modifiant le décret initial de 1985), instituant la notion de « projet d'établissement » impliquant à la fois l'appareil éducatif et

43. Suivant les articles 16 et 17 de la loi de 1983 modifiée (art. L. 213-9 et L. 214-11 C. éduc.).

44. Une forte implication financière des départements et des régions, bénéficiaires des premiers transferts de compétences réalisés dans les années 1980, a permis une croissance rapide des budgets des établissements publics locaux d'enseignement. Une politique active de constructions et de rénovations a conduit à une amélioration de la qualité des équipements et de l'état des bâtiments scolaires préexistants, résultat perceptible dès le début des années 1990. Voir J. FIALAIRE, « Bilan de la décentralisation dans les lycées et collèges. Le point de vue des échelons centraux de l'Éducation nationale », *in* Yves MÉNY (dir.) GRAL-CNRS, *Les politiques décentralisées de l'éducation*, Rapport pour la mission d'études et de statistiques DGCL, Ministère de l'Intérieur, 1990. Après une période de « remise à niveau » des équipements, les collectivités territoriales ont fait porter davantage leurs efforts dans le courant des années 1990 sur les travaux de sécurité rendus nécessaires par des normes de qualité plus sévères.

45. P. BERTONI et R. MATTA-DUVIGNAU (dir.), *Les politiques éducatives au prisme de la déconcentration et de la décentralisation*, rapport, publication du Cnesco, 2022.

les collectivités territoriales de rattachement des EPLE, l'Inspection générale de l'administration de l'Éducation nationale (IGAEN) a révélé un fossé qui s'est creusé entre les intentions affichées dans le recours à l'évaluation des résultats des établissements scolaires et la réalité de ce dispositif. L'IGAEN pointe dans ce sens que :

- d'un côté, « l'émergence de la question de l'évaluation des établissements scolaires, collèges et lycées, s'inscrit dans une conception des politiques publiques qui repose sur la reconnaissance d'une plus grande autonomie des acteurs locaux et entend s'appuyer sur un recours systématique à l'évaluation dont la double finalité est de rendre compte au citoyen et d'éclairer les responsables dans leurs décisions »[46] ;
- de l'autre, que « les dispositifs d'évaluation des établissements mis en œuvre par les académies s'inscrivent davantage dans une logique de pilotage que d'évaluation », l'IGAEN en déduit que « ce constat est à relier avec l'histoire du système éducatif français qui est traditionnellement organisé autour de priorités et de directives nationales »[47]. Observons ici que « l'histoire bégaie trop longtemps », puisqu'à dix-sept ans de distance, le même constat revient faisant ressortir l'insuffisance des démarches d'évaluation[48].

À cette série de limites résultant de normes écrites, s'ajoutent des restrictions éclairées par la jurisprudence.

Une absence d'incursion possible dans les compétences réservées à l'État
Cette limite n'est pas propre à l'exercice des compétences dans le domaine éducatif. Le fondement renvoie ici à la notion de compétence en droit administratif, qui doit être établie et respectée sur une base *ratione materiae*. La jurisprudence a, dans cette logique, énoncé fermement que dans l'enseignement primaire la répartition des emplois d'enseignants relève de l'État seul, le conseil municipal n'ayant ici ni compétence délibérative ni compétence consultative[49].

---

46. IGAEN-IGEN, Rapport thématique nº 2017-080, *Évaluation des établissements par les académies*, déc. 2017.
47. IGAEN-IGEN, *id.* S'il est prévu que ce contrat peut être trilatéral et associer la collectivité de rattachement, lorsqu'il inclut des restructurations ou des aménagements de locaux, le contrat support du projet d'établissement demeure en principe bilatéral, liant l'État (rectorat d'académie) et chaque EPLE. D'où une faible mobilisation des collectivités territoriales perçue au début des années 2000 en ces termes : « Dans la majorité des cas, les collectivités observées ne prennent pas d'initiatives en matière de projet d'établissement et ne sont associées ni à la conception ni à l'élaboration des projets, sauf dans des cas très exceptionnels. » (IGEN, *ibid.*, p. 21).
48. Déjà en 2000, l'IGEN recommandait que « les académies adoptent une démarche plus systématique d'évaluation des projets d'établissement et observent, en particulier, la part qu'y prennent les collectivités territoriales et locales, afin d'analyser les pratiques de ces dernières et d'en mesurer les effets. » (IGEN, rapport, *ibid.*, p. 40).
49. CE 28 oct. 1992, *Min. Éducation nationale c/Cne de Meilhan-sur-Garonne*, req. nº 87522, *Lebon* 381.

Des limites se sont donc imposées, encadrant les transferts de compétences dans le champ éducatif; certaines résultent du caractère administratif de la décentralisation scolaire, tandis que d'autres découlent des spécificités de celle-ci. Il reste à vérifier si ce fort particularisme a été ou non réduit par des réformes postérieures aux années 1980.

II. La nouvelle donne des transferts de compétences : vers la fin du particularisme dans le domaine de l'éducation ?

Affecté de manière croissante par la mise en œuvre de politiques globales, le champ éducatif semble traversé par des évolutions qui le dépassent (A).

Mais une observation plus fine révèle une oscillation des réformes entre continuité et rupture, avec un fort legs historique (B).

A. Des compétences éducatives locales s'exerçant au-delà des champs transférés

Va-t-on vers une fin, ou pour le moins une atténuation du singularisme du régime applicable au secteur de l'éducation ? Un tel mouvement pourrait être nourri à la fois par :

– une consolidation du mécanisme des transferts de compétences ;
– le recours fréquent à une alternative, le concours de compétences.

Un parachèvement progressif du transfert relatif à la gestion des locaux scolaires

Le législateur affichait déjà dans la loi du 22 juillet 1983 une volonté de rupture avec le droit initial relatif aux institutions scolaires.

Cette orientation se matérialise notamment dans le statut des établissements. Alors que les anciens collèges communaux avaient été transformés progressivement par des lois successives en lycées nationalisés[50], ils sont incorporés désormais dans la catégorie des EPLE.

Le point essentiel de bascule a résidé dans le terme mis aux financements croisés.

Déjà la loi n° 85-98 du 25 janvier 1985 a supprimé la contribution des communes aux dépenses de fonctionnement des lycées, dès lors intégralement supportées par les régions.

La participation des communes aux dépenses de fonctionnement des collèges a été supprimée après l'intervention de la loi n° 90-586 du 4 juillet 1990, qui a prévu que le fonctionnement des collèges serait de la seule responsabilité des départements à compter du 31 décembre 1994. S'agissant des dépenses d'investissement relatives aux collèges, aujourd'hui les dernières traces de la gestion municipale

50. Voir L. FRITSCH, « Une histoire des collèges du XIXe siècle à nos jours », 22 oct. 2007, Les Clionautes, *https://www.clionautes.org*.

des collèges ont été effacées, les communes ne contribuant plus aux dépenses des collèges depuis le 1er janvier 2000, conformément au plan d'extinction de cette participation, prévu par la loi nº 90-586 du 4 juillet 1990.

On est globalement sorti d'un système complexe où, notamment, communes et groupements de communes et départements assumaient chacun(e) une partie des dépenses de fonctionnement et d'entretien des anciens collèges d'enseignement général, secondaire et technique ; les charges d'investissement de ces établissements étaient également fractionnées entre les collectivités publiques.

S'impose ici la logique d'ensemble de l'« acte 1 » de la décentralisation (1983-2003). Il faut se souvenir qu'auparavant, sous le régime de la loi du 11 juillet 1975, dite loi Haby, et des décrets d'application du 28 décembre 1976, les établissements du second degré avaient un statut d'établissements publics nationaux, tandis que les collectivités locales participaient financièrement aux opérations d'équipement à la charge de l'État.

Produisant un fort impact au plan de la gestion des ressources humaines dans les lycées et collèges, la loi LRL nº 2003-809 du 13 août 2004 « parachève la décentralisation intervenue au début des années 1980 en matière d'investissement et de fonctionnement des établissements publics locaux d'enseignement »[51]. Il a donc fallu attendre près de vingt ans pour que la logique juridique des principaux transferts de compétences dans l'éducation soit poussée jusqu'au bout. La loi LRL va dans ce sens :

– rendu les collectivités territoriales pleinement propriétaires du patrimoine scolaire sur lequel porte leur responsabilité de gestion. La décentralisation scolaire paraît ici « rentrer dans le rang », puisque le lien entre la propriété et l'obligation d'entretien des bâtiments scolaires est conforme au droit commun de la domanialité publique. Dans le dispositif issu de la loi du 22 juillet 1983 était maintenu le droit de propriété existant sur les bâtiments scolaires construits avant le transfert de compétence (fréquemment une propriété communale). Ceci avait nécessité dans un premier temps s'agissant des bâtiments d'enseignement du second degré construits avant 1986, la mise en place d'« un système de mise à disposition, qui transférait aux collectivités territoriales les droits du propriétaire pour l'exercice de leurs nouvelles compétences, sans transférer le droit de propriété proprement dit. [...] »[52] ;

51. Conseil territorial de l'Éducation nationale, *Bilan de la mise en œuvre de la loi LRL du 13 août 2004 par le ministère de l'Éducation nationale – Évaluation des effets de l'exercice des compétences décentralisées sur le fonctionnement du système éducatif*, rapport au Parlement 3110-R, août 2007.
52. A. TAILLEFAIT, « La gestion du patrimoine scolaire : aspects juridiques », *in* Cl. DURAND PRINBORGNE et J. FIALAIRE (dir.), *Espace et temps scolaires à l'épreuve de la décentralisation*, CRDP de Bourgogne, 1997, p. 27.

– étendu les champs de compétences des régions et des départements aux services de restauration et d'hébergement, façon d'appliquer la théorie domaniale de l'accessoire[53] et accompli un transfert des personnels techniciens et ouvriers de service (TOS) dédiés à ces fonctions ainsi qu'à l'entretien des bâtiments scolaires[54].

Non-exclusivité des transferts de compétences en matière d'éducation

L'évolution du cadre juridique depuis une vingtaine d'années semble indiquer une inadaptation du mécanisme des transferts de compétences aux enjeux nouveaux nés de l'essor de politiques publiques transversales.

Du coup, le recours au mécanisme du concours de compétences est de plus en plus souvent préféré au choix d'un transfert de compétence, dont l'effet est plus brutal. Comme nous l'avons montré, « mécanisme fluide s'il en est, un des avantages du concours plutôt que du transfert de compétences, tient en ce que, théoriquement tout au moins, les pouvoirs publics possèdent des marges de manœuvre pour établir leurs engagements financiers. Nul besoin ici d'asseoir ou de réduire les champs de compétences respectifs de l'État et des collectivités territoriales »[55]. Un avantage particulièrement prisé du concours de compétences tient dans son « effet levier », favorisant l'addition de fonds provenant de plusieurs budgets publics.

Le trait commun au système des concours de compétences tient en ce qu'ils ne reposent pas sur des initiatives volontaires des collectivités territoriales, mais qu'ils sont tantôt impulsés (cas du service public numérique éducatif), tantôt rendus obligatoires (cas du service d'accueil) par le législateur.

Cette formule connaît dans la période contemporaine une faveur croissante. On l'a vu s'appliquer dans plusieurs champs en lien avec le système éducatif[56].

---

53. Suivant un rapport ministériel, « 90 000 personnels TOS titulaires membres de la communauté éducative exerçant des missions d'accueil, d'entretien de maintenance, d'hébergement et de restauration ont pour nouvel employeur les conseils régionaux pour les TOS exerçant en lycée et les conseils généraux pour les TOS exerçant en collège. À l'issue d'un processus qui a duré plusieurs mois, l'ensemble des services a été à disposition des collectivités territoriales le 18 nov. 2005. La publication le 26 déc. 2005 du décret de transfert des services s'est accompagnée le 30 janv. 2006 des arrêtés de transferts définitifs. Au 31 août 2006, 45 000 TOS (moitié en lycée et moitié en collège) ont exercé leur droit d'option. Parmi eux, 74 % ont choisi l'intégration dans le corps de la fonction publique territoriale : parmi eux ceux qui exercent en collège sont plus nombreux que ceux qui exercent en lycée ». Voir Ministère de l'Éducation nationale, de l'Enseignement supérieur et de la Recherche, *Lettre flash*, 10 oct. 2006.

54. Art. L. 213-2-1 et L. 214-6-1 C. éduc., résultant loi n° 2004-809 du 13 août 2004, art. 82.

55. J. FIALAIRE, *id.*, p. 1072.

56. Pour exemple, ce champ d'application où toutes les collectivités territoriales sont appelées à « contribuer de manière coordonnée à la lutte contre l'illettrisme dans leurs domaines d'action respectifs », domaine élargi par la réforme « Peillon » à « la lutte contre l'innumérisme » (art. L. 121-2 C. éduc., dans sa version complétée par la L. n° 2013-595 du 8 juill. 2013 d'orientation et de programmation pour la refondation de l'école de la République). Un autre concours de compétences

Reste que ce mécanisme présente l'inconvénient de s'appliquer sans garanties de compensation financière pour les collectivités territoriales visées au sens de la Constitution (art. 72-2, al. 4). Cette garantie financière ne couvre que les charges résultant de transferts de compétences. Elle ne couvre donc pas la compensation des charges induites par les concours de compétences[57].

Mais ce processus d'évolution n'a rien de linéaire.

B. Oscillations entre conservatisme et intentions réformatrices

Le poids de l'histoire

Il est encore prégnant. Ainsi les communes se sont vu depuis la loi Jules Ferry du 19 juillet 1889 assigner la charge de la gestion des écoles publiques ; seule l'obligation a remplacé la libre initiative qui prévalait antérieurement. S'ensuivit la construction accélérée des « mairies-écoles » couvrant nos campagnes. S'ouvre un temps qui perdure où un « cloisonnement étanche était établi entre les attributions relatives au patrimoine scolaire, et celles relevant du domaine de l'action pédagogique »[58].

Le transfert portant sur la gestion des collèges et des lycées aux départements et aux régions se situe donc dans la continuité de la compétence initiale donnée aux communes pour la gestion des écoles. Pour l'éducation, on peut penser que l'acte 1 de la décentralisation a débuté dans les années 1880 !

Inversement, le poids de cet héritage historique a fait obstacle à certains « déplacements » de politiques publiques envisagés dans la période contemporaine. Ainsi en a-t-il été du caractère « mort-né » de l'institution des établissements publics d'enseignement primaire, situés à l'échelle intercommunale, promue à titre expérimental par l'article 86 de la loi n° 2004-809 du 13 août 2004, et supprimée depuis sans avoir été mise en place.

---

est prévu à l'article L. 312-10 du Code de l'éducation prévoyant que l'enseignement des langues et cultures régionales « peut être dispensé tout au long de la scolarité selon des modalités définies par voie de convention entre l'État et les collectivités territoriales où ces langues sont en usage […] ».

57. Cons. const. 22 oct. 2009, n° 2009-591 DC, *RFDA* 2010.769, étude Mathilde Auvray.

58. Les pouvoirs locaux (les communes à l'origine) se trouvent cantonnés dans la gestion « matérielle » des équipements scolaires, l'État se réservant la conduite de l'action éducative, mission noble liée au mythe fondateur de « l'École de la République ». On a pu écrire qu'« une certaine conception de la place de ces collectivités dans le fonctionnement du service public d'Éducation nationale s'est progressivement dégagée depuis les grandes lois scolaires de la IIIe République, aboutissant à spécialiser leur action. Elle s'est matérialisée par une contribution financière apportée par ces collectivités à ce fonctionnement, assise sur les différentes charges occasionnées par la construction et l'entretien des bâtiments scolaires. La loi n° 83-663 du 22 juill. 1983 est venue conforter cette spécialisation des collectivités territoriales dans la gestion du patrimoine scolaire », voir J. FIALAIRE, « Chapittre 12 – Enseignement public (différenciation des territoires et gestion patrimoniale) », *Encyclopédie Dalloz des collectivités locales*, n° 2019-2, p. 4370-1 à 4370-37.

Du coup, « l'on reste dans un registre de "bricolage institutionnel", du fait de l'attachement à l'espace communal pour la gestion des écoles, qui demeure vif »[59]. De fait, l'attachement au lien communal induit une certaine complexité dans la gestion des écoles en milieu rural, structurées tantôt en regroupements pédagogiques intercommunaux « adossés » (quand les communes membres d'un EPCI lui ont transféré les compétences relatives au fonctionnement des écoles publiques) et les RPI « non adossés » (simple « affaire ministérielle » en ce qu'elle concerne l'organisation pédagogique, et simple « entente intercommunale » pour le reste). Certes, une extension des compétences des EPCI englobant le fonctionnement des écoles a été rendue possible par la loi LRL de 2004[60], ses enjeux ont été perçus en doctrine[61]. Mais les avancées en droit positif restent timides. On relève que, « s'agissant d'équipements publics, seule figure la possibilité d'exercer la compétence concernant la "construction, aménagement, entretien et gestion d'équipements culturels et sportifs d'intérêt communautaire". Par conséquent, la gestion d'équipements scolaires n'est susceptible d'entrer dans la compétence d'une communauté d'agglomération que sur la base d'un choix volontaire ou si ce dernier succède à un EPCI préexistant qui exerçait déjà cette attribution »[62].

Plus globalement, on avancera que le cadre de la décentralisation scolaire échappe en bonne part à « une inclination du législateur à préférer à une répartition matérielle des compétences indifférenciée selon les catégories de collectivités territoriales, une approche différenciée selon les territoires locaux, soumis à un impératif de compétitivité à l'échelle européenne »[63].

Si la persistance d'un legs historique a fait obstacle à certains approfondissements de la décentralisation scolaire, d'autres facteurs ont contrarié des réformes récentes.

---

59. J. FIALAIRE, « Éducation, formation et recherche : quelles places pour les collectivités territoriales ? », *in* N. KADA (dir.) et collectif GRALE, *Droit et Gestion des collectivités territoriales – DGCT*, « Introduction aux études de l'annuaire 2014 du GRALE », Paris, Le Moniteur, sept. 2014, p. 49.

60. Art. L. 212-8 C. éduc., issu de l'art. 87 de la loi LRL n° 2004-809 du 13 août 2004.

61. Jean-Marie Bricault nous explique que « la gestion de cette compétence permet à l'EPCI de prendre en compte des charges variées (fournitures scolaires, matériels pédagogiques dont l'informatique, rémunération des ATSEM…) », J.-M. BRICAULT, préc. *supra*, n° 33.

62. Voir J. FIALAIRE, « Chapitre 12 – Enseignement public (différenciation des territoires et gestion patrimoniale) », *Encyclopédie Dalloz des collectivités locales*, n° 2019-2, p. 4370-1 à 4370-37.

63. J. FIALAIRE, « Les compétences locales dans l'Acte 3 de la décentralisation », *Pouvoirs locaux*, n° 103 IV/2014/2015, p. 46.

Des réformes contrariées

Si une partie des intentions réformatrices se sont réalisées, suivant un processus graduel (on l'a vu avec la fin des financements croisés), d'autres sont restées sans suite ou inachevées. L'échec de l'appel à la théorie dite des « blocs de compétences » en témoigne.

Le bloc de compétences est défini par la loi n° 83-8 du 7 janvier 1983 précitée comme le produit d'une répartition effectuée « de telle sorte que chaque domaine de compétence ainsi que les ressources correspondantes soient affectés en totalité, soit à l'État, soit aux communes, soit aux départements, soit aux régions ».

Mais, lorsqu'elle est invoquée, la théorie des blocs de compétence l'est en fait abusivement. Ainsi, la circulaire précitée du 23 avril 1985, qui interprète la loi n° 83-663 du 22 juillet 1983, évoque les « blocs de compétences pour la construction et la gestion des établissements scolaires », alors même qu'une partie de la gestion de ces établissements échappe aux collectivités territoriales.

La doctrine, qu'elle soit académique[64] ou administrative est sévère sur ce point. Récemment encore des critiques sont formulées par la Cour des comptes, selon laquelle « les divers outils de coopération entre collectivités, de mutualisation des moyens, de partage de compétences (délégations, contrats de territoire…) ne semblent pas en mesure d'empêcher la persistance de compétences croisées »[65].

Faute d'appliquer la théorie des blocs de compétences, le partage de compétences opéré en matière d'éducation pouvait laisser présager un attrait pour une rationalisation d'une partie de leur exercice par l'emploi de la technique du « chef de filât ». Tel n'a pas été le choix opéré dans la loi Peillon n° 2013-595 du 8 juillet 2013[66].

Les apports timides de la loi n° 2022-217 du 21 février 2022 (3DS) : la référence à la notion d'autorité fonctionnelle et l'avenir de la médecine scolaire

Initialement, la réforme de 2004 tirait certaines incidences du principe « qui paye commande », en prévoyant qu'un lien direct est établi entre l'exécutif de la collectivité de rattachement et le chef d'établissement, lorsqu'il « encadre et organise le travail des personnels TOS placés sous son autorité »[67]. Une relation

64. Jean-Marie Pontier n'hésite pas à évoquer « la chimère des blocs de compétences », tout comme il soutient « la chimère d'une clarification des compétences », voir J.-M. PONTIER, « les fausses promesses du libre exercice des compétences », *in* N. KADA (dir.), *Les tabous de la décentralisation*, Berger Levrault, 2015, p. 282-285.

65. Voir C. comptes, Rapport annuel 2023, *La décentralisation 40 ans après : la performance de l'organisation territoriale française*.

66. Un commentateur de cette réforme s'étonne qu'elle « crée un service public du numérique éducatif et de l'enseignement à distance, sans indiquer qui en est le responsable ou le chef de file », voir Cl. DEVÈS, « Gouvernance éducative et collectivités territoriales », *JCP A* 2014, p. 53.

67. Art. L.421-23, al. 2, C. éduc., issu L. n° 2004-809 du 13 août 2004, art. 82.

semi-hiérarchique particulière s'établit, à l'intérieur de laquelle le chef d'établissement est chargé de mettre en œuvre une part de la compétence de gestion incombant à la collectivité de rattachement. On aboutit à un régime hybride. La faiblesse de la réforme de 2004 résidait dans l'effet produit sur la situation des agents d'encadrement des EPLE, dont la situation se résumait ainsi : les personnels administratifs et techniques administrés par la collectivité et affectés ou mis à disposition d'un EPLE relèvent de l'autorité hiérarchique de l'exécutif de la collectivité territoriale de rattachement, et, comme membres de la communauté éducative, sont placés sous l'autorité fonctionnelle du chef d'établissement assisté d'un adjoint gestionnaire, agents de l'État[68].

Une avancée supplémentaire réside dans la reconnaissance dans la loi 3DS d'une autorité fonctionnelle aux exécutifs locaux sur les gestionnaires d'EPLE[69].

On se rapproche d'une réelle maîtrise par les collectivités gestionnaires du patrimoine scolaire de leur politique d'investissement et de maintenance des locaux. Des résistances internes à l'administration scolaire ont toutefois empêché que l'on aille jusqu'au transfert des gestionnaires de collèges et lycées aux collectivités de rattachement des EPLE.

S'agissant de la médecine scolaire, si le transfert de cette compétence a bien été envisagé lors des travaux préparatoires aux réformes de 2004 et de 2022, seul a été adopté un amendement du groupe socialiste prévoyant l'élaboration par le gouvernement d'un rapport « retraçant les perspectives du transfert de la médecine scolaire aux départements », à remettre en principe au Parlement dans les six mois suivant la promulgation de la loi « 3DS », se prononçant notamment sur le « coût » de ce transfert[70].

---

68. Dans ce cadre complexe, encourt l'annulation au contentieux la décision prise par un président de conseil départemental de décharger de ses fonctions d'encadrement des agents territoriaux un adjoint gestionnaire d'un collège, au motif qu'« aucun texte ne lui donnait compétence pour prendre à l'encontre de l'intéressé la décision en litige ayant pour objet, compte tenu de son comportement, de le dessaisir de toute autorité fonctionnelle à l'égard des agents du département » (CAA Versailles, 9 juin 2016, req. n° 15VE01823, *AJFP* 2016.348).

69. La loi 3DS (art. 145) dispose que les présidents des conseils départementaux et régionaux exerceront, « au titre de leurs compétences en matière de restauration, entretien général et maintenance des infrastructures et des équipements, une autorité fonctionnelle sur l'adjoint du chef d'établissement public local d'enseignement (EPLE) chargé des fonctions de gestion matérielle, financière et administrative ». Ce texte est issu de l'accord de la commission mixte paritaire sur le projet de loi relatif à la différenciation, la décentralisation, la déconcentration et portant diverses mesures de simplification de l'action publique locale (dit 3DS), entérinant le 31 janv. 2020 l'article 41 du projet de loi.

70. Loi 3DS, art. 144.

***
*

On retiendra de ce propos d'abord que l'idée de politiques éducatives locales n'est plus désormais un tabou[71]. Il a été observé que « la question scolaire est devenue un enjeu majeur d'aménagement des territoires, et la qualité du service public de l'éducation constitue désormais pour les collectivités "un facteur important d'attractivité territoriale" »[72].

Mais si l'exposé des motifs précédant le projet de loi (3DS) affirme que « les transferts de compétences, qui furent l'essence des précédentes lois de décentralisation, doivent être accompagnés désormais d'outils nouveaux permettant de fluidifier les relations entre l'État et les collectivités territoriales », force est de constater que les réponses à cette exigence attendent dans le secteur de l'éducation.

Le système existant restera bancal tant que l'on n'aura pas répondu pleinement au besoin de mieux articuler les orientations et stratégies de l'État central et des collectivités territoriales. L'ancienne ligne de clivage réservant à l'État l'organisation pédagogique et laissant aux collectivités territoriales la charge des dépenses matérielles est aujourd'hui dépassée eu égard à l'extension du champ de l'action éducative appelant le concours de tous les partenaires du système éducatif. Une voie de réorganisation de « l'État territorial » pourrait consister à faire évoluer « le statut juridique des académies vers une forme particulière d'agence, à savoir celle d'un établissement public doté d'un conseil d'administration composé de représentants des élus des collectivités, des parents d'élèves, des personnels et de personnalités extérieures, sous l'autorité d'un recteur qui resterait un haut fonctionnaire nommé par l'État »[73]. Plus décentralisateur apparaît le projet de la Ligue de l'enseignement qui, parmi les 24 propositions qu'elle a défendues durant la campagne précédant les élections présidentielles de 2012, recommandait le 24 novembre 2011 de « transformer les rectorats en établissements publics régionaux », animés par « des représentants des collectivités, de l'État et des acteurs éducatifs issus de la société civile ». Mais cette idée fut rapidement enterrée durant la concertation menée entre juillet et octobre 2012, relative à la rénovation du système éducatif, qui a précédé la réforme opérée par la loi Peillon n° 2013-595 du 8 juillet 2013. Les transferts de compétences dans l'éducation restent vus selon un conservatisme prudent.

---

71. En guise de clin d'œil à une série d'études rassemblées dans : N. KADA (dir.), *Les tabous de la décentralisation*, Berger-Levrault, 2015.
72. P. BERTONI et R. MATTA-DUVIGNAU (dir.), *Les politiques éducatives au prisme de la déconcentration et de la décentralisation*, rapport, publication du Cnesco, 2022.
73. Cl. DEVÈS, « Gouvernance éducative et collectivités territoriales », *JCP A* 2014, n° 2157, p. 55.

L'EXTINCTION HISTORIQUE DU POUVOIR NORMATIF DIRECT DES AUTORITÉS MUNICIPALES EN MATIÈRE D'URBANISME

Seydou TRAORÉ

Professeur de droit public
Université de Reims Champagne-Ardenne – URCA
Centre de Recherche Droit et Territoire – CRDT

> « Le droit de l'urbanisme est plus indispensable que jamais parce que nos sociétés ne peuvent se passer ni de droit ni d'urbanisme ».
> Ch. VIGOUROUX, « Sur le droit de l'urbanisme », *Droit et Ville* 2019/2, n° 88, p. 93.

L'urbanisme, art de bâtir les villes, en tant qu'il consiste en l'organisation rationnelle et cohérente des activités humaines sur l'espace, dans un but défini[1], est incompatible avec toute idée d'improvisation. L'anticipation de l'initiative des particuliers est une nécessité soit pour la préparer, soit pour la contrecarrer au moyen de règles, de procédures ou d'autorisations[2]. C'est dans un tel contexte que l'urbanisme fait l'objet d'une police spéciale. La police de l'urbanisme, dont l'avènement réalise la rencontre entre « l'urbanisme » et le « droit » pour donner naissance au « droit de l'urbanisme ».

Est ainsi qualifiée la branche du droit public par l'intermédiaire de laquelle les autorités habilitées fixent les règles, les servitudes et les procédures ayant vocation à encadrer, limiter, interdire ou autoriser les activités immobilières d'utilisation du sol. Le postulat, historiquement, retenu à cet égard est celui selon lequel la définition de l'usage qui peut être fait de l'espace terrestre est une prérogative de puissance publique. La réglementation des modes d'utilisation du sol (construction,

---

1. A. DAMERON, « L'aménagement urbain. Contribution à la reconnaissance d'une notion juridique », *Droit et Ville* 2018/1, n° 85, p. 157.
2. J. CHAPUISAT, *Le droit de l'urbanisme*, coll. « Que sais-je ? », 1983, p. 11.

aménagement, divisions foncières, démolitions) fait intervenir des autorités nationales, déconcentrées et décentralisées pour adopter les règles dites d'urbanisme ayant une portée générale ou spéciale, selon les circonstances.

Les règles locales d'urbanisme sont contenues dans un support que le Code de l'urbanisme (C. urb.) appelle « document d'urbanisme »[3]. Dans l'exercice de leur pouvoir de réglementation dans le domaine de l'urbanisme, les autorités communales et intercommunales, seules habilitées parmi les autorités décentralisées, peuvent élaborer et approuver un document d'urbanisme appelé « plan local d'urbanisme », communal ou intercommunal (art. L. 151-1 et s. C. urb.).

La pleine compétence communale en matière d'urbanisme réglementaire a été l'aboutissement d'un processus d'émancipation que réalise la loi n° 83-8 du 7 janvier 1983 relative à la répartition des compétences entre l'État et les collectivités locales[4]. L'article 50 de celle-ci a inséré dans le Code de l'urbanisme un article L. 123-3 disposant : « Le plan d'occupation des sols est élaboré à l'initiative et sous la responsabilité de la commune[5]. » En application de l'article 51 du même texte, l'article L. 123-3-1 du Code de l'urbanisme disposait « après enquête publique, le plan d'occupation des sols [...] est approuvé par délibération du conseil municipal ou de l'organe délibérant de l'établissement public ». Par ces dispositions, le législateur venait d'attribuer aux autorités communales, pour la première fois et de manière concomitante, un pouvoir d'initiative, un pouvoir d'élaboration et un pouvoir d'approbation du principal document d'urbanisme réglementaire. En remplacement du préfet compétent depuis la loi n° 67-1253 du 30 décembre 1967 d'orientation foncière.

Les autorités municipales venaient d'acquérir, ainsi, un pouvoir de contrôle à exercer sur les modes d'utilisation du sol dont pourrait faire l'objet le territoire couvert par un plan d'occupation des sols. Un pouvoir d'autant plus symbolique

3. S. TRAORÉ, *Les documents d'urbanisme*, éd. Lamy, 2012.

4. F. BOUYSSOU, « La répartition des compétences en matière d'urbanisme », *AJDA* 1983, p. 81 ; Y.-M. DANAN, « Le transfert des compétences d'urbanisme ou le retour discret de la tutelle a priori », *AJPI* 1983, p. 219 ; Y. JEGOUZO et J.-C. HELIN, « Urbanisme et décentralisation », *RDI* 1983, p. 145 ; J.-P. LEBRETON, « Loi du 7 janvier 1983 relative à la répartition des compétences entre les communes, les départements et les régions », *JCP* 1983, I, 3107 ; F. MODERNE, « L'élaboration des documents d'urbanisme », *Gazette du Palais* 27 oct. 1983, p. 3 ; H. PERINET-MARQUET, « Le pouvoir des communes dans le choix des règles d'urbanisme régissant leur territoire (depuis les lois du 7 janv. et du 22 juill. 1983 et les décrets du 9 sept. 1983) », *JCP G*, I, Doctrine, 1984, 3140.

5. Le plan d'occupation des sols était le document d'urbanisme réglementaire à l'échelle communale créé par la loi n° 67-1253 du 30 déc. 1967 d'orientation foncière.

que l'aménagement des villes et de villages est le type même d'affaires d'intérêt communal, au sens de la loi municipale du 5 avril 1884 et des dispositions de l'article 72 de la Constitution[6].

La compétence transférée dans le domaine de l'urbanisme présentait trois traits dominants. Le transfert se réalisait de manière automatique, dès l'entrée en vigueur de la loi nº 83-8 du 7 janvier 1983. Le transfert bénéficiait aux seules communes nommément désignées, en premier lieu, par l'article 50 de la loi, comme attributaires exclusifs de la compétence. Dès 1986, le juge administratif devait apporter une contribution décisive au caractère exclusif de la compétence communale dans ce domaine. Dans un jugement du 6 mai 1986, le tribunal administratif de Châlons-sur-Marne avait retenu la lecture selon laquelle un groupement de collectivités territoriales ne pouvait bénéficier directement du transfert de compétence que s'il exerçait celle-ci antérieurement à l'entrée en vigueur de la loi nº 83-8 du 7 janvier 1983. Un jugement confirmé par le Conseil d'État adoptant le même raisonnement[7]. Le transfert de la « compétence plan d'occupation des sols » avait un caractère définitif. L'article 49 II de la loi du 7 janvier 1983 avait prescrit l'interdiction d'abrogation des plans d'occupation des sols (art. L. 123-4-1 C. urb.). Il en résultait qu'aucune commune dotée d'un plan d'occupation des sols, à la date d'entrée en vigueur de la loi du 7 janvier 1983, n'était habilitée à provoquer la perte de la compétence, transférée de manière automatique, en procédant, le cas échéant, à l'abrogation volontaire de son document d'urbanisme[8]. Pour le juge administratif, l'obligation faite à l'autorité administrative de faire droit à toute demande tendant à l'abrogation d'un règlement illégal, en application du décret du 28 novembre 1983, n'a ni pour objet ni pour effet de faire échec aux dispositions de l'article L. 123-4-1 du Code de l'urbanisme[9]. Ce dernier texte ne dispensait pas, pour autant, l'autorité considérée de l'interdiction qui lui est faite d'appliquer un

6. M. FROMONT, « Le droit français de l'urbanisme parmi les différents droits européens », *AJDA* 1993, nº sp., p. 73.
7. TA Châlons-sur-Marne, *Commissaire de la République de la Marne c/District de Reims* (1re esp.) et *Commune de Cormontreuil c/District de Reims* (2e esp.), *JCP* 1986. II. 20704, note X. Pretot ; CE 10 mai 1989, *District de Reims*, *RFDA* 1990, p. 186, conclusions B. Stirn.
8. CE 18 avr. 1988 *Société civile Le Tahiti*, *Rec.*, p. 140 ; *Les Petites Affiches* 9 déc. 1988, p. 8, note P.-L. Frier.
9. La loi nº 2000-1283 du 13 déc. 2000 relative à la solidarité et au renouvellement urbains, SRU, qui a substitué les plans locaux d'urbanisme actuellement en vigueur aux plans d'occupation des sols, a rendu possible l'abrogation d'un PLU en abrogeant, implicitement, les dispositions de l'article L. 123-4-1 C. urb. L'article R. 123-22-1 C. urb., issu d'un décret nº 2004-531 du 9 juin 2004 a rendu explicite la possibilité juridique d'abroger les plans locaux d'urbanisme. Voir D. MAILLOT, « L'abrogation d'un POS ou d'un PLU », *Construction-Urbanisme* févr. 2002 ; H. JACQUOT, « L'abrogation des documents d'urbanisme locaux et le principe du parallélisme des formes », *in Mélanges en l'honneur de Franck Moderne*, Dalloz, 2004. L'actuel article R. 153-19 C. urb. prévoit la faculté d'abrogation des PLU.

règlement illégal[10]. Le caractère définitif de la compétence transférée en matière de plan d'occupation des sols a été consolidé par l'obligation complémentaire faite au conseil municipal d'une commune, dont le plan d'occupation des sols a été annulé par le juge administratif, de procéder, sans délai, à l'élaboration d'un nouveau plan d'occupation des sols. Les communes initialement dotées d'un plan d'occupation des sols ont été placées dans l'obligation juridique de conserver celui-ci. Les autres communes étaient fortement incitées à élaborer un tel plan d'occupation des sols, en raison de la règle de constructibilité limitée applicable en l'absence d'un plan d'occupation des sols ou d'un document en tenant lieu[11].

L'émancipation des communes en matière d'urbanisme, réalisée par la loi du 7 janvier 1983, a été analysée par la doctrine comme constitutive non pas d'une rupture mais d'un aboutissement. Pour Yves Jégouzo, « la loi n° 83-8 du 7 janvier 1983 n'est pas le fruit d'une révolution soudaine. Elle a été longuement préparée par la loi d'orientation foncière du 30 décembre 1967 qui, en mettant en place l'élaboration conjointe des SDAU et des POS [...], a joué un rôle de sas entre le régime d'urbanisme étatisé issu de la loi du 15 juin 1943 et la décentralisation actuelle. Elle a permis aux élus locaux de faire, progressivement, l'apprentissage de la décentralisation de l'urbanisme et à l'État d'en faire la pédagogie »[12].

En partant de cette distribution des compétences d'urbanisme[13] et de la consécration du pouvoir normatif direct des communes en matière de plan d'occupation des sols, puis de plan local d'urbanisme, qui ont prévalu pendant plus d'une trentaine d'années (1983-2014), nonobstant quelques exceptions et aménagements, on en vient à se poser deux questions. Quelles ont été les considérations déterminantes à l'origine de l'éviction des autorités communales de l'exercice du pouvoir normatif en matière d'urbanisme ? (I). La substitution générale des PLUi aux PLU est-elle pertinente, au point de vue opérationnel ? (II).

I. La loi n° 2014-366 du 24 mars 2014 et l'éviction de la commune de la compétence urbanisme

En considérant, avec les spécialistes, que le droit français de l'urbanisme est né, historiquement, avec l'adoption de la loi du 14 mars 1919[14] concernant les projets d'aménagement, d'embellissement et d'extension (PAEE), il peut être soutenu qu'il naquit avec une forte « identité communale ». Les auteurs du texte, sans

10. CE avis 8 déc. 1988, EDCE n° 40, 1988, p. 292.
11. Art. 38 de la loi du 7 janv. 1983. Ancien art. L. 111-1-2 C. urb. (actuel art. L. 111-3).
12. Y. JÉGOUZO, « La décentralisation de l'urbanisme », *AJDA* 1993, p. 168.
13. F. PRIET, « Les principes régissant l'attribution des compétences en matière d'urbanisme », *Construction-Urbanisme*, n° 9, sept. 2015, étude 11.
14. J.-P. LEBRETON, J.-P. DEMOUVEAUX, *La naissance du droit de l'urbanisme, 1919-1935*, Les éditions des JO, 2007, 474 p.

avoir « décentralisé » le pouvoir de décision en la matière, avaient retenu l'échelon communal pour l'application des premières formes de document d'urbanisme. Tout en réservant aux autorités communales d'alors une place significative dans la procédure de leur élaboration.

Les textes relatifs au pouvoir normatif en matière d'urbanisme, adoptés postérieurement, à l'exception de la loi du 15 juin 1943, à savoir les décrets du 31 décembre 1958, la loi d'orientation foncière du 30 décembre 1967, tout en maintenant la compétence en matière de documents d'urbanisme au niveau des autorités de l'État, avaient confirmé à l'échelon communal sa qualité de « périmètre adapté ». La loi du 7 janvier 1983 et la loi n° 2000-1208 du 13 décembre 2000 SRU, qui ont refondu les compétences d'urbanisme et les documents d'urbanisme, sont restées fidèles à la dimension communale de principe.

L'article L. 153-8 du Code de l'urbanisme[15], dans sa rédaction issue de l'article 136 de la loi n° 2014-366 du 24 mars 2014[16], donne compétence, par principe, à l'établissement public de coopération intercommunale à fiscalité propre pour élaborer, réviser et gérer le plan local d'urbanisme. Sous sa responsabilité exclusive. En remplacement de la commune. Le nouveau transfert de compétence entré en vigueur le 27 mars 2017, au terme de la période transitoire, de trois ans, prescrite par la loi n° 2014-366 du 24 mars 2014[17], a provoqué l'abandon du territoire communal comme périmètre de référence ainsi que l'éviction des autorités municipales de l'exercice du pouvoir normatif en la matière. Sous réserve de quelques exceptions.

Les implications assez radicales se manifestent, d'emblée, à deux niveaux. Le transfert de la compétence PLU au bénéfice des EPCI à fiscalité propre est obligatoire. Le législateur a imposé à chaque EPCI concerné d'engager soit l'élaboration d'un PLUi, soit la révision des PLU de ses communes membres en vue de les transformer en un seul et même PLUi (art. L. 153-2 et L. 153-9 C. urb.). L'organe délibérant de l'EPCI, qui prescrit l'élaboration d'un PLUi (art. L. 153-11 C. urb.), y procède « en collaboration avec les communes membres », après avoir déterminé les modalités de ladite collaboration (art. L. 153-8 du même code).

Les facteurs explicatifs se présentent comme ceux résultant d'un changement de paradigme en matière d'aménagement urbain. Le territoire de la commune ne serait plus adapté à cet égard (A). Les nouveaux objectifs assignés au droit de l'urbanisme impliqueraient un dépassement de l'échelon communal (B), dans ce domaine.

---

15. Le texte a fait l'objet de plusieurs modifications rédactionnelles et complémentaires, sans affecter le transfert de la compétence PLU à l'échelon intercommunal.

16. P. SOLER-COUTEAUX, « La loi ALUR et le PLU », *RDI* 2014, p. 314 ; P. IBANEZ, « Les acteurs : entre renforcement des intercommunalités et déclin des communes », *Droit et Ville* 2014/2, n° 78, p. 7 ; S. TRAORÉ, « Le plan local d'urbanisme intercommunal et la loi ALUR », *AJCT* 2014, p. 29.

17. S. MAUROUX, « Des PLU aux PLUi », *AJDA* 2017, p. 1265.

A. L'échelle intercommunale et la théorie du « territoire pertinent »

L'aménagement urbain et le droit local d'urbanisme furent, historiquement, assimilés, voire circonscrits, de manière logique, au territoire communal. La prééminence donnée au territoire communal peut se déduire de son statut de lieu privilégié, par principe, pour l'exercice des compétences d'urbanisme, étant donné « l'indispensable attention que les institutions d'une ville doivent porter à leur espace », selon la belle formule de Christian Vigouroux[18]. Un tel aménagement permet aux habitants de bénéficier, par ailleurs, du « meilleur cadre pour leur travail et leur vie familiale »[19]. Il n'est pas sans objet de rappeler, par ailleurs, que la ville ou la commune, par cela même qu'elle correspond à un espace aménagé, équipé, adapté, est une institution organisatrice de la vie en société. À ce titre, elle remplit, par définition, quelques fonctions caractéristiques (lieu de résidence, d'exercice professionnel, de loisirs, de culture, de divertissement). Elle fournit à ses habitants et usagers des prestations et services appropriés (réseaux d'assainissement, d'adduction d'eau et de transports, espaces verts, parcs, centres culturels, salles de spectacles), dont la réalisation et l'implantation structurent les espaces habités[20].

Les auteurs de la loi d'urbanisme du 14 mars 1919 peuvent être réputés avoir pris en compte cette perspective, au moment d'imposer aux « villes de 10 000 habitants et plus » l'élaboration d'un « plan d'aménagement, d'embellissement et d'extension » (PAEE) par l'intermédiaire duquel les autorités municipales et préfectorales devaient élaborer et approuver un « plan » et un « programme » indiquant la largeur des voies publiques, l'étendue et l'emplacement des places, jardins publics, parcs, terrains de jeux, réserves boisées, services et édifices publics ainsi que les servitudes archéologiques et esthétiques, sans oublier la hauteur des constructions, les réseaux d'égouts, de distribution d'eau et d'assainissement[21]. Ces principales composantes d'un PAEE donnent à voir la dimension « aménagement urbain », conçu à partir et pour le territoire de la commune.

Cette conception originaire, fondée sur l'aptitude intrinsèque du territoire communal à épouser les problématiques générales de l'aménagement urbain, a connu une grande continuité historique, institutionnelle et juridique, nonobstant quelques aménagements ayant permis à l'échelon intercommunal de se satisfaire de quelques exceptions. Les arguments au soutien du transfert de la compétence urbanisme aux communes seules, en 1983, ont été rappelés, de manière opportune, par Edmond Hervé, en 2011, dans son rapport d'information destiné à éclairer le

---

18. Sur le droit de l'urbanisme, voir *Droit et Ville* 2019/2, n° 88, p. 93.
19. M. FROMONT, *Le droit français de l'urbanisme par les différents droits européens*, *AJDA* 1993, n° sp., p. 73.
20. J.-B. AUBY, *Droit de la ville*, Lexis Nexis, 2013.
21. Art. 1er de la loi. Parmi les 1 602 communes éligibles, 281 avaient plus de 10 000 hab., 119 avaient demandé à être assujetties, sans atteindre le seuil démographique de 10 000 hab.

Sénat sur le bilan de la décentralisation : « L'urbanisme tient une place importante dans [la] première partie du projet de loi. Il concerne la qualité du cadre de vie, l'utilisation de l'espace, la protection de l'environnement et la répartition de l'habitat. Ces enjeux relèvent d'abord [...], de la compétence des communes. Celles-ci doivent avoir l'entière maîtrise du sol. De son affectation dépend en effet la mise en œuvre de la politique en matière de logement, de transports, de loisirs, d'action sociale, d'aménagement rural ou dans tout autre domaine concernant la vie quotidienne des habitants[22]. »

En dépit de cette place incontestable, *a priori*, de l'échelon communal en la matière, une thèse a été développée, de manière réitérative, selon laquelle l'urbanisme ne peut plus être circonscrit au territoire communal.

B. La thèse du dépassement du territoire communal en matière d'urbanisme réglementaire

Pour imposer le paradigme suivant lequel la « compétence urbanisme », à travers le plan d'occupation des sols, tout d'abord, et du plan local d'urbanisme, par la suite, ne serait viable qu'exercée à l'échelle des établissements publics de coopération intercommunale, il fut entrepris de postuler, depuis de nombreuses années, l'inaptitude intrinsèque des communes à correspondre, de « nos jours », aux enjeux du « développement urbain ».

La généalogie du discours portant sur la perte supposée par le territoire communal de sa pertinence en matière de « projet urbain » peut prendre comme point de départ les conclusions du Congrès des Notaires, de 1993, selon lesquelles l'intercommunalité en matière d'urbanisme était devenue une nécessité[23]. L'idée sera reprise avec force en 2000, à la faveur du dépôt du projet de loi SRU, lors de la présentation duquel au Sénat, au mois d'octobre 2000, le ministre Louis Besson devait soutenir : « Les principaux choix d'aménagement ne peuvent plus prendre tout leur sens au seul échelon communal : c'est bien à une échelle plus vaste qu'il faut en débattre pour les définir[24]. » Une telle apologie de l'échelon intercommunal[25] renvoie, bien sûr, au paradigme du « territoire pertinent ».

---

22. Sénat, Rapport d'information n° 679, 28 juin 2011, p. 125.

23. 89e Congrès des Notaires, 2 au 5 mai 1993 à Cannes : « Urbanisme et Sécurité juridique ». *JCP N* n° 30, 30 juill. 1993, 2710.

24. *JO Sénat*, Débats, 18 oct. 2000, p. 5244 ; Voir G. LIET-VEAUX, « Quelques réflexions terminales sur le volet "urbanisme" de la loi SRU », *Construction-Urbanisme* mai 2001, p. 34.

25. La Cour des comptes, dans son rapport public du mois de mars 2023, dont un chapitre a été consacré au bilan des 40 ans de décentralisation, tout en saluant la généralisation de l'intercommunalité à fiscalité propre à l'ensemble du territoire, a regretté la persistance d'un nombre important de « petites communes ».

L'aménagement urbain et le périmètre des documents d'urbanisme n'ont pas pu échapper aux réflexions et préconisations, en cours depuis quelques décennies, qui se rapportent à la notion de « territoire pertinent » présentée comme le critère à privilégier en matière d'organisation administrative, d'implantation d'activités de service public, d'aménagement et d'équipement du territoire. Une partie de la doctrine a attiré l'attention sur le caractère très relatif de ladite notion[26].

La substitution progressive d'une intercommunalité obligatoire, à partir de la loi nº 2010-1563 du 16 décembre 2010 portant réforme des collectivités territoriales, à l'intercommunalité volontaire, sauf exception, devait acclimater l'idée d'une certaine « réversibilité » du transfert des compétences d'urbanisme réalisé au profit des communes, en 1983. La loi nº 2014-366 du 24 mars 2014, qui a organisé le transfert de la compétence PLU aux EPCI, en a été l'aboutissement et la concrétisation.

Les PLUi obligatoires, réputés correspondre à la nouvelle conception de l'aménagement urbain et de l'exercice du pouvoir normatif local en matière d'urbanisme, sont présentés comme la panacée.

II. Interrogations sur le caractère opérationnel de la généralisation des PLUi obligatoires

La simplicité avec laquelle il a été procédé au dépassement du territoire communal s'est accompagnée, de manière paradoxale, d'une certaine complexité à la fois géographique, juridique, matérielle et procédurale. Les experts ont attiré l'attention sur quelques difficultés inhérentes à la généralisation de l'intercommunalité. Trois constats ont permis de rendre compte du caractère inabouti de l'intercommunalité uniforme et obligatoire. Pour Nicole Lerousseau, l'uniformisation institutionnelle et normative de la compétence intercommunale ne saurait effacer la variété des situations communales ni les besoins et intérêts de proximité internes aux EPCI[27]. Jean-Marie Pontier est d'avis que la multiplication des EPCI toujours plus grands entraîne la dépossession de la commune sans savoir vraiment au profit de qui et pour quels motifs[28]. La Cour des comptes, tout en se montrant plutôt favorable à l'intercommunalité, a été contrainte de relever que la généralisation d'EPCI élargis a complexifié la gouvernance et l'exercice des compétences de structures qui sont parfois de très grande taille[29].

Ces observations et réserves, qui se rapportent à la nouvelle conception de l'intercommunalité en général, trouvent une traduction et un écho exemplaires au niveau des PLUi. Au point que le législateur, conscient, dès le départ sans doute,

26. J.-M. PONTIER, « Réflexions sur la notion d'échelon pertinent », *BJCL* 2022, nº 5, p. 395 ; -- « Déraison de la dimension », *AJDA* 2023.305.
27. N. LEROUSSEAU, « Le contenu des compétences locales en matière d'aménagement de l'espace », *BJCL* nº 01/2011, p. 36.
28. J.-M. PONTIER, « Déraison de la dimension », *AJDA* 2023.305.
29. C. comptes, Rapport public 2023, chapitre « Décentralisation, 40 ans après », p. 84.

des difficultés inhérentes à la généralisation des PLUi, a ouvert aux autorités intercommunales, nouvellement attributaires de la compétence, la possibilité de procéder à un « traitement individualisé » des communes couvertes par un PLUi.

Il leur est permis d'avoir recours, en effet, au dispositif des « plans de secteur » (A) et des « PLU infracommunautaires » (B). Deux constructions juridiques qui autorisent à s'interroger sur la pertinence de l'éviction des communes de l'exercice du pouvoir normatif dans le domaine de l'urbanisme.

A. Les plans de secteur d'un PLUi révélateurs des limites de l'intercommunalité

En présence d'un PLUi, il va de soi que le projet d'aménagement et de développement durables, les orientations d'aménagement et de programmation, les règlements des zones applicables sur le territoire de chacune des communes de l'EPCI émanent d'autorités extérieures, car intercommunales.

L'exercice par lesdites autorités de leurs compétentes en matière de PLU repose, avec évidence, sur la prééminence donnée à l'intérêt communautaire qui absorbe, automatiquement et méthodiquement, l'intérêt de chacune des communes membres, du point de vue l'aménagement et de la réglementation des modes d'utilisation du sol.

Il suffit de se placer sous l'angle des zonages d'affectation, des règles et servitudes d'urbanisme, du droit de préemption urbain, de la délivrance des autorisations d'urbanisme, par exemple, pour établir sans aucune difficulté qu'une commune située dans le champ d'application d'un tel PLUi perd toute maîtrise juridique et politique de la gestion de son territoire. Les communes membres sont considérées comme un « territoire d'application du PLUi » et non plus au regard de leurs intérêts propres, en matière d'aménagement de l'espace.

Pour « compenser » l'effacement des « singularités communales », par voie de conséquence de la prééminence de « l'intérêt communautaire », le législateur concède une certaine atténuation en ouvrant aux autorités intercommunales la faculté d'avoir recours, le cas échéant, à une modalité permettant un « traitement individualisé » par le PLUi du territoire de certaines communes membres. C'est la raison d'être du procédé des « plans de secteur ».

La loi n° 2010-788 du 12 juillet 2010 portant engagement national pour l'environnement a ouvert aux communes situées dans le périmètre d'un PLU communautaire un pouvoir d'initiative qui leur permet de demander à être couvertes par un « plan de secteur ». Un tel « plan de secteur » est destiné à préciser sur le territoire de la commune concernée les orientations d'aménagement et de programmation ainsi que le règlement du PLUi de manière à correspondre aux réalités communales.

En droit positif, l'article L. 151-3 du Code de l'urbanisme maintient la possibilité pour tout PLUi de comprendre des « plans de secteur » susceptibles de couvrir l'intégralité d'une commune seule ou de plusieurs communes membres de l'EPCI.

Un plan de secteur peut être élaboré de manière spontanée par l'EPCI qui en prend l'initiative. L'avis des communes concernées est alors, obligatoirement, recueilli. Comme il peut l'être à la demande d'une ou de plusieurs communes souhaitant en être couvertes. L'organe délibérant de l'EPCI apprécie, alors, à l'issue d'un débat en son sein, l'opportunité d'élaborer le plan de secteur considéré.

Une telle « sectorisation », facultative, constitue une réponse à la délicate question inhérente à l'adoption de PLUi uniques s'appliquant sur de vastes étendues incluses dans un seul et même EPCI.

Le procédé du « plan de secteur » à l'intérieur de PLUi nous paraît pouvoir être lu comme une forme de restauration implicite, de la part du législateur, de PLU communaux internes, étant donné le traitement individualisé qui en résulte du territoire de chacune des communes couvertes.

On ne peut que s'interroger, dès lors, sur la pertinence du dépassement supposé de l'échelon communal en la matière, car le changement de paradigme annoncé dans le domaine de l'aménagement urbain semble se heurter, ici, au caractère relatif de ce qui est « urbain », « périphérique » ou « rural »[30].

B. Les plans locaux d'urbanisme infracommunautaires et la différenciation procédurale des PLUi

La loi nº 2017-86 du 27 janvier 2017 relative à l'égalité et à la citoyenneté a inséré dans le Code de l'urbanisme les articles L. 154-1 à L. 154-4 qui ont pour objet d'assouplir le passage de PLU facultatifs aux PLUi obligatoires, dans le cas particulier des EPCI à fiscalité propre de grande taille. Sont ainsi qualifiées les intercommunalités très vastes, nées de la fusion de plusieurs EPCI structurés autour de plusieurs villes ou bourgs centres[31] qui regroupent au moins cent communes, à l'exception des métropoles.

Le législateur leur réserve le bénéfice[32] d'une procédure dérogatoire qui consiste à élaborer des PLU infracommunautaires[33]qui ne couvrent qu'une partie du territoire de l'EPCI. Un PLU infracommunautaire peut regrouper plusieurs communes, sans avoir un caractère intercommunal, ou être limité à une seule commune nouvelle ou non. Tout PLU infracommunautaire a vocation à s'appliquer, par définition même, sur une partie seulement du territoire de l'EPCI l'ayant élaboré.

30. Voir G.-F. Dumont, « La ruralité face à l'idéologie d'une France exclusivement urbaine », *Ruralis*, nº 1, printemps-été 2020, p. 40 ; Ch. Guilluy, *Le temps des gens ordinaires*, Flammarion, coll. « Champs - Actuel », 2021, p. 72.

31. Étude d'impact, p. 248.

32. Les EPCI bénéficient d'un pouvoir d'initiative leur permettant de présenter au préfet une demande d'autorisation d'élaborer des PLU infracommuntaires, lorsque les conditions fixées par le législateur sont réunies (art. L. 154-2 et s. C. urb.).

33. S. Traoré, « Les PLU infracommunautaires », *AJDA* 2017, p. 937.

L'élaboration de PLU infracommunautaires, qui ne constitue pas une fin en soi, correspond à une méthodologie permettant aux EPCI éligibles de couvrir, par étapes, l'intégralité de leur territoire de PLU partiels appelés, pour la circonstance, « PLU infracommunautaires », dont la somme constituera un seul et même PLUi définitif[34].

Ont été institués des mécanismes de substitution, dont la mise en œuvre, justifiée par certaines circonstances précises, est tantôt de plein droit, tantôt au choix de l'EPCI.

Le législateur prévoit le régime juridique applicable en cas d'inaboutissement ou d'échec d'un projet de PLU infracommunautaires. En application de l'article L. 154-4 alinéa 2 du Code de l'urbanisme, « lorsque la dérogation cesse de s'appliquer [...], les dispositions des plans locaux d'urbanisme applicables dans le périmètre de [l'EPCI] demeurent en vigueur. Ces documents peuvent faire l'objet d'une procédure de modification, de mise en compatibilité et de révision prévue à l'article L. 153-34, jusqu'à l'approbation d'un plan local d'urbanisme élaboré dans les conditions prévues à l'article L. 153-2 ».

La non-adoption d'un SCoT couvrant le territoire de l'EPCI concerné, à l'expiration d'un délai de six années suivant la décision préfectorale octroyant la dérogation qui autorise l'élaboration de PLU infracommunautaires, aura pour effet d'écarter ces derniers. Leur seront alors substitués les PLU ou PLUi antérieurement en vigueur dans certaines communes ou intercommunalités avant la fusion ayant donné naissance au nouvel EPCI à fiscalité propre de grande taille et avant l'obtention de l'autorisation dérogatoire. Cette « restauration » est d'autant plus pertinente que les dispositions des plans locaux d'urbanisme applicables avant la mise en œuvre de la dérogation demeurent en vigueur, jusqu'à l'approbation de PLU infracommunautaires (art. L. 154-3 al. 2 C. urb.).

Élaborés et gérés par un EPCI à fiscalité propre de grande taille, les PLU infracommunautaires, même promis à une disparition formelle, subsisteront matériellement en raison de leur représentation de l'identité de la partie du territoire de l'EPCI qu'ils couvrent. Une manière de procéder qui démontre le caractère artificiel d'une généralisation dogmatique de la compétence intercommunale en matière de plan local d'urbanisme.

L'éviction des autorités communales de l'exercice du pouvoir normatif en matière d'urbanisme attend toujours les arguments en démontrant la pertinence.

34. Un EPCI éligible, bien qu'ayant obtenu la dérogation lui permettant d'élaborer des PLU infracommunautaires, pourrait faire le choix de procéder, finalement, à l'adoption directe d'un PLUi entier, sans passer par le procédé des PLUi infracommunautaires. L'article L. 154-3 al. 4 autorise les EPCI à décider à « tout moment » de substituer une procédure à une autre.

RÉPARTITION DES COMPÉTENCES CULTURELLES DES COLLECTIVITÉS LOCALES : DE LA CLAUSE GÉNÉRALE AUX COMPÉTENCES PARTICULIÈRES ET PARTAGÉES. LA FIN DE LA COOPÉRATION AVEC L'ÉTAT ?

Fabrice THURIOT

Ingénieur de recherche HDR
Université de Reims Champagne-Ardenne – URCA
Centre de Recherche Droit et Territoire – CRDT
Maison des Sciences Humaines et Sociales – MSHS

Les antécédents des transferts de compétences sont nombreux et variés. Ils montrent, sinon une indépendance, du moins une autonomie des acteurs et pouvoirs locaux à l'égard de l'État. Le peu de compétences culturelles transférées en 1983 et 1992 atteste d'une préséance locale pour les activités culturelles. Une explication simple a souvent été omise pour mettre l'accent sur les relations avec l'État : la plupart des activités culturelles sont initiées, réalisées et gérées localement, avec parfois un encadrement ou un contrôle de l'État, en particulier pour les plus importantes, souvent labellisées ou normées, et non l'inverse. Cependant, et non seulement pour le secteur culturel, la décentralisation de 1982-1983 s'est doublée d'une reprise en main des politiques par l'État, grâce aux budgets nationaux et européens, à divers contrats et conventions avec les collectivités et à des reconfigurations des acteurs par différents statuts juridiques réglementés…

L'évolution des budgets culturels en atteste : une progression croissante en valeur absolue de ceux de l'État, malgré quelques replis conjoncturels, et des collectivités, mais une baisse à due proportion de ceux de ces dernières du fait de la hausse des budgets de l'État, sauf pour ceux des intercommunalités qui sont montés en flèche depuis le début des années 2000. La Corse et les Outre-mer ont bénéficié de mesures spécifiques, mais ce sont surtout la Corse et les territoires devenus collectivités d'outre-mer qui ont obtenu des statuts particuliers, ainsi que la Nouvelle-Calédonie et les territoires antarctiques et pacifique. Les compétences culturelles des départements et régions se sont accrues depuis 2004, mais celles non réparties restent partagées malgré la fin de la clause générale de compétence pour ces deux niveaux de collectivités.

Nous interrogeons les budgets, lois et pratiques depuis 2010 sur la réalité des politiques culturelles publiques. Les transferts de compétences ont-ils spécialisé les collectivités locales et limité les coopérations avec l'État ? La pandémie de Covid-19 a-t-elle encore changé la donne ?

I. Les antécédents des transferts de compétences

La décentralisation culturelle commence avec les troupes itinérantes au Moyen Âge et d'une certaine manière avec les châteaux, églises et maîtrises relevant des pouvoirs séculiers ou ecclésiastiques locaux, indépendants ou relevant d'une autorité nationale. La décentralisation culturelle moderne remonte à la fin du XVIIIe siècle avec les nationalisations des biens du clergé et les saisies révolutionnaires sur les nobles et les « émigrés » monarchistes (les biens ou domaines nationaux) confisqués durant la Révolution française en vertu du décret du 2 nov. 1789. La création des musées de province interviendra suite au décret Chaptal du 13 fructidor an IX (31 août 1801) pour présenter les collections issues de ces restitutions au peuple. La décentralisation dramatique interviendra à la fin du XIXe et au début du XXe siècle avec des initiatives privées, puis après la Seconde Guerre mondiale avec les centres dramatiques nationaux (à partir de 1946). Il faut aussi citer les bibliothèques centrales (devenues départementales dans l'appellation en 1992) de prêt avec les bibliobus depuis l'ordonnance du 2 novembre 1945.

On parle davantage de dépenses, domaines d'activités et fonctions culturels que de compétences avant la décentralisation de1982-1983, qui renvoient surtout à des savoirs professionnels et des capacités techniques. Les transferts de compétences se doubleront d'ailleurs de transferts de moyens financiers et en personnels pour pouvoir exercer ces activités et fonctions culturelles, mais il faudra parfois attendre plusieurs années avant que le transfert soit complet, par exemple pour le statut de fonctionnaire public territorial et non plus d'État pour des conservateurs d'archives, de bibliothèques, de musées ou de monuments (après le décret du 2 sept. 1991).

Les établissements publics régionaux (EPR) institués par la loi du 5 juillet 1972 ne doivent normalement pas consacrer des dépenses de fonctionnement à la culture mais les EPR du Nord-Pas-de-Calais et du Limousin créeront et financeront des orchestres régionaux. La Bretagne obtient la possibilité de développer des organismes particuliers avec la charte culturelle de 1977 (Institut culturel, Conseil culturel, Agence technique), redéfinis à partir de 2009.

II. Les compétences culturelles transférées en 1983 et 1992

Peu de compétences sont transférées par les lois du 7 janvier et 22 juillet 1983.

Les lois confirment surtout le rôle déjà assumé par les communes pour l'ensemble des activités culturelles ne relevant pas de l'État ou d'une autre collectivité, soit leurs archives, bibliothèques, écoles d'art, de musique, de danse et d'art dramatique, monuments, musées, salles de spectacles... S'ajoute à cela la possibilité de proposer à l'État des zones de protection du patrimoine architectural et urbain (loi du 7 janv. 1983 – ZPPAU – et paysager par la loi « paysages » du 8 janv. 1993), devenues aires de valorisation du patrimoine (AVAP) avec la loi Grenelle II du 12 juillet 2010 et enfin sites patrimoniaux remarquables depuis la loi du 7 juillet 2016 relative à la liberté de la création, à l'architecture et au patrimoine (LCAP).

Les seuls transferts de compétences opérés par la loi du 22 juillet 1983 concernent les départements pour les confirmer dans la gestion des archives départementales et des bibliothèques centrales/départementales de prêt, qu'elles assumaient déjà, mais sous l'autorité de l'État dans le département. Les conservateurs continuent de relever de l'État dans une première période. Certains départements gèrent des monuments et/ou des musées.

Les régions sont aussi reconnues comme ayant une clause générale de compétence applicable pour le développement culturel. Elles consacrent l'essentiel de leur faible financement aux subventions pour les autres collectivités et les acteurs culturels, en complément le plus souvent des aides données par les communes et parfois les intercommunalités et départements.

Les collectivités locales doivent aussi appliquer la règle du 1 % culturel pour les constructions. Cela s'appliquera dans un premier temps aux bâtiments scolaires puis à toutes les infrastructures. Certaines collectivités utilisent des offices culturels associatifs qui seront souvent intégrés dans les services ou transformés par la suite, après la loi Sapin du 29 janvier 1993 relative à la prévention de la corruption et à la transparence de la vie économique et des procédures publiques.

La loi du 13 juillet 1992 relative à l'action des collectivités locales en faveur de la lecture publique et des salles de spectacle cinématographique ajoutera des possibilités d'interventions aux collectivités locales.

La Corse obtient un statut particulier dès 1982, avec notamment un conseil de la culture, de l'éducation et du cadre de vie (de l'environnement dans les régions d'outre-mer avec la loi du 31 déc. 1982) à côté du comité économique et social régional.

III. La reprise en main des politiques culturelles par l'État

Après la période inaugurale du ministère des Affaires culturelles des années 1960 avec les maisons de la culture et diverses mesures patrimoniales (inventaire, secteurs sauvegardés…), puis dans une moindre mesure des années 1970 avec les centres d'action culturelle et de développement culturel, ainsi que les chartes culturelles avec les collectivités, l'État se presse d'essayer d'influencer à nouveau les politiques culturelles de plusieurs manières, dès 1982 :

- en doublant les crédits du ministère de la Culture (et de la Communication), notamment pour les « grands travaux » (grandes institutions et grands événements, principalement à Paris), alors qu'il était très en deçà de ce que pouvaient dépenser les collectivités locales, principalement les communes, avant 1982. Le tableau suivant montre l'évolution des pourcentages du ministère de la Culture (et de la Communication), des autres ministères et des différents niveaux de collectivités locales, surtout au profit de l'État et au détriment des communes de 1981 à 2006[1].

Tableau 1

Budgets culturels de l'État et des collectivités locales en France

Budgets culturels/ Collectivités publiques	**1981**	**1984**	**2006**
État (hors audiovisuel)	38,7 %	46 %	48,42 %
Ministère Culture + *Communication (AV)* *Total Cult. + Comm.*	16,6 % - -	25,2 % - -	20,32 % - -
Autres ministères	22,1 %	20,8 %	28,10 %
Communes (> 10 000 inhab.)	52,5 %	47 %	31,89 %
Intercommunalités	-	-	6,16 %
Départements	8,8 % (dont régions avant 1982)	5,3 %	9,46 %
Régions	-	1,7 %	4,07 %
Total collectivités locales	61,3 %	54 %	51,58 %

Source : Culture chiffres, *DEPS, Ministère de la Culture et de la Communication.*

– en proposant divers contrats et conventions, généraux ou spécialisés, aux collectivités locales : contrats de plan État-Région pour les investissements, conventions de développement culturel pour la mise en place de programmes locaux adaptés, puis des contrats ville-lecture par exemple, des dispositifs d'éducation artistique et culturelle, des volets culturels des contrats de ville dans les années 1990… sans oublier des programmes opérationnels des fonds structurels européens ;

1. Voir Ministère de la Culture, de la Communication et des Grands Travaux, *La politique culturelle 1981-1991*, Ministère de la Culture, de la Communication et des Grands Travaux, 1991, 28 p. ; « Le budget du ministère chargé des Affaires culturelles de 1960 à 1985 », *Développement culturel*, n° 67, oct. 1986, p. 24 ; « Les dépenses culturelles des collectivités locales en 2006 : près de 7 milliards d'euros pour la culture », *Culture chiffres*, DEPS, éd. du Ministère de la Culture, 2009-3, 32 p.

– en maintenant un contrôle sur les formations et activités d'enseignement et patrimoniales, ainsi qu'une refonte progressive des labels à partir des années 1990 (scènes nationales puis scènes de musiques actuelles depuis les années 1990 entre autres labels du spectacle vivant et de la musique; musées de France depuis la loi du 4 janv. 2002...).

L'établissement public de coopération culturelle (EPCC – loi du 4 janv. 2002) permet aussi à l'État de contrôler la reconfiguration de structures culturelles territoriales importantes, parfois en y étant associées, mais toujours avec son aval.

Les protocoles de décentralisation culturelle sont une expérimentation très réussie de 2000 à 2002[2] et ont mené aux transferts de compétences de la loi du 13 août 2004 relative aux libertés et responsabilités locales avec la généralisation des schémas départementaux des enseignements artistiques pour les écoles de musique, de danse et d'art dramatique par les départements, la prise en charge des années de préprofessionnalisation des élèves des écoles de musique, de danse et d'art dramatique, ainsi que les services de l'inventaire, par les régions.

On est donc passé de la coopération[3] aux transferts de compétences, signant d'une certaine manière la fin d'un modèle collaboratif qui a prévalu jusqu'au moment où les financements du ministère de la Culture ont plafonné avec les deux collectifs budgétaires de 1993, les collectivités revendiquant alors une autonomie, voire une indépendance, et critiquant l'État.

IV. La montée en puissance des intercommunalités

La loi du 6 février 1992 relative à l'administration territoriale de la République reconnaît le principe de subsidiarité, émis au même moment par le Traité de Maastricht du 7 février 1992, en consacrant l'État territorial comme niveau d'application adaptée de droit commun de l'action définie par l'État au niveau national, d'une part, et l'intercommunalité de projet (qui deviendra rapidement intercommunalité de gestion) comme moyen de rassembler les forces sur un territoire correspondant au bassin de vie (puis d'emploi dans les années 2000), d'autre part.

Des syndicats intercommunaux existent dans le domaine culturel depuis la fin du XIXe ou au cours du XXe siècle, mais limités à la gestion d'une bibliothèque ou d'une école de musique dans quelques rares cas. L'apparition des

2. Voir Groupe de suivi et d'évaluation des protocoles de décentralisation culturelle, Président René Rizzardo, rapporteur Jean-Marie Pontier, « Note problématique et méthodologique », 23 mars 2001, 32 p., *https://www.observatoire-culture.net/projet/ministere-de-la-culture/*. Pour une approche plus large de la décentralisation culturelle depuis 1982-1983, voir en particulier R. RIZZARDO, *Rapport sur la décentralisation culturelle au ministre de la Culture et de la Communication*, Doc. fr., collection des rapports officiels, 1990, 136 p. et J.-M. PONTIER, *La décentralisation culturelle*, LGDJ, 2018, 186 p.

3. Voir F. THURIOT, *Culture et Territoires. Les voies de la coopération*, L'Harmattan, coll. « Administration et aménagement du territoire », 1999, 334 p.

communautés de communes, de villes (loi du 6 févr. 1992) puis d'agglomération (loi du 12 juill. 1999), va permettre d'envisager des actions culturelles à une échelle territoriale plus vaste, sans obligation.

Inversement, les communautés urbaines (loi du 31 déc. 1966 révisée à plusieurs reprises) et les syndicats d'agglomération nouvelle (loi du 13 juill. 1983), avant les métropoles (loi du 16 déc. 2010 remaniée en 2014 et 2015) marquent un tournant problématique sur le plan juridique : comment peut-on en effet déléguer obligatoirement des compétences, en l'occurrence culturelles, qui ne sont que facultatives au niveau communal ? Cela signifie qu'il faut identifier au moins une compétence culturelle à déléguer, au départ de manière exclusive, puis possiblement partagée avec les communes à partir de la loi du 13 août 2004.

V. Les cas particuliers de la Corse et des Outre-mer

La loi du 2 mars 1982 confère à la région de Corse un statut particulier, encore loin de ses homologues insulaires de Méditerranée, mais évoluant progressivement vers une autonomie culturelle reconnue par des lois ultérieures. Le Conseil économique, social et culturel comprend une commission spécialisée dans la culture. L'Office de l'environnement et l'Agence du tourisme jouent aussi un rôle culturel.

La loi du 13 mai 1991 transfère les crédits pour des travaux de conservation des monuments historiques n'appartenant pas à l'État à la collectivité territoriale de Corse (CTC). Le Conseil d'État précisera qu'ils sont d'utilisation libre contre la volonté du ministère de la Culture, mais celui-ci enverra un architecte en chef des monuments historiques qui s'occupera au début de tous les monuments, même non protégés. Les personnels transférés de catégorie A refuseront pour diverses raisons de travailler à la CTC, ce qui pose le problème de la transmission des savoirs.

La loi du 22 janvier 2002 transfère les monuments protégés non occupés par l'État ou par les organismes placés sous sa tutelle, ainsi que les sites archéologiques et les objets mobiliers qui en sont issus et qui appartiennent à l'État, et décentralise quasiment l'ensemble des compétences culturelles (inventaire du patrimoine, recherches ethnologiques, musées, livre et lecture, diffusion artistique et culturelle, enseignements artistiques…, l'aide à la création restant partagée avec l'État) à la collectivité de Corse qui regroupe les départements depuis le 1er janvier 2018 et a donc récupéré les archives et les bibliothèques de prêt.

Les départements et régions d'outre-mer (DROM) voient leur statut évoluer avec les révisions constitutionnelles de 2003 et de 2008. La possibilité de fusion des départements et des régions est activée par la Martinique et la Guyane en 2015, où existent des conseils économiques, sociaux, environnementaux, de la culture et de l'éducation (CESECE) fusionnant les conseils économiques et sociaux régionaux et les conseils de la culture, de l'éducation et de l'environnement qui existent toujours en Guadeloupe, à Mayotte et à La Réunion. Les DROM n'ont toutefois pas autant de compétences que la Corse.

Nous n'aborderons pas ici le cas des territoires d'outre-mer (TOM) devenus collectivités d'outre-mer (COM), car elles ont chacune un statut spécifique, notamment sur le plan culturel, *a fortiori* pour la Nouvelle-Calédonie qui se distingue des COM et pour les autres territoires antarctiques et pacifique.

VI. Les compétences des départements et régions depuis 2004 : un accroissement et des compétences partagées

La loi du 13 août 2004 relative aux libertés et responsabilités locales ajoute le schéma des enseignements artistiques et culturels aux compétences des départements (il s'agit pour eux de coordonner l'organisation des écoles de musique, de danse et d'art dramatique, par disciplines, activités collectives, secteurs géographiques... sur leur territoire), le cofinancement des classes de préprofessionnalisation de ces écoles (majoritairement financées par les communes, intercommunalités ou départements), mais surtout les services de l'inventaire du patrimoine, aux régions. Celles-ci ont depuis accentué les travaux plus rapides sur des microterritoires et/ou des types de patrimoine afin de pouvoir les valoriser vis-à-vis des habitants et visiteurs, tout en conservant des méthodes scientifiques et en restant contrôlés par l'État. La loi propose aussi le transfert de 176 monuments historiques d'État aux collectivités (65 seront pris).

La loi du 16 décembre 2010 portant réforme des collectivités territoriales prévoyait la suppression de la clause générale de compétence des départements et des régions, tout en maintenant des compétences partagées pour la culture, le sport et le tourisme, mais celle-ci avait été rétablie dans la loi du 27 janvier 2014 de modernisation de l'action publique et d'affirmation des métropoles (MAPTAM) avant d'être à nouveau supprimée dans le projet de loi portant nouvelle organisation territoriale de la République (NOTRe) de juin 2014.

Au final, la loi NOTRe du 7 août 2015 maintient des compétences partagées pour la culture, la promotion des langues régionales (reconnues comme patrimoine dans la Constitution en 2008), l'éducation populaire, la promotion de l'égalité entre les femmes et les hommes, le sport et le tourisme (avec des répartitions de compétences différentes et un chef de filât pour la région en matière de tourisme – on pourrait aussi citer les politiques pour la jeunesse, ainsi que l'éducation où il y a une répartition claire entre les trois niveaux de collectivité territoriale), entre le département et la région, tandis que la commune conserve toujours sa compétence générale.

La Collectivité européenne d'Alsace (1er janv. 2021) est compétente pour la promotion du bilinguisme, de la langue et de la culture régionale.

VII. Budgets culturels de l'État et des collectivités locales en France[4]

Tableau 2

Budgets culturels de l'État et des collectivités locales en France

Budgets culturels/ Collectivités publiques	**2006**	**2014**	**2019 (chiffres provisoires pour les CL)**
État	10455 M€	11135 M€	11849 M€
Ministère de la Culture + Comm. (Audiovisuel) Total Cult. & Comm.	2776 M€ 3839 M€ 6615 M€	2690 M€ 4560 M€ 7250 M€	3690 M€ 3860 M€ 7550 M€
Autres ministères	3840 M€	3885 M€	4299 M€
Communes	4357 M€ (> 10000 hab.)	5861 M€ (> 10000 hab.)	5742 M€ (> 3500 hab.)
Intercommunalités	842 M€	1725 M€	2070 M€
Départements	1292 M€	1368 M€	1214 M€
Régions	556 M€	784 M€	794 M€
Total collectivités locales	7047 M€	9300 M€	9830 M€

Sources : Cultures chiffres, *DEPS, Ministère de la Culture (et de la Communication), 2009-3, 2017-3 ; Observatoire des Politiques Culturelles, Note de conjoncture, 2021.*

Le tableau 2 montre des augmentations et fluctuations importantes des budgets de l'État et des intercommunalités, mais, pour continuer à comparer ceux de l'État et des collectivités locales, il convient de soustraire les dépenses programmées pour la Communication qui concernent surtout l'audiovisuel public et très peu les collectivités locales. Si l'on ôte les plus ou moins 4 M€ de l'État pour la Communication, les budgets cumulés des collectivités locales restent supérieurs à ceux de l'État, en particulier du ministère de la Culture, mais aussi tous ministères confondus.

Si l'on ajoute à cela le fait que seulement 962 millions d'euros, en hausse pourtant de 4 %, ont été gérés par les directions régionales des affaires culturelles (DRAC) en 2022 sur 4,083 milliards d'euros hors audiovisuel, soit moins de 25 % des crédits totaux, on se rend compte que l'échelon de droit commun d'application

4. « Les dépenses culturelles des collectivités locales en 2006 : près de 7 milliards d'euros pour la culture », *Culture chiffres*, DEPS, éd. du Ministère de la Culture, 2009-3, 32 p. ; J.-C. DELVAINQUIÈRE et Fr. TUGORÈS, « Dépenses culturelles des collectivités territoriales : 9,4 milliards d'euros en 2014 », DEPS, éd. du Ministère de la Culture, 2017-3, 32 p ; Observatoire des Politiques Culturelles, « Note de conjoncture sur les dépenses culturelles des collectivités territoriales et leurs groupements (2019-2021) », 2021, 23 p.

des politiques de l'État en région prévu depuis 1992 n'est pas une réalité du fait de la concentration continue des grandes institutions culturelles à Paris surtout et un peu en Île-de-France, loin de l'idéal de la décentralisation culturelle même si quelques délocalisations de l'État ont eu lieu comme le Musée des Civilisations de l'Europe et de la Méditerranée à Marseille en 2013.

***
*

Conclusion : des compétences culturelles parfois particulières et partagées, mais toujours générales et de plus en plus indépendantes de l'État !

Les différents transferts et délégations de compétences particulières n'ont pas altéré la compétence culturelle générale et partagée des collectivités locales qui sont à la fois généralistes et spécialisées juridiquement ou pratiquement, et qui continuent à dépasser largement le ministère de la Culture en termes de financement. Les intercommunalités ont gagné en importance, tant en étendue de compétences que de financements. Les politiques culturelles des collectivités se sont autonomisées par rapport à l'État à partir du moment où les compétences juridiques se sont doublées des moyens et des personnels propres des collectivités (réellement depuis les années 1990).

Pour autant, les suppressions progressives des ressources fiscales autonomes des collectivités et le renforcement des labels (loi relative à la liberté de la création, à l'architecture et au patrimoine – LCAP, du 7 juill. 2016) et des normes les font dépendre en partie de l'État pour les infrastructures les plus importantes, ce qui n'est pas le cas, sauf exceptions, des festivals qui continuent de se multiplier malgré les difficultés récurrentes[5].

Les conséquences de la pandémie de Covid-19 et, actuellement, l'inflation due en partie à la guerre de la Russie en Ukraine, ainsi que l'adaptation aux coûts induits pour lutter contre le changement climatique, rendent les collectivités et les acteurs culturels plus sensibles (voir la pétition nationale « N'éteignez pas les lumières sur le spectacle vivant ! » lancée en mars 2023 par le Syndicat des entreprises artistiques et culturelles – Syndeac).

On peut donc s'interroger de plus en plus sur le maintien de l'autonomie financière des collectivités locales, pour la culture comme pour les autres compétences, mais il est constant que le secteur culturel n'a pas attendu la différenciation territoriale introduite par la loi NOTRe du 7 août 2015 puis complétée par celle du

---

5. Voir dernièrement C. comptes, Rapport public annuel 2023, *La décentralisation 40 ans après*, mars 2023, p. 67-68 et p. 393-424.

21 février 2022 relative à la différenciation, la décentralisation, la déconcentration et portant diverses mesures de simplification de l'action publique locale dite 3DS pour l'appliquer pratiquement, et juridiquement en Corse depuis 2002.

La coopération avec l'État demeure sous la forme de labels, cofinancements et conventions, mais la « glorieuse » *(sic)* période d'orientation puis d'accompagnement des collectivités et, enfin, de co-conception des politiques culturelles avec les associations d'élus est révolue depuis 2002[6]. L'État est à nouveau intervenu en « pompier » pendant la période de pandémie de Covid-19 (2020-2022) pour soutenir les acteurs et les structures, mais les collectivités locales aussi, à leur niveau. Globalement, il serait plus juste de parler de soutiens que de coopérations, car les politiques culturelles sont définies à chaque niveau depuis au moins une vingtaine d'années, même si cela se fait plus ou moins en concertation avec l'État ou d'autres collectivités.

6. Voir notamment Ph. POIRRIER, « Le mythe de la décentralisation culturelle », *Connaissance des Arts*, 2002, 599, p. 16. ffhal-01540337f; A.-M. BERTRAND, « Décentralisation culturelle : entre réalisme et utopie », *Bulletin des bibliothèques de France (BBF)*, 2003, n° 3, p. 103-104, *https://bbf.enssib.fr/consulter/bbf-2003-03-0103-007*, ISSN 1292-8399.

ENVIRONNEMENT, LE FAUX PARTAGE DES COMPÉTENCES

Line TOUZEAU-MOUFLARD

Maîtresse de conférences en droit public
Directrice adjointe du Centre de Recherche Droit et Territoire – CRDT
Université de Reims Champagne-Ardenne – URCA

Dans un premier sens, le partage consiste en une division en parts ; il suppose de donner quelque chose, donc de s'en séparer. Un brin provocateur, le titre de cette communication laisse entendre qu'en matière d'environnement, l'État aurait conservé toutes les véritables compétences : il n'y aurait pas de décentralisation. Si des nuances doivent être apportées à cette affirmation, la réalité de la décentralisation des compétences environnementales mérite d'être interrogée.

Les nombreuses études conduites depuis une quarantaine d'années ont bien montré la diversité des visages de la décentralisation, dont les trois principaux suivants : le transfert de compétences, qui n'exclut pas – il est fondamental de le rappeler pour le droit de l'environnement – le maintien d'une réglementation et d'une politique nationales ; la co-administration, qui implique des compétences conjointes ou partagées, éventuellement une coopération ; la décentralisation fonctionnelle[1]. Dans la perspective du présent colloque consacré à l'observation des déplacements des politiques publiques depuis 1983, la réflexion a pour point d'ancrage l'approche sans doute la plus classique de la décentralisation, le triptyque transfert de compétences-autonomie-ressources. Autrement dit, nous nous intéressons d'abord à l'existence d'un véritable pouvoir de décision confié à la collectivité. Y a-t-il un transfert d'une part substantielle des compétences environnementales de l'État au profit des collectivités territoriales ?

Les enjeux sont doubles. La protection de l'environnement, qui suppose, outre la réglementation, des actes de gestion voire de restauration[2], est-elle servie par la décentralisation ? Quel rôle peuvent et doivent jouer les collectivités territoriales ?

---

1. Cette forme de décentralisation est importante en matière environnementale, avec nombre d'organismes aux statuts divers ; nous centrons toutefois le propos sur les relations directes entre l'État et les collectivités territoriales.
2. Y. JÉGOUZO, « Environnement et décentralisation », *in Confluences. Mélanges en l'honneur de Jacqueline Morand-Deviller*, Paris, Montchrestien, 2007, p. 868-878, spéc. p. 871.

Par ailleurs, en considérant que la décentralisation sert *« d'élément de construction du droit »*[3], a-t-elle participé à la construction du droit de l'environnement ? L'on sait par exemple les difficultés à départir intérêt local et intérêt national, à identifier le territoire d'action pertinent, à mettre en œuvre les exigences de différenciation[4]. Autant de difficultés accrues, voire insurmontables[5], dès lors qu'il s'agit d'environnement.

En portant le regard sur la longue période qui s'est écoulée, il semble *a priori* difficile d'apporter une réponse tranchée à la question de l'existence du transfert de compétences. De même que la notion de décentralisation s'est enrichie au gré des outils et méthodes successivement déployés, la notion d'environnement a connu des évolutions. Son acception de 1983 paraît relativement stable quant à son champ : protection de la nature et des paysages (soulignons cependant l'émergence de la « biodiversité »), gestion des ressources, lutte contre les nuisances, prévention des risques. Même ses modalités, tout à la fois réglementation et gestion, figuraient déjà dans la loi fondatrice du 10 juillet 1976[6]. En revanche, l'ampleur de la notion d'environnement est désormais toute autre et chacun de ses objets se conçoit bien plus largement. Le thème des déchets l'illustre : la compétence de ramassage et traitement des ordures se fond aujourd'hui dans l'économie circulaire[7], ensemble bien plus complexe qui, entre autres, implique des normes et actions sur la conception, la vente, l'utilisation et la réutilisation des produits, une variété de modes de traitement, et qui multiplie les acteurs publics et privés, institutions, entreprises, particuliers. L'intensification des atteintes à l'environnement et la prise de conscience de la nécessité d'agir participent à la complexification du droit de l'environnement et, par suite, à la difficile identification des « compétences », cœur de notre sujet.

En dépit de cette complexité, la réalité de la décentralisation en matière d'environnement se dévoile sans peine : le transfert n'a pas lieu en 1983, le premier acte de la décentralisation marquant l'absence de partage des compétences de l'État au profit des collectivités territoriales (I). Les transferts réalisés dans les actes suivants sont ponctuels et partiels et ne permettent pas d'aboutir à une répartition

3. B. FAURE, *Droit des collectivités territoriales*, Paris, Dalloz, 2021, 6e éd., p. 3 [souligné par l'auteur].
4. D. POINSIGNON, « La différenciation territoriale et la différenciation environnementale : les ambiguïtés du droit français », *RDP* juill. 2022, p. 1081.
5. K. FOUCHER et R. ROMI (dir.), *La décentralisation de l'environnement : territoires et gouvernance*, Aix-en-Provence, PUAM, 2006.
6. Loi n° 76-629 du 10 juill. 1976 relative à la protection de la nature, *JO* du 13.
7. Voir notamment la loi n° 2020-105 du 10 févr. 2020 relative à la lutte contre le gaspillage et à l'économie circulaire, *JO* du 11.

claire des compétences (II). Le tableau impressionniste de l'exercice actuel de ces compétences environnementales révèle la nécessité d'analyser et penser autrement le partage, cette fois dans un second sens : faire avec (III).

I. 1983 : l'absence de partage des compétences

« Quasiment grotesque »[8] : c'est ainsi qu'a pu être qualifié le transfert de compétences dans le domaine de l'environnement en 1983. La loi du 22 juillet 1983 se contente de confier aux départements l'adoption des plans des itinéraires de promenade et de randonnée[9]. Si la loi du 12 juillet 1985[10] leur ajoute une compétence bien plus intéressante, celle relative aux espaces naturels sensibles, le transfert se limite à ces deux éléments. Même en se tournant vers le droit de l'urbanisme, vecteur – sur le papier – de protection de l'environnement puisque la loi oblige les documents d'urbanisme à prendre en compte les préoccupations d'environnement[11], le bilan est maigre. Les zones de protection du patrimoine architectural et urbain n'ont pas encore de dimension paysagère[12], les schémas de mise en valeur de la mer restent élaborés par l'État.

Les collectivités territoriales ne sont pourtant pas dénuées de compétences environnementales. Les communes notamment sont chargées des déchets ménagers[13] et de l'assainissement. Mais « l'attribution de compétences s'entend comme l'opération légale consistant à conférer à une collectivité territoriale une compétence relevant précédemment de l'administration de l'État »[14]. Or ces compétences sont déjà exercées depuis longtemps au niveau local, aussi bien au titre des missions de police (salubrité publique) que dans le cadre du service public. On pourrait encore tirer

8. M. PRIEUR, « La décentralisation de l'environnement : introuvable ou impossible? », *in* K. FOUCHER et R. ROMI (dir.), *La décentralisation de l'environnement : territoires et gouvernance*, *op. cit.*, p. 199-211, spéc. p. 201.

9. Loi n° 83-663 du 22 juill. 1983 complétant la loi n° 8-83 du 7 janv. 1983 relative à la répartition des compétences entre les communes, les départements, les régions et l'État, *JO* du 23. Art. L. 361-1 C. env.

10. Loi n° 85-729 du 18 juill. 1985 relative à la définition et à la mise en œuvre de principes d'aménagement, *JO* du 19. Art. L. 113-8 C. urb.

11. L'obligation figure dans le décret du 12 oct. 1977 d'application de la loi du 10 juill. 1976 puis dans la loi du 7 janv. 1983 : A. ROUYÈRE, « La répartition des pouvoirs locaux. Les approches nationales : la France », *Droit et Ville*, tome 42, 1996 : *Les problèmes environnementaux urbains. Rôle des collectivités territoriales*, Colloque international, Toulouse, 7 et 8 mars 1996, p. 63-109, spéc. p. 84.

12. Il faut attendre la loi dite Paysage pour apporter une dimension environnementale en faisant de ces zones des « zones de protection du patrimoine architectural, urbain et paysager » : loi n° 93-24 du 8 janv. 1993 sur la protection et la mise en valeur des paysages, *JO* du 9.

13. La présentation courante de la compétence de la commune ou de l'intercommunalité en matière de déchets omet de préciser qu'elle concerne les déchets ménagers qui ne représentent qu'une petite part de la totalité des déchets produits.

14. B. FAURE, *Droit des collectivités territoriales*, *op. cit.*, p. 573.

des compétences de l'article 1er de la loi du 7 janvier 1983[15]. Toutefois, l'annonce d'une compétence partagée entre les communes, les départements, les régions et l'État en matière d'aménagement du territoire, de protection de l'environnement et d'amélioration du cadre de vie n'est pas véritablement concrétisée. La clause générale de compétence, qui suppose un exercice local, s'applique difficilement en matière d'environnement. Faute, principalement, de superposition entre le territoire administratif et « le territoire écologique »[16] ; en raison aussi de la difficulté des collectivités à construire une action locale dans un champ multisectoriel[17]. En définitive, il est patent que le législateur néglige l'environnement dans l'acte premier de la décentralisation. Les réflexions menées dans les années 1990 sur une décentralisation conséquente au profit du département, à la faveur du principe « penser globalement et agir localement », n'aboutissent pas[18].

Comment expliquer cette « retenue »[19] étatique ? Il est possible de songer d'abord, en se plaçant dans le contexte de 1983, au caractère encore récent du droit de l'environnement et aux impératifs de construction d'un ministère qui cherche à s'assurer, précisément, un socle de compétences jusque-là fortement dispersées[20].

D'autres explications moins contingentes et persistantes sont avancées. La première tient aux solidarités[21] et à une impossible distinction des territoires, qui interdisent pour bon nombre de compétences environnementales un pouvoir de décision local autonome. La deuxième explication réside dans le caractère technique, scientifique de la matière, sorte de « fatalité » selon laquelle la modernisation des activités publiques empêche ou tout du moins freine la décentralisation[22]. La troisième raison invoquée résulte d'une autre projection de faiblesse sur les élus locaux qui seraient peu capables de résister aux pressions politiques, économiques, industrielles. Enfin, le droit de l'environnement présente une dimension internationale importante qui obligerait avant tout l'État.

---

15. Loi nº 8-83 du 7 janv. 1983 relative à la répartition des compétences entre les communes, les départements, les régions et l'État, *JO* du 9.
16. Y. JÉGOUZO, « Environnement et décentralisation », préc., p. 878.
17. A. ROUYÈRE, « La répartition des pouvoirs locaux. Les approches nationales : la France », préc., p. 83.
18. Rapport d'information sur la politique de l'environnement, Ass. nat., nº 1227, par M. Barnier, 11 avr. 1990 ; Voir M. PRIEUR, *Droit de l'environnement*, Paris, Dalloz, 2019, 8e éd., p. 359.
19. Y. JÉGOUZO, « Environnement et décentralisation », préc. p. 877.
20. M. PRIEUR, *Droit de l'environnement*, Paris, Dalloz, 2019, 8e éd., p. 272.
21. J. MORAND-DEVILLER, *Le droit de l'environnement*, Paris, PUF, « Que sais-je ? », 13e éd., 2023.
22. B. FAURE, *Droit des collectivités territoriales*, *op. cit.*, p. 575.

Malgré le caractère contestable ou surpassable de ces réticences, ce dont témoigne l'évolution des pratiques, et dans la mesure où la décentralisation n'écarte pas l'État en impliquant « nécessairement »[23] son contrôle, les actes 2 et 3 de la décentralisation ne vont rien bouleverser. Les quelques transferts révèlent un partage plus que modeste et dénué de sens.

II. Les actes 2 et 3 de la décentralisation : un partage dénué de sens ?

Le jugement porté sur le deuxième acte de la décentralisation peu de temps après sa mise en œuvre, et qui ne se dément pas dans les années qui suivent, est amer : « parler d'une décentralisation de l'environnement en 2004 est se moquer du monde »[24]. La réforme constitutionnelle de 2003, qui instaure l'organisation décentralisée de la République, pose le principe de subsidiarité et offre un pouvoir réglementaire aux collectivités, ouvre pourtant une voie favorable à un véritable élan de décentralisation. Les réformes ultérieures, en 2010[25], 2014[26] ou 2015[27], en renforçant l'intercommunalité et la place des régions, contribuent aussi à forger un cadre intéressant pour l'exercice des compétences environnementales. Cependant l'environnement semble être un impensé de ces recompositions successives du paysage administratif territorial.

L'ignorance marquée des actes de décentralisation vis-à-vis de l'environnement se comprend peut-être, outre les raisons évoquées plus haut, parce que la subsidiarité s'applique difficilement en ce domaine, en raison de la prégnance des règles internationales et surtout européennes[28], à l'image de la réglementation des produits phytopharmaceutiques. Ou peut-être parce que le développement du droit de l'environnement repose en grande partie sur l'édiction de normes de portée nationale et sur la création de polices spéciales souhaitées plus efficaces. Ainsi en matière de collecte des déchets et d'assainissement, les transferts de compétence du maire vers le président de l'établissement public de coopération intercommunale

23. M. VERPEAUX et L. JANICOT, *Droit des collectivités territoriales*, Paris, LGDJ, 2e éd., 2021, p. 31.
24. M. PRIEUR, « La décentralisation de l'environnement : introuvable ou impossible ? », préc., p. 200.
25. Loi n° 2010-1563 du 16 déc. 2010 de réforme des collectivités territoriales, *JO* du 17 ; Ph. BILLET, « La nouvelle organisation des compétences en matière d'urbanisme et d'environnement », *JCP A*, n° 2, 10 janv. 2011, n° 2016.
26. Loi n° 2014-58 du 27 janv. 2014 de modernisation de l'action publique territoriale et d'affirmation des métropoles, *JO* du 28.
27. Loi n° 015-991 du 7 août 2015 portant nouvelle organisation territoriale de la République, *JO* du 8.
28. M. PRIEUR, « La décentralisation de l'environnement : introuvable ou impossible ? », préc., p. 202.

s'accompagnent d'une transformation substantielle : ce qui relevait du pouvoir de police général du maire, au titre de la salubrité publique, devient une police spéciale entre les mains de ce président.

Pour autant, les collectivités sont de plus en plus concernées par l'action environnementale. Quelques transferts sont réalisés, par les lois à objet environnemental : plus que le Grenelle de l'environnement, ce sont les lois de 2015 sur la transition énergétique, de 2016 sur la biodiversité, de 2019 d'orientation sur les mobilités, ou encore la loi Climat et résilience de 2021[29] qui, sporadiquement, autorisent l'intervention des collectivités territoriales. En se construisant, le droit de l'environnement participe quelque peu à la reconfiguration du droit de la décentralisation et à sa complexification. Au gré de ces désistements ou créations de compétences pour les collectivités territoriales sont exploités ou testés des mécanismes divers, à travers la mobilisation des trois figures classiques que sont la planification, la police, le service public. Les compétences sont tantôt conjointes, tantôt partagées, rarement exclusives.

En somme, le déploiement du droit de l'environnement sur le territoire ne repose pas sur une logique décentralisatrice. La « multiplication des interlocuteurs, des compétences, des financements et des interventions croisées » ainsi que des « zonages »[30] ne permet pas de dresser un panorama clair. Même une lecture par secteur (biodiversité, eau, etc.) s'avère compliquée. Mais indubitablement, le droit de l'environnement reste un droit étatique, « à rebours du mouvement général de décentralisation »[31]. À rebours, également, du droit international et du droit constitutionnel. Les textes internationaux, tels que la Déclaration de Rio, promeuvent le « rôle vital » des collectivités locales[32]. La Charte de l'environnement adoptée en 2004 consacre « incidemment la compétence des collectivités territoriales »[33] et fait peser sur elles, comme toutes autorités publiques, une responsabilité.

29. Loi nº 2010-788 du 12 juill. 2010 portant engagement national pour l'environnement, *JO* du 13 ; Loi nº 2015-992 du 17 août 2015 relative à la transition énergétique et à la croissance verte, *JO* du 18; Loi nº 2016-1087 du 8 août 2016 pour la reconquête de la biodiversité, de la nature et des paysages, *JO* du 9; Loi nº 2019-1428 du 24 déc. 2019 d'orientation des mobilités, *JO* du 26; Loi nº 2021-1104 du 21 août 2021 portant lutte contre le dérèglement climatique et renforcement de la résilience face à ses effets, *JO* du 24.

30. J.-M. FÉVRIER, « Plaidoyer pour la cohérence du droit de la protection des milieux naturels », *in Pour un droit commun de l'environnement. Mélanges en l'honneur de Michel Prieur*, Paris, Dalloz, 2007, p. 1081-1093, spéc. p. 1086.

31. *Ibid.*

32. Déclaration de Rio sur l'environnement et le développement, juin 1992, principe 22.

33. Ph. BILLET, M. DUROUSSEAU, « Principes constitutionnels et principes généraux d'attribution des compétences entre l'État et les collectivités territoriales dans le domaine de l'environnement », *RJE* 2013, nº sp., p. 17-24.

Nonobstant cette réserve étatique, les politiques locales environnementales se développent. La planification en est un moteur, bien que ce mode d'action voie son efficacité restreinte par l'effet encore faiblement contraignant des documents de planification. La réalisation d'états des lieux, la détermination d'objectifs, l'élaboration de programmes d'actions ont permis aux élus et aux partenaires des milieux associatifs ou économiques « d'intégrer progressivement l'environnement dans leur stratégie »[34], autrement dit de se former et de nourrir un intérêt pour les enjeux environnementaux. La prise de conscience est assez remarquable au niveau municipal. Les contentieux retentissants, portant sur les antennes de téléphonie mobile, les OGM ou plus récemment les produits phytopharmaceutiques, ont mis en lumière les tentatives de plusieurs maires d'intervenir dans le champ de la protection de l'environnement en usant de leur pouvoir de police général malgré l'existence de polices spéciales[35]. Le Conseil d'État a procédé à une application systématique du principe classique de concurrence des polices et jugé illégales les mesures prises par les maires, confortant le caractère étatique de la protection de l'environnement. L'inefficacité patente du droit de l'environnement et la responsabilisation croissante des acteurs locaux invitent à repenser le partage des compétences.

III. L'exercice des compétences environnementales aujourd'hui : vers une autre forme de partage

Au sens strict tel que retenu en introduction de cette étude, la décentralisation en matière environnementale a une consistance bien faible[36]. « La notion de transfert de compétences n'est plus utilisable[37]. » La clause générale de compétence, dont la rédaction, de surcroît, prête à confusion en dissociant la protection de l'environnement de la lutte contre l'effet de serre[38], paraît peu mobilisable. Les dernières interventions du législateur traduisent plutôt le renforcement de l'État, couplé, il faut le souligner, à une forme de régression de la protection de l'environnement[39].

34. M. PRIEUR, *Droit de l'environnement*, *op. cit.*, p. 374.
35. Voir aussi l'utilisation des vœux sur les objets d'intérêt local : Ph. BILLET, M. DUROUSSEAU, préc.
36. Voir toutefois : M. DUROUSSEAU, Ph. BILLET, « Les territoires de la biodiversité. À la recherche de la collectivité compétente », *RJE* 2013, n° sp., p. 123-143.
37. M. PRIEUR, « La décentralisation de l'environnement : introuvable ou impossible ? », préc. p. 208.
38. Art. L. 1111-2 al. 3 CGCT.
39. L. JANICOT, « La loi n° 2022-217 du 21 février 2022 relative à la différenciation, la décentralisation, la déconcentration et portant diverses mesures de simplification de l'action publique locale, une loi de circonstances », *Dr. adm.*, n° 7, juill. 2022, étude 9.

L'exclusivité des compétences[40] et, disons-le, l'autonomie des collectivités territoriales sont peu compatibles avec l'intrication des différents niveaux de normes, international, européen, national, local. Elles se heurtent à la détermination du territoire pertinent[41]. L'approche sectorielle montre l'impossibilité d'être un acteur unique dans un domaine ; cela a été évoqué avec l'économie circulaire. Plus simplement, il est délicat d'identifier ces compétences : « Peut-on céder l'insaisissable ? »[42] Le droit de l'environnement est en outre caractérisé par un phénomène de forte diffusion. S'il est encore permis d'identifier des types de compétences environnementales, c'est une évidence que les enjeux environnementaux imprègnent progressivement tous les secteurs d'activités. Par exemple pour la commande publique, de la définition des besoins aux modalités d'exécution des contrats, en passant par le choix du cocontractant, les collectivités territoriales ne peuvent plus ignorer la protection de l'environnement.

Dans le maquis que forme la mise en application du droit de l'environnement, trois marqueurs peuvent être mis en exergue. Quoique difficile à analyser parce qu'il s'appuie sur des modalités très variables, le premier est celui de la coadministration. La notion de coadministration offre une autre grille de lecture des rôles respectifs des autorités publiques. Cette grille est intéressante car elle inclut plusieurs types de rapports entre autorités, égaux ou inégaux, et englobe donc des cas de figure multiples : élaboration conjointe d'un schéma par deux autorités, élaboration d'un schéma par une autorité et mise en œuvre par une autre, etc.[43] Le deuxième marqueur est celui du poids fort de l'État, que nous ne pouvons imaginer être démenti dans un futur proche[44]. Le schéma[45] singularisant la protection de l'environnement par l'État, d'une part, et sa gestion par les collectivités territoriales,

40. Dans leur rapport à l'Assemblée nationale, D. Quentin et J.-J. Urvoas préconisaient de tendre vers la spécialisation de l'action des collectivités en attribuant des compétences exclusives par niveau, à 80 % : Rapport d'information fait au nom de la commission des lois constitutionnelles, de la législation et de l'administration générale de la République sur la clarification des compétences des collectivités territoriales, par D. Quentin et J.-J. Urvoas, Ass. nat., 8 oct. 2008.
41. Voir S. CAUDAL, « Les principes juridiques qui participent à la définition du territoire pertinent », *in* K. FOUCHER et R. ROMI (dir.), *La décentralisation de l'environnement : territoires et gouvernance*, *op. cit.*, p. 17-31, spéc. p. 31. *Ibid.* Ch. CANS, « Les territoires pertinents de l'administration de l'environnement : critères et variables », p. 34-47, spéc. p. 35.
42. A. ROUYÈRE, « La répartition des pouvoirs locaux. Les approches nationales : la France », préc., p. 73.
43. V. DE BRIANT, « La coadministration dans le domaine de l'environnement. Un levier inattendu pour la clarification des compétences », *RJE* 2013, n° sp., p. 27-40, spéc. p. 31.
44. Voir les propositions de J.-M. FÉVRIER, « Plaidoyer pour la cohérence du droit de la protection des milieux naturels », préc. p. 1086 ; M. DUROUSSEAU, « La clarification des compétences institutionnelles est-elle soluble dans la protection de l'environnement ? », *RJE* 2013, n° sp., p. 11-14.
45. Y. JÉGOUZO, « Environnement et décentralisation », préc., p. 868.

d'autre part, s'affirme. Dernier exemple en date, la loi 3DS[46] procède au « transfert » de la compétence relative aux zones Natura 2000 ; seule la gestion des sites passe en réalité dans les mains des régions, leur classement relevant toujours d'une procédure tout à la fois européenne et nationale[47]. Le troisième marqueur tient à la diversité des instruments d'intervention des collectivités : services publics, polices, planification, contractualisation, création d'établissements publics, subventionnement et fiscalité[48], droit de propriété, sans exhaustivité.

Rejeter une répartition simpliste des compétences entre l'État et les collectivités territoriales ne signifie pas que ces dernières n'aient à jouer qu'un rôle de second plan. La responsabilisation des collectivités se manifeste sur de multiples plans. Elle est poussée par l'État lui-même, à travers la planification et l'incitation au déploiement de programmes d'actions. Elle figure dans les textes comme nous l'avons vu. Elle est réalisée par les élus : songeons à l'augmentation des budgets consacrés à l'environnement, aux politiques menées par les majorités municipales écologistes. La responsabilisation est enfin alimentée par le contentieux. La loi du 8 août 2016 autorise les collectivités territoriales à agir en réparation du préjudice écologique[49]. Parallèlement à l'ouverture de cette voie par le législateur, les élus manient différents recours classiques, particulièrement le recours pour excès de pouvoir et l'engagement de la responsabilité de l'État comme des moyens d'action pour la protection de l'environnement (affaire *Grande-Synthe*, Collectif des maires anti-pesticides). Indubitablement, l'action citoyenne et les recours juridictionnels portés par les citoyens contre les collectivités territoriales, tels qu'ils se développent depuis quelques années contre l'État (*L'Affaire du siècle*) seront plus décisifs encore.

***
*

Entre absence de sens et non-sens, la décentralisation classique doit être dépassée. La seule clarification des compétences ne fera pas l'efficacité de la protection de l'environnement[50] ; la répartition des compétences n'est actuellement pas pensée

46. Loi n° 2022-217 du 21 févr. 2022, relative à la différenciation, la déconcentration et portant diverses mesures de simplification de l'action publique locale, *JO* du 22.

47. Art. L. 414-1 et s. C. env.

48. Soulignons cependant la faible marge de manœuvre des collectivités en termes de fiscalité. C. DELIVRÉ, « Fiscalité, territoires, environnement », *RJE* 2013, n° sp., p. 53-62.

49. Loi n° 2016-1087 du 8 août 2016 pour la reconquête de la biodiversité, de la nature et des paysages, *JO* du 9.

50. M. DUROUSSEAU, « La clarification des compétences institutionnelles est-elle soluble dans la protection de l'environnement ? », préc. ; Voir C. comptes, Rapport public annuel 2023, notamment p. 68.

pour cela[51]. Il importe davantage de tirer parti de la diversité des acteurs dont les facultés sont complémentaires et de la diversité des instruments utilisables. « L'environnement est un des domaines de l'action publique qui se caractérisent par des situations de compétences partagées ; nécessairement partagées[52]. » L'urgence environnementale impose un changement de dynamique : penser le partage non comme une dépossession de l'un pour l'autre, mais comme l'intention de faire ensemble.

51. L. STAHL, « La clarification des compétences institutionnelles en matière d'environnement dans les collectivités d'outre-mer et en Nouvelle-Calédonie », *RJE* 2013, nº sp., p. 147-161, spéc. p. 148.
52. P. JANIN, « Programmation et planification dans le domaine de l'environnement », *RJE* 2013, nº sp., p. 43-51, spéc. p. 50.

LES COLLECTIVITÉS TERRITORIALES ET LA SANTÉ : QUELLES PERSPECTIVES POUR UNE ÉQUATION AUX NOMBREUSES VARIABLES ?

Olivier DEBARGE

Professeur de droit pharmaceutique
Université de Reims Champagne-Ardenne – URCA
Centre de Recherche Droit et Territoire – CRDT

L'étude des compétences des collectivités territoriales en matière de santé suscite, d'emblée, un premier commentaire : sur la base de l'alinéa 11 du préambule de la Constitution du 27 octobre 1946, la nation doit garantir, à la population, une égalité d'accès aux soins sur l'ensemble du territoire[1]. De plus, la politique de santé relève, selon les termes de l'article L. 1411-1 CSP, de la responsabilité de l'État. Ainsi, les transferts de compétences réalisés en matière sanitaire dans le cadre des différentes réformes décentralisatrices sont modestes, les collectivités territoriales disposant principalement de capacités d'action « résiduelles »[2]. Outre ce constat de nature juridique, l'étude du sujet permet de procéder à quelques inférences pluridisciplinaires pour en dépeindre les tenants et les aboutissants.

Sur un plan économique, l'intervention des collectivités est logiquement restreinte. Le rapport public annuel de la Cour des comptes publié en mars 2023 met en exergue les limites de leurs compétences « pour agir sur la disponibilité ou l'organisation des soins de premier recours »[3]. Cela représente, par exemple, un investissement annuel de 150 millions d'euros dans ce domaine, une somme très inférieure au Fonds d'intervention régional, doté d'un milliard d'euros. Sur un plan

1. Préambule de la Constitution du 27 oct. 1947, al. 11 : « Elle garantit à tous, notamment à l'enfant, à la mère et aux vieux travailleurs, la protection de la santé, la sécurité matérielle, le repos et les loisirs » ; O. RENAUDIE, « Collectivités territoriales et compétences en santé publique : sortir de l'ambiguïté ? », *RFAP*, n° 176, 2020, p. 901 à 912. Voir p. 904.
2. M.-Th. BRUGUIÈRE, Rapport d'information fait au nom de la délégation aux collectivités territoriales et à la décentralisation, sur les territoires et la santé, enregistré à la présidence du Sénat le 14 juin 2011, p. 7.
3. C. comptes, Rapport public 2023, *Mieux coordonner et hiérarchiser les interventions des collectivités territoriales dans l'accès aux soins de premier recours*, chap. 7, 10 mars 2023, p. 516.

politique, les élus sont confrontés à une approche dichotomique, la santé apparaissant comme un facteur majeur d'attractivité et de bien-être pour les citoyens, et représentant également un enjeu d'intérêt général, dont les réalisations sont conditionnées par des compétences transversales[4]. Et ce, notamment, pour une raison d'ordre sociologique : la santé est la première préoccupation des Français[5]. La dimension territoriale implique une analyse démo-géographique résultant des difficultés sanitaires locales.

L'ordonnance n° 2003-850 du 4 septembre 2003 portant simplification de l'organisation et du fonctionnement du système de santé avait, dans cette perspective, instauré les territoires de santé qui succédaient aux secteurs sanitaires[6]. Les territoires pertinents en matière de soins sont donc délimités par les besoins humains et non par un simple découpage administratif. Ils sont aujourd'hui remplacés par les territoires de démocratie sanitaire.

La définition de la santé, mentionnée dans la constitution de l'OMS, induit de ne pas uniquement retenir une approche liée à l'absence de maladie ou d'infirmité, mais d'y intégrer le bien-être physique, mental et social des citoyens[7]. Les inégalités en matière de santé sont néanmoins de plus en plus prégnantes. Les disparités territoriales en matière d'espérance de vie sont sensibles, et un tiers de la population française vit dans un territoire marqué par la désertification médicale[8].

La crise sanitaire a contribué à mettre en lumière les difficultés liées aux relations États/collectivités territoriales. Les réquisitions réalisées par l'Etat auprès des collectivités territoriales après une nouvelle commande de masques a suscité de vives crispations et un commentaire du ministre de l'Intérieur, Christophe Castaner, prononcé le 9 avril 2020[9] : « La forme était inadmissible. Cela ne se reproduira pas. Il n'y aura pas de guerre entre l'État et les collectivités[10]. » La politique

---

4. V. BAYAD, « Une organisation territoriale de la santé complexe », *ADSP*, n° 82, mars 2013, p. 19-21. voir p. 19.
5. IFOP, Sondage du 2 déc. 2022, « L'état d'esprit des Français : Les thèmes prioritaires pour les mois qui viennent », accessible en ligne sur le site : *https://www.ifop.com/publication.*
6. Ordonnance n° 2003-850 du 4 sept. 2003, *JORF* n° 206 du 6 sept. 2003, texte n° 26, art. 5.
7. OMS, Constitution du 22 juill. 1946, préambule : « La santé est un état de complet bien-être physique, mental et social, et ne consiste pas seulement en une absence de maladie ou d'infirmité. »
8. DREES, « L'état de santé de la population en France à l'aune des inégalités sociales », Les dossiers de la DREES, n° 102, 21 sept. 2022. L'espérance de vie est moindre dans les départements du Nord et l'Est de la France métropolitaine ainsi que dans les départements et régions d'outre-mer.
9. B. ROJOUAN, Rapport d'information n° 589 (2021-2022), fait au nom de la commission de l'aménagement du territoire et du développement durable, par la mission d'information sur les perspectives de la politique d'aménagement du territoire et de cohésion territoriale sur le volet « renforcer l'accès territorial aux soins », enregistré à la Présidence du Sénat le 29 mars 2022.
10. Christophe Castaner, ministre de l'Intérieur, 9 avr. 2020. La phrase est retranscrite dans Délégation aux Collectivités territoriales et à la Décentralisation de l'Assemblée nationale, « Contribution du Groupe de travail sur l'impact du Covid-19 sur les Collectivités locales », 5 juin 2020, p. 14.

sanitaire relève de l'État[11]. Ainsi, les collectivités territoriales doivent composer avec un cadre restrictif pour l'exercice de leurs compétences (I), la crise sanitaire ayant confirmé le caractère incontournable d'une intervention locale, bien que les perspectives d'évolution demeurent modestes (II).

I. Un cadre restrictif pour l'exercice des compétences des collectivités territoriales

Les limites du cadre, délimité par les normes, dans lequel les collectivités territoriales agissent sont sources de dysfonctionnements. L'action des collectivités territoriales est marquée par une dichotomie : la participation à la mise en œuvre de la politique de santé dont la réalisation est supervisée par les agences régionales de santé (ARS) au niveau local (A), et l'exercice de compétences restreintes, dont la crise sanitaire a mis en lumière la nécessité et le caractère incontournable (B).

A. La mise en œuvre des politiques de santé

L'article 130 de la loi nº 2022-217 du 21 février 2022 relative à la différenciation, la décentralisation, la déconcentration et portant diverses mesures de simplification de l'action publique locale (3DS) confirme le rôle des collectivités territoriales dans le champ de la santé[12]. L'article L. 1110-1 du CSP dispose que les collectivités territoriales participent à la « mise en œuvre du droit fondamental à la santé... dans le champ de leurs compétences respectives fixées par la loi ». Les compétences exercées par lesdites collectivités sont donc circonscrites par le législateur[13] (1), les ARS ayant été créées pour piloter la politique de santé publique en région (2).

1. Un cadre restrictif

L'étude de la législation consacrée aux missions, compétences et actions des collectivités territoriales en matière de santé est révélatrice. Les lois consacrées à la santé, les lois relatives à l'organisation territoriale de l'État, les lois de financement de la sécurité sociale révèlent une approche hétérogène, sans harmonie ni réelle ambition. Elles font notamment référence aux compétences des collectivités, et à leur participation au sein des instances régionales. Sans prétendre à l'exhaustivité, quelques exemples permettent d'illustrer cette analyse.

11. O. RENAUDIE, *op. cit.*, p. 904 ; B. APOLLIS, D. TRUCHET, *Droit de la santé publique*, Dalloz, 11e éd., 2022, p. 43.

12. Loi nº 2022-217 du 21 févr. 2022 relative à la différenciation, la décentralisation, la déconcentration et portant diverses mesures de simplification de l'action publique locale, *JORF*, nº 0044 du 22 févr. 2022, Texte nº 3, art. nº 130.

13. Art. L. 1111-2 CGCT : ces compétences sont relatives au développement sanitaire et à la promotion de la santé.

La loi du 13 août 2004 permettait aux collectivités de conventionner avec l'Etat afin qu'elles interviennent dans les domaines de la vaccination, la tuberculose, le virus HIV et la lèpre[14]. La loi nº 2005-157 du 23 février 2005 relative au développement des territoires ruraux a admis une intervention élargie des collectivités territoriales pour des zones sous-dotées[15]. La loi nº 2009-879 hôpital, patient, santé, territoire (HPST) du 21 juillet 2009 a introduit la possibilité, pour les collectivités territoriales, de créer des centres de santé, qui se sont révélés très utiles pendant la crise sanitaire. *A contrario*, leur capacité d'intervention a fait l'objet de la suppression de la clause de compétence générale pour les départements et les régions, énoncée dans la loi nº 2015-991 du 7 août 2015 portant nouvelle organisation territoriale de la république (NOTRe), a eu une incidence sur la capacité d'action de ces collectivités[16]. La loi HPST marque la fin de la possibilité, pour les collectivités, de créer des établissements de santé[17].

Différentes lois contiennent des dispositions relatives à la mise en œuvre de la politique territoriale, et à la représentation des collectivités territoriales au sein des instances locales, notamment les ARS. La loi HPST a, par exemple, spécifié dans quelles instances locales les représentants des collectivités siègent, ou encore les conditions de participation au collège des élus au sein du conseil de surveillance des établissements publics de santé. En 2016, un chapitre du Code de la santé publique est intitulé « territorialisation de la politique de santé »[18]. L'organisation des parcours de santé se fait en lien avec les collectivités[19]. Le plan national de prévention des risques pour la santé liés à l'environement, supervisé par les services déconcentrés, est notamment mis en œuvre en lien avec les collectivités territoriales, à l'instar du projet territorial de santé mentale[20]. La loi nº 2019-774 du 24 juillet 2019 a été dotée d'un titre II relatif à la création « d'un collectif de soins au service des patients et mieux structurer l'offre de soins dans les territoires »[21]. Une section 6, intégrée dans le chapitre du Code de la santé publique précité, fait également référence aux mécanismes de concertation mis en œuvre avec les

14. Art. L.3111-11, L.3112-2 et L.3121-1 CSP. Cette possibilité demeure uniquement réalisable pour la vaccination.
15. Loi nº 2005-157 du 23 févr. 2005 relative au développement des territoires, *JORF* nº 0046 du 24 févr. 2005, Texte nº 1.
16. Loi nº 2022-1616 du 23 déc. 2022 de financement de la sécurité sociale pour 2023, *JORF* nº 0298 du 24 déc. 2022, Texte nº 1.
17. Art. L.6141-1, Code de la santé publique (CSP).
18. Loi nº 2016-41 du 26 janv. 2016 de modernisation de notre système de santé, *JORF* nº 0022 du 27 janv. 2016, Texte nº 1, art. L. 1434-1 à L. 1434-15 CSP.
19. Art. L. 1411-1 CSP.
20. Art. L. 1311-7 CSP.
21. Le chapitre Ier est intitulé « Promouvoir les projets territoriaux de santé ».

élus[22]. Les normes adoptées pendant la durée de la crise sanitaire, notamment liées à l'état d'urgence, sa fin, et aux périodes transitoires ont influé sur l'exercice de ces compétences.

2. Les instances régionales

Les ARS, établissements publics placés sous la tutelle du ministère de la Santé et de la Prévention, sont nées avec l'adoption de la loi HPST résultant de la révision générale des politiques publiques, afin de piloter la politique de santé publique et de rationaliser l'offre de soins[23]. Dotées d'un conseil de surveillance, nouvellement nommé conseil d'administration, elles s'appuient sur des délégations départementales qui peuvent jouer un rôle d'interlocutrices privilégiées avec les élus locaux. Les collectivités territoriales peuvent notamment soumettre des propositions au directeur général de l'ARS sur le projet régional de santé pour son élaboration, sa mise en œuvre ou une éventuelle révision.

Les instances locales de démocratie sanitaire permettent aux élus locaux de siéger. Les conseils territoiraux de santé (CTS), constitués par le directeur général de l'ARS sur chaque territoire de démocratie sanitaire, sont dédiés à la réalisation du projet régional de santé et à l'organisation du parcours de santé, en y associant les professionnels de santé. Ils sont constitués au sein de chacun des territoires de démocratie sanitaire définis par les ARS. Si leur principale mission est relative à la mise en œuvre du projet régional de santé (PRS), les avis et propositions du CTS sont transmis à la conférence régionale de la santé et de l'autonomie (CRSA) et au directeur général de l'ARS. Ces CRSA, constituées auprès des ARS, rendent des avis consultatifs et organisent des débats sur les principaux sujets liés à la politique locale de santé, afin que les opinions de chaque collège, notamment les représentants des usagers, y soient exprimées. Elles sont dotées de huit collèges, dont l'un d'eux est composé par les représentants des collectivités territoriales. Ces instances ne peuvent rendre que des avis consultatifs, qui ne lient pas les agences pour l'adoption des projets régionaux de santé (PRS).

Principaux instruments de la politique régionale, les PRS sont élaborés en cohérence avec la stratégie nationale de santé[24]. Les divergences entre collectivités et ARS transparaissent parfois dans le cadre de leur adoption, dont la procédure

22. La loi n° 2019-774 du 24 juill. 2019 a introduit, dans l'article L. 1434-15 CSP, une concertation avec les élus locaux, au moins une fois par an, relative à l'organisation territoriale des soins dans chaque département, par le directeur général ou le directeur de la délégation départementale de l'ARS. Une question peut être inscrite à l'ordre du jour, ou une réunion spécifique organisée si les circonstances l'exigent.

23. O. RENAUDIE, *op. cit.*, p. 905.

24. Le PRS, réformé, est désormais constitué : d'un cadre d'orientation stratégique (COS) établi pour dix ans ; d'un schéma régional de santé (SRS) rédigé pour une durée de cinq ans ; et d'un programme régional relatif à l'accès à la prévention et aux soins des personnes les plus démunies (PRAPS).

illustre la faible incidence des collectivités territoriales sur l'élaboration de la politique régionale de santé[25]. Lors de l'adoption du PRS de Picardie 2012-2017, la CRSA a rendu un avis favorable à la majorité absolue, les conseils généraux de la Somme, de l'Oise et de l'Aisne ayant émis un avis défavorable[26]. Un constat similaire est applicable à des PRS adoptés pour la période 2018-2022, avec, par exemple, les votes défavorables des conseils régionaux des régions Centre-Val de Loire et Bourgogne. Outre les enjeux politiques, des reproches récurrents sont formulés par les élus locaux dans ces situations, notamment une absence de réponse à la désertification médicale et une politique de prévention insuffisante.

Faisant déjà face à un bilan mitigé avant la pandémie de Covid-19[27], les ARS ont également fait l'objet de critiques nourries liées à leur gestion de la crise sanitaire. Les élus locaux ont exprimé un fort mécontentement résultant d'une incapacité des ARS à gérer des flux, les livraisons et les stocks[28]. L'Assemblée des Communautés de France (AdCF) a notamment précisé : « Le ministère de la Santé (qui avait bien sûr de nombreuses urgences à gérer) a très peu su travailler avec les collectivités, tant au niveau national que sur le terrain. Cette tendance “hospitalo-centrée” du ministère, voire des ARS [...] est assez révélatrice d'une faible culture de la santé et de la prévention en France[29]. »

B. Des compétences circonscrites

L'accès aux soins est caractérisé par des disparités territoriales. Les capacités d'intervention des collectivités territoriales en matière de santé, restreintes, résultent de compétences spécifiques et transversales (1). Néanmoins, la récente pandémie a révélé le caractère incontournable du rôle de ces collectivités (2).

1. Les compétences mises en œuvre

Les collectivités territoriales peuvent exercer des compétences dans des domaines connexes à la santé, en ayant une incidence sanitaire : l'enseignement, l'environnement, le transport et le sport. Certaines compétences relèvent des collectivités

25. Le terme exclusion est utilisé par le Professeur Renaudie, *op. cit.*, p. 903.
26. Arrêté, n° DPRS 12-036 du 28 déc. 2012 portant adoption du projet régional de santé de Picardie 2012-2017. Voir également le préambule de présentation du projet régional de santé de Picardie, accessible en ligne : *http://www.ars.picardie.sante.fr.*
27. Sans citer de manière exhaustive les rapports faisant référence au bilan de l'ARS, voir par exemple A. FIRMIN LE BODO, J.-C. GRELIER, Rapport d'information [...] en conclusion des travaux de la mission d'évaluation et de contrôle des lois de financement de la sécurité sociale sur les agences régionales de santé, Ass. nat., commission des affaires sociales, 16 juin 2021.
28. La phrase a été formulée par M. Jean-Louis Thierot, député de Seine-et-Marne.
29. J.-M. ARNAUD et R. KAROUTCHI, Rapport d'information fait au nom de la mission commune d'information destinée à évaluer les effets des mesures prises ou envisagées en matière de confinement ou de restrictions d'activités relatif à la place des collectivités territoriales comme acteurs de la politique de santé publique, enregistré à la Présidence du Sénat le 24 juin 2021, p. 17.

dans leur ensemble. Il s'agit notamment de la participation aux instances régionales de santé et du financement de l'installation des professionnels de santé. Celles-ci informent le directeur général de l'ARS des menaces imminentes pour la santé de la population, et transfèrent les informations à l'Agence nationale de santé publique, nécessaires à l'exercice de ses missions.

Les communes et groupements de communes sont dotés de compétences propres : elles sont potentiellement dotées de CCAS et CIAS, et de services communaux d'hygiène et de santé. Elles participent à l'élaboration de différents plans, tels les plans locaux d'urbanisme qui intègrent des volets relatifs à la protection de la santé, et contribuent à la réalisation de construction d'infrastructures et équipements publics sanitaires. Le maire est doté de pouvoirs de police administrative générale issus de l'article L. 2122-24 du CGCT en vertu duquel il est habilité à prendre toute mesure pour assurer la tranquillité publique, la sécurité et la salubrité publiques, de nombreux pouvoirs de police spéciale contribuant à circonscrire son action[30]. À titre d'exemple, le maire de Sceaux a voulu imposer le port du masque au sein de sa ville, son arrêté étant suspendu par le Conseil d'État en raison de « la police spéciale instituée par le législateur »[31]. Les communes peuvent conclure des conventions avec l'État pour réaliser des programmes de santé ciblés.

Les départements sont les chefs de file de l'action sociale, médico-sociale. La protection sanitaire de la famille et de l'enfance en relève, par l'intermédiaire de la protection maternelle et infantile, et l'accompagnement de la dépendance des personnes âgées. Les conseils départementaux interviennent dans l'organisation des services de vaccination. Les conseils régionaux définissent des objectifs en matière de santé, et participent au financement d'infrastructures dans certains quartiers prioritaires de la politique de la ville.

L'efficacité de la compensation financière du transfert de compétences demeure incertaine. La commune de Roanne a saisi le tribunal administratif de Lyon afin d'annuler l'arrêté du préfet de la Loire en date du 28 novembre 2017 portant versement du concours particulier de la dotation générale de décentralisation destinée à compenser les dépenses des services communaux d'hygiène et de santé pour ce même exercice 2017[32]. Le montant de la dotation était, selon la commune, inadapté au regard des besoins. La CAA de Lyon a rappelé que c'est la date du

---

30. Comptes rendus de la Délégation aux collectivités territoriales, intervention du Professeur Olivier Renaudie, accessible en ligne : *https://www.senat.fr.*

31. CE, Juge des référés, 17 avr. 2020, nº 440057. Le Conseil d'État précise : « La police spéciale instituée par le législateur fait obstacle, pendant la période où elle trouve à s'appliquer, à ce que le maire prenne au titre de son pouvoir de police générale des mesures destinées à lutter contre la catastrophe sanitaire, à moins que des raisons impérieuses liées à des circonstances locales en rendent l'édiction indispensable et à condition de ne pas compromettre, ce faisant, la cohérence et l'efficacité de celles prises dans ce but par les autorités compétentes de l'État. »

32. CAA Lyon, 22 oct. 2020, req. nº 19LY04285.

transfert de compétences qui doit être prise en compte pour le calcul de la dotation, sans que l'évolution ultérieure ne soit concernée, ni le « choix de la commune de développer ou diversifier les missions de son service ». L'exemple du transfert de la compétence liée à la protection maternelle et infantile de l'État au département éveille également l'intérêt[33]. L'État a procédé à un transfert de ressources fiscales, une dotation générale de décentralisation étant également versée en complément. Les recettes fiscales et budgétaires n'ont pas été fléchées, la décentralisation n'ayant pas eu pour conséquence de sanctuariser ces dépenses dans les budgets des conseils départementaux, ce qui entraîne d'importantes différences selon les territoires[34].

2. Les effets de la crise sanitaire

Les collectivités territoriales et leurs élus, en tant qu'acteurs de terrain, étaient positionnées en première ligne afin de répondre aux besoins de la population. Deux des préoccupations majeures, à savoir l'approvisionnement en masques, et les lieux de vaccination, ont donné lieu à une forte mobilisation. Ainsi, de nombreuses collectivités se sont engagées afin de fournir des masques, dont elles ont notamment procédé à l'achat et à la distribution, en passant parfois commande auprès de fournisseurs étrangers[35]. Ces mêmes collectivités ont également procédé à la création de centres de vaccination, en développant également des campagnes de prévention. Les centres municipaux de santé ont, notamment, permis d'accueillir des patients symptomatiques, et de soulager les établissements de santé en situation de tension. Les collectivités ont mis leurs agents à disposition des établissements de santé pour aider, par exemple, à préparer les repas, ou ont alimenté le financement de fonds d'équipement d'urgence pour les professionnels de santé de ville. Plus globalement, elles se sont mobilisées pour faire face aux effets du confinement.

Les ARS n'ont pas bénéficié de moyens suffisants permettant d'approvisionner de manière satisfaisante les établissements et professionnels de santé en masques[36]. Les collectivités territoriales ont donc dépassé les compétences dont elles bénéficient afin de répondre aux besoins nés de la pandémie. Des commandes supplémentaires de masques ont été réalisées par les collectivités territoriales, ceux-ci étant finalement réquisitionnés par l'État, suscitant la réprobation d'un nombre non négligeable d'élus locaux[37]. Outre les mots du ministre de l'Intérieur cités en introduction, le gouvernement a regretté « une méthode inopportune » et la

33. Michèle Peyron, députée, avec le concours de Bénédicte Jacquey-Vazquez (Igas) Dr Pierre Loulergue (Igas) Cécile Poissy (collaboratrice parlementaire), *Pour sauver la PMI, agissons maintenant*, Rapport, 17 juin 2019.

34. Les dépenses de PMI représentaient 1,36 Md de francs en 1983.

35. Contribution du Groupe de travail sur l'impact du Covid-19 sur les Collectivités locales, *op. cit.*, p. 14.

36. *Id.*, p. 14.

37. *Id.*

nécessité d'une meilleure information des collectivités territoriales[38]. Ainsi, la coopération entre les collectivités territoriales, qualifiée d'instinctive, contrasta avec la coordination déficiente entre les services de l'État et ces mêmes collectivités[39].

II. Des perspectives d'évolution modestes

La pandémie de Covid-19 a donc contribué à valoriser le rôle et les capacités de collectivités territoriales en matière sanitaire, celles-ci ayant pallié les manques étatiques et institutionnels afin de répondre aux besoins de la population. Les souhaits émis par différents élus locaux de nouveaux transferts de compétences n'ont cependant pas obtenu le résultat escompté, de simples ajustements étant réalisés (A). Ainsi, les récents rapports et études faisant référence à l'action des collectivités territoriales et à l'évolution du système de santé, s'ils contiennent des propositions variées, s'inscrivent essentiellement dans cette même perspective (B).

A. Des évolutions limitées

Les constats liés à l'importance d'une action locale efficiente en matière de santé n'ont pour l'instant, pas entraîné de changements substantiels. Sur un plan normatif, la loi 3DS a notamment accru la représentativité des collectivités territoriales au sein des ARS (1), et en matière opérationnelle, les collectivités territoriales se sont appuyées sur des initiatives variées pour améliorer l'accès aux soins et services de santé (2).

1. Les apports de la loi 3DS

La loi 3DS modifie substantiellement les règles relatives au fonctionnement des ARS[40]. Le conseil d'administration est substitué aux conseils de surveillance. Les préfets de région en assurent toujours la présidence, et trois des quatre vice-présidents sont désormais désignés parmi les représentants des collectivités territoriales et leurs groupements. En outre, un député et un sénateur élus dans l'un des départements composant la région, désignés par le président de chaque chambre concernée, pourront avoir une voix consultative[41]. Ces changements permettent

---

38. *Id.*

39. MM. J.-M. BOCKEL, F. BONHOMME, D. CHASSEING, Mme J. COSTES *et al.*, Rapport d'information fait au nom de la délégation aux collectivités territoriales et à la décentralisation sur les collectivités territoriales face au Covid-19, Travaux relatifs à la situation des collectivités territoriales lors de l'épidémie de Covid-19, enregistré à la présidence du Sénat le 10 juill. 2020, p. 5.

40. Loi nº 2022-217 du 21 févr. 2022 relative à la différenciation, la décentralisation, la déconcentration et portant diverses mesures de simplification de l'action publique locale, *JORF*, nº 0044 du 22 févr. 2022, texte nº 3.

41. La priorité est donnée aux membres des commissions permanentes chargées des affaires sociales.

à l'agence de bénéficier d'une meilleure représentation des collectivités, mais les finalités poursuivies par les ARS invitent à la prudence, les effets de ces mesures étant incertains.

Le rôle des délégations départementales des ARS est renforcé par la loi. Elles voient leurs missions précisées par décret après concertation avec les associations représentant les élus locaux, le directeur départemental étant dorénavant un interlocuteur privilégié des élus locaux[42]. Parmi les autres mesures adoptées, la sécurisation des financements apportés par les collectivités territoriales aux différents types d'établissements de santé.

La loi 3DS a également remédié aux effets de la suppression de la clause de compétence générale pour les départements et les régions, et ne leur permettait plus de créer des centres de santé. Ladite loi, dans son article 127, permet aux communes et à leurs groupements ainsi qu'aux départements de créer ces centres, tout en assortissant cette évolution de la possibilité de recruter du personnel pour ces mêmes collectivités[43]. Les départements bénéficient d'une évolution mesurée, mais logique. Ils sont associés à la participation à la politique de sécurité sanitaire, ainsi qu'aux soins de proximité[44].

2. Des initiatives et instruments variés

Les collectivités territoriales sont à l'origine de différentes initiatives afin d'apporter des réponses de proximité aux difficultés liées aux inégalités territoriales[45]. Les contrats locaux de santé, qui ont pour finalité la réduction des disparités sociales et territoriales de santé, sont conclus entre les ARS et les communes ou les EPCI. L'ARS et le préfet, ainsi que leurs principaux partenaires (CPAM, établissements de santé, universités, etc.) peuvent également y être associés afin de développer des projets locaux en mobilisant les acteurs du champ de la santé et les différents secteurs concernés. L'article 119 de la loi 3DS dispose que les conseils d'administration des ARS arrêtent des grandes orientations, sur propoposition du directeur général de l'ARS, relatives aux conventions conclues et exécutées avec les collectivités et leurs groupements. L'article 120 ajoute que le PRS « tient compte » des contrats locaux de santé.

42. Loi nº 2022-217 du 21 févr. 2022, *op. cit.*, art. 119.

43. Art. L. 6323-1-5 CSP.

44. Art. L. 201-10-1 Code rural et de la pêche maritime. Cela se concrétise par « l'intermédiaire des laboratoires d'analyse départementaux, de l'organisme à vocation sanitaire et de l'organisation vétérinaire à vocation technique… ainsi que par l'intermédiaire des organismes de lutte et d'intervention contre les zoonoses ».

45. Ph. MOUILLER et P. SCHILLINGER, *Les collectivités à l'épreuve des déserts médicaux : l'innovation territoriale en action*, Rapport d'information nº 63 (2021-2022) fait au nom de la délégation aux collectivités territoriales, déposé le 14 oct. 2021, p. 28.

Les centres de santé, précédemment cités, appliquent un projet de santé, transmis à l'ARS qui doit le valider, afin de promouvoir un exercice coordonné qui permet de parfaire l'éducation thérapeutique du patient, les professionnels de santé y exerçant sont salariés. Les maisons de santé pluridisciplinaires, créées par la loi de financement de la sécurité sociale pour 2008, s'inscrivent également dans cette volonté de proposer des services territorialisés. Elles sont créées afin de réunir des professionnels de santé en un même point, et composées d'une équipe au sein de laquelle sont dénombrés deux médecins généralistes et un professionnel paramédical. L'ordonnance n° 2021-584 du 12 mai 2021 permet à ces maisons, constituées sous forme de sociétés interprofessionnelles de soins ambulatoires, de salarier des professionnels de santé afin de faciliter des recrutements dans les territoires dont la densité médicale est faible.

Des initiatives récentes ont également émergé, notamment pendant la pandémie. Parmi les solutions financées par les collectivités territoriales, la télémédecine, dont la réalisation est possible en ayant recours aux télécabines, lieux clos équipés d'un écran, ou dans des cabinets de télémédecine. Autre exemple original, la médecine ambulante qui permet de rapprocher les médecins au plus près des patients, généralement exercée par des médecins retraités. Plusieurs études et travaux citent l'initiative « Santé Innovation Loiret », qui est un appel à projets permettant le financement d'outils de « e-santé », en y ajoutant l'itinérance par le biais de bus d'e-santé, ou encore des initiatives locales d'éducation thérapeutique du patient[46].

B. Des propositions timides

Parmi les différents rapports et études publiés récemment, plusieurs textes retiennent l'attention, car mentionnant des propositions dont certaines ont un caractère prospectif : le rapport rédigé par Franck Chauvin, président du Haut Conseil pour la santé publique[47], commandé par le ministère des Solidarités et de la Santé ; le rapport public annuel de la Cour des comptes précité ; le rapport fait au nom de la délégation aux collectivités territoriales du Sénat, relatif à la lutte contre des déserts médicaux[48] ; et le rapport de la mission commune d'information du Sénat destiné à évaluer les effets du confinement et les restrictions d'activités, consacré à la place des collectivités territoriales comme acteur de santé publique[49]. Les rédacteurs de ces écrits, à part le dernier évoqué, valorisent la consolidation du modèle actuel (1), et n'émettent que peu de solutions novatrices (2).

---

46. C. comptes, *op. cit.*, p. 540.
47. F. CHAUVIN, *Dessiner la santé publique de demain*, nov. 2021, 157 p.
48. Ph. MOUILLER et P. SCHILLINGER, *op. cit.*
49. J.-M. ARNAUD et R. KAROUTCHI, *op. cit.*

1. La consolidation du modèle en vigueur

Les différents rapports précités dressent des bilans et dessinent des voies afin d'améliorer l'accès aux services de santé. Les travaux n'ont pas la même finalité. Le rapport rédigé par Franck Chauvin a pour objet la réalisation d'une réflexion sur une refondation du système de santé publique à court terme. Parmi les objectifs fixés, F. Chauvin prône la mise en œuvre territoriale de la santé publique. L'un des desseins présentés consiste à « doter la France d'un système de santé territorial adapté aux enjeux » en « associant l'ensemble des acteurs locaux, dont les collectivités territoriales »[50]. L'auteur, en s'appuyant sur le constat de la crise sanitaire et de l'intérêt et des limites d'une approche centralisée, valorise une action à différents niveaux : institutions territoriales, autorités sanitaires régionales et départementales, et collectivités territoriales. Ceci en favorisant la mise en œuvre de circuits courts, proches de la population. Dans l'axe relatif à une plus grande démocratisation sanitaire, l'auteur prône une participation des citoyens à l'élaboration de la politique territoriale de santé[51]. Les départements jouent « un rôle majeur dans l'amélioration de la santé des citoyens », et les collectivités territoriales « influent sur les déterminants de santé et sont ainsi des acteurs incontournables de la santé au sein des territoires ».

La Cour des comptes réalise des constats récurrents : les inégalités perdurent entre les différents territoires, malgré des politiques ciblées destinées à lutter contre cette hétérogénéité[52]. Le soutien aux centres de santé peut être pertinent, mais il ne doit pas être à l'origine d'une absence de maîtrise des coûts. Le rapport de la délégation aux collectivités territoriales du Sénat retient une approche duale. D'une part, des propositions sont dédiées au niveau local : renforcer les liens et partenariats, avec les professionnels de santé, avec les universités, continuer à utiliser des mécanismes incitatifs, généraliser les instances locales de dialogue et déterminer l'échelon le plus adapté pour la réalisation des projets de santé. D'autre part, des mesures prises au niveau étatique, notamment l'adoption d'une vision stratégique nationale concertée avec les élus locaux. Le rapport relatif à la place des collectivités territoriales comme acteur de santé publique, dont les propositions diffèrent, met en exergue le rôle conséquent des collectivités territoriales dans la pandémie pour pallier les manques étatiques, résultant notamment d'une coordination des services de l'état de qualité disparate. La mission d'information émet des recommandations pour former « un nouveau pacte de confiance territoriale », en insistant sur la nécessité d'adapter l'organisation et la répartition des compétences entre l'État et les collectivités territoriales.

---

50. F. CHAUVIN, *op. cit.*, p. 20.
51. F. CHAUVIN, *ibid.*, 21.
52. C. comptes, *op. cit.*, p. 517.

2. Une vision prospective insuffisante

Au sein du rapport rédigé par F. Chauvin, l'évolution proposée ne fait que peu référence aux collectivités territoriales : elles seraient parties prenantes d'un plan quinquennal de développement de la littératie en santé, pour favoriser l'éducation de la population ; une participation à la gouvernance d'instituts régionaux de santé publique, future « force d'expertise au niveau régional, au service des décideurs et en premier lieu des ARS »[53].

Les propositions émises au sein du rapport public de la Cour des comptes oscillent entre plusieurs aspirations : le soutien des collectivités aux professionnels de santé aux investissements mobiliers et immobiliers ; une évolution du contrat local de santé qui serait conclu à un niveau supra-communal en déterminant quelles sont les difficultés d'accès aux soins ; clarifier, pour les collectivités gérant un centre de santé, la possibilité juridique de proposer aux médecins une rémunération partiellement assise sur l'activité.

La délégation aux collectivités territoriales du Sénat souhaite poser la question du maintien de la liberté d'installation des médecins généralistes[54]. La mise en œuvre du rapport entre, d'une part, le principe de juste installation et le principe de l'égal accès aux soins et, d'autre part, la notion d'intérêt général n'est pas toujours avérée, bien que nécessaire. Plusieurs amendements introduisant un nouvel article après l'article 2 dans la proposition de loi visant à améliorer l'accès aux soins par l'engagement territorial des professionnels ont fait l'objet d'un rejet par l'Assemblée nationale le 14 juin 2023. Ils avaient pour finalité de soumettre l'installation des médecins généralistes et chirurgiens-dentistes à une autorisation de l'ARS, après avis simple du conseil départemental de l'ordre, dans des zones bénéficiant d'une implantation satisfaisante en praticiens. L'installation de droit aurait perduré dans les territoires insuffisamment pourvus. La crainte de voir une compétition entre les territoires pour bénéficier de l'installation des maisons de santé pluridisciplinaires est réelle. Les rédacteurs du rapport mettent en avant le rôle de facilitateur que les ARS doivent jouer à l'égard des élus locaux, notamment pour la réalisation des projets liés à lutter contre la désertification médicale.

Les auteurs du rapport d'information relatif « à la place des collectivités territoriales comme acteurs de la politique de santé publique » ont, dans une perspective différente, ciblé des voies d'amélioration[55]. La compétence en matière de prévention sanitaire « doit nécessairement être partagée entre l'État et les collectivités territoriales pour peu qu'elle puisse constituer à l'avenir un volet à part entière d'une politique de santé publique ». En outre, pendant la pandémie, une meilleure

53. F. CHAUVIN, *op. cit.*, p. 33.
54. Ph. MOUILLER et P. SCHILLINGER, *op. cit.*, p. 30.
55. J.-M. ARNAUD et R. KAROUTCHI, *op. cit.*, p. 19.

répartition des compétences aurait pu optimiser la gestion de la crise[56]. Le fait que les élus connaissent parfaitement leur territoire aurait pu leur permettre d'appliquer des protocoles définis au niveau national, et de bénéficier d'une marge d'appréciation nécessaire dans un contexte aussi délicat.

***

*

En matière de désertification médicale, les différentes propositions de loi déposées au premier semestre 2023 illustrent une volonté de lutter contre un phénomène qui semble inextirpable. Néanmoins, l'étude de la capacité d'action des collectivités territoriales en matière de santé donne le sentiment d'avoir à faire entrer un carré dans un triangle. Les collectivités territoriales doivent intervenir auprès de leurs citoyens et électeurs, tout en composant avec un cadre juridique limitatif. Si un accroissement substantiel de leurs compétences apparaît dans l'immédiat illusoire, les collectivités doivent pouvoir intégrer la santé dans l'ensemble de leurs politiques, en proposant une approche transversale[57]. Il serait néanmoins bénéfique de ne pas occulter les constats réalisés à l'issue de la crise sanitaire, les dysfonctionnements entrevus ne permettant pas l'immobilisme, sous peine de déconvenues (inégalités territoriales, politiques de santé inefficientes, coordination difficile entre les acteurs institutionnels) accrues.

---

56. *Ibid.*, p. 20.
57. Commentaire du Professeur P. HASSENTEUFEL, *in* G. LANGLOIS, « Santé : "L'échelon communal est encore peu organisé" », *La Gazette des communes*, 15 mars 2023, accessible en ligne sur le site *https://www.lagazettedescommunes.co.*

LA SÉCURITÉ, UNE POLITIQUE DÉCENTRALISÉE ?

Olivier RENAUDIE

Professeur de droit public
Université Paris-I - Panthéon-Sorbonne, École de droit de la Sorbonne (ISJPS)
Codirecteur du Groupement de recherche
sur l'administration locale en Europe – GIS-GRALE

« Les polices générales sont au nombre de deux. La première est la police générale de l'État. La seconde est la police municipale, qui comprend la police municipale proprement dite et la police rurale[1]. » Ces quelques mots de Pierre-Henri Teitgen datant de 1934 montrent à quel point la sécurité est de longue date une compétence partagée entre l'État et les collectivités locales. La présente contribution pourrait dès lors sembler totalement hors sujet, tant la décentralisation opérée en 1982 ne constitue pas un marqueur politique et juridique s'agissant de la police et de la sécurité.

Lorsqu'on parcourt la loi du 2 mars 1982[2], on ne peut qu'être frappé par l'absence de disposition sur la police et la sécurité[3]. Cette absence peut conduire à formuler trois observations.

La première observation porte sur la forme de cette absence. La lecture des travaux parlementaires relatifs à la loi du 2 mars 1982 montre à quel point la sécurité n'a pas été un enjeu à l'occasion de la confection du texte. Ce n'est pas que certains auraient voulu voir le sujet traité et qu'il ne l'aurait pas été. Non, personne ne semble eu avoir l'idée de l'évoquer à cette occasion. De ce point de vue, cette absence peut donc s'analyser comme un « impensé »[4] du moment « 1982 ».

La deuxième observation est relative à l'étendue de cette absence. Pour être honnête, cette dernière n'est pas tout à fait absolue. L'article 25 de la loi du 2 mars 1982, relatif au président du conseil général, affirme que celui-ci exerce les pouvoirs

1. *La police municipale*, Sirey, 1934, rééd. Dalloz, 2019, p. 2.
2. Loi n° 82-213 relative aux droits et libertés des communes, des départements et des régions.
3. Voir en ce sens P. BON, « Les lois de décentralisation et la police locale », *Les Petites Affiches* 22 juill. 1983, p. 5-13 et 25 juill. 1983, p. 9-17.
4. Nous empruntons le terme à Jacques Caillosse. Voir en ce sens Ch. PIERUCCI (dir.), *Les impensés du droit administratif. Hommage à Jacques Caillosse*, LGDJ-Lextenso, 2022.

de police afférents à la gestion du domaine du département, notamment en ce qui concerne la circulation sur les routes départementales[5]. Mais c'est tout : au-delà, les termes « police » et « sécurité » sont absents du texte.

La troisième observation concerne les motifs de cette absence. Trois dimensions peuvent être envisagées. D'abord, de manière générale, il est possible d'avancer que le contexte de l'époque était peut-être plus apaisé, que celui d'aujourd'hui et que la question de la sécurité, sous toutes ses formes, n'était pas un sujet de préoccupation majeur[6]. Ensuite, sur le plan légistique, on pourrait penser que la sécurité a été mise de côté en 1982 pour mieux être appréhendée par un texte législatif postérieur. Ce fut le cas par exemple de l'urbanisme[7] : largement absent de la loi du 2 mars 1982, il a fait l'objet d'une décentralisation spécifique par les lois du 7 janvier 1983[8] et du 18 juillet 1985[9]. En réalité, cela n'a pas été le cas de la sécurité : à une exception près[10], aucun texte des années 1980 n'est venu opérer une décentralisation en la matière. Enfin, sur le plan juridique, il est tentant d'expliquer le silence de la loi de 1982 en matière de sécurité par l'un de ses mantras, dont on nous rebat les oreilles : la sécurité serait une activité régalienne[11] ; l'État en aurait le monopole et elle serait indélégable à d'autres personnes publiques. Pour mieux comprendre dans quelle mesure ce n'est pas le cas, il convient de revenir sur les caractéristiques du modèle français de police.

Sur le plan organique, le modèle français de police[12] est marqué par deux dualismes. Le premier dualisme est celui des autorités de police[13] avec, d'un côté, celles qui agissent au nom de l'État (le législateur, le Premier ministre et les préfets), et de l'autre, celles qui agissent au nom des communes, à savoir

5. Sur ce point, voir P. BON, art. préc., p. 12-13.

6. Sur la montée en puissance du sujet de la sécurité dans le débat public, voir J. FERRET et Ch. MOUHANNA (dir.), *Peurs sur les villes*, PUF, 2005.

7. Voir F. PRIET, *La décentralisation de l'urbanisme*, LGDJ, 1995.

8. Loi n° 83-8 sur la répartition des compétences entre les communes, les départements, les régions et l'État.

9. Loi n° 85-729 relative à la définition et à la mise en œuvre des principes d'aménagement.

10. Cette exception tient à la loi du 29 déc. 1986 portant adaptation du régime administratif et financier de Paris, qui opère les premiers transferts de compétences du préfet de police vers le maire de Paris. Sur ce texte, voir X. PRÉTOT, « La modification du régime administratif et financier de Paris », *Administration*, n° 137, 1987, p. 128-138.

11. Voir J. CHEVALLIER, « La police est-elle encore une activité régalienne? » *in* Ch. VAUTROT-SCHWARTZ (dir.), *La police administrative*, PUF, 2014, p. 5-20.

12. Voir D. MONJARDET, « Le modèle français de police », *Les Cahiers de la sécurité intérieure* 1993, n° 13, p. 61-82.

13. Sur ce dualisme des autorités de police, voir J.-J. GLEIZAL, « L'État, les collectivités locales et la sécurité : concepts et politiques », *Les Cahiers de la sécurité intérieure*, n° 16, 1994, p. 13-24.

les maires. Le second dualisme est celui des forces de police[14], qui peuvent être étatiques (police et gendarmerie nationales) ou municipales (polices municipales placées sous l'autorité des maires des communes). Sur le plan matériel, ce modèle est marqué par son libéralisme. On le sait, les restrictions à l'exercice des libertés apportées par les mesures de police administrative doivent être tout à la fois exceptionnelles et matériellement limitées[15]. Elles doivent également être limitées dans l'espace : c'est en ce sens que les mesures de police municipale, applicables sur un territoire aussi restreint que celui d'une commune, apportent aux libertés des restrictions par essence mesurées. Du point de vue de la théorie de la police administrative, la commune constitue donc l'échelon le plus libéral[16]. Au regard de ces caractéristiques, le modèle français de police est donc très éloigné de l'idée selon laquelle la sécurité serait une activité régalienne.

Pour autant, on peut se demander dans quelle mesure la sécurité peut être aujourd'hui considérée comme une politique publique décentralisée. À cette question, il est possible d'apporter une réponse en deux temps. Dans un premier temps, on peut montrer que cette politique est traditionnellement partagée entre le préfet et le maire (I). Dans un second temps, on peut souligner que cette politique a été récemment renouvelée (II).

I. Une politique traditionnellement partagée

La sécurité peut être considérée comme une politique publique locale dans la mesure où elle est largement élaborée et mise en œuvre par un duo, composé de deux autorités locales : le préfet, agissant au nom de l'État; le maire, au nom de la commune (B).

A. Le préfet

Le préfet est depuis sa création par la loi du 28 pluviôse an VIII[17] la clef de voûte du dispositif étatique local relatif à la sécurité[18]. Les évolutions récentes n'ont fait que conforter cette place, qui s'incarne de multiples manières.

---

14. Sur ce dualisme des forces de police, voir Ch. VIGOUROUX, *Du juste exercice de la force*, Odile Jacob, 2017, p. 271 et s.
15. On connaît la formule classique, selon laquelle « la liberté est la règle et la restriction de police, l'exception » (concl. Corneille s. CE 10 août 1917, *Baldy*, *Leb.*, p. 638).
16. Sur ce point, voir E. PICARD, *La notion de police administrative*, LGDJ, 1984, t. 2, p. 684 et s.
17. Loi concernant la division du territoire français et l'administration, *Recueil Duvergier*, t. 12, p. 78 et s.
18. Voir F. BORELLA (dir.), *Le préfet, 1800-2000 : gouverneur, administrateur, animateur*, Presse Universitaires de Nancy, 2002.

D'abord, il est autorité de police administrative[19]. D'une part, il est autorité de police administrative générale. Selon l'article L. 2215-1 du Code général des collectivités territoriales (CGCT), il est susceptible d'intervenir dans deux hypothèses. La première est celle de l'édiction de mesures relatives au maintien de l'ordre public, dont le champ d'application excède le territoire d'une commune. La seconde est celle de la substitution à un maire défaillant : lorsque l'ordre public est menacé dans deux ou plusieurs communes limitrophes, le préfet peut, par arrêté motivé, agir aux lieu et place des maires concernés et édicter les mesures de police administrative qui s'imposent. D'autre part, il est autorité de police administrative spéciale. C'est ainsi que le préfet a été habilité par le législateur à exercer des compétences, par exemple, en matière de police des étrangers, de vidéoprotection ou encore de débits de boissons.

Ensuite, le préfet est le « pilote »[20] des politiques départementales de sécurité. Dans cette perspective, l'article L. 122-1 prévoit, d'un côté, que le préfet « anime et coordonne » l'ensemble du dispositif départemental de sécurité intérieure et, de l'autre, fixe les missions des différents services et forces dont dispose l'État en matière de sécurité intérieure[21].

Enfin, le préfet est l'autorité hiérarchique des services départementaux de police. À ce titre, celui-ci « dirige l'action des services de la police nationale et des unités de la gendarmerie nationale en matière d'ordre public »[22]. Cette affirmation conduit à formuler deux observations. La première est que la police judiciaire est naturellement exclue du champ d'application de cet article. La seconde est que les responsables départementaux des services de police sont soumis à l'autorité du préfet, ce qui induit principalement qu'ils lui rendent compte de l'exécution et des résultats de leurs missions[23]. Il est à noter par ailleurs que le préfet peut solliciter le concours de tout autre service local de l'État exerçant des missions se rattachant à la sécurité intérieure. C'est ainsi par exemple qu'il lui est possible de faire appel aux agents de la douane, notamment dans le cadre des groupements d'intervention régionaux (GIR)[24].

---

19. Sur le préfet comme autorité de police administrative, voir E. PICARD, *La notion de police administrative*, *op. cit.*, t. 2, p. 625-639.

20. Nous empruntons cette expression à J. MILLET, « Préfets, procureurs et maires : des contrats locaux de sécurité aux stratégies territoriales de sécurité » *in* X. LATOUR et P. MBONGO (dir.), *Préfets, procureurs et maires. L'autorité publique au début du XXe siècle*, PUAM, 2011, p. 95.

21. Sur ce pouvoir d'animation et de coordination, voir F. CHAUVIN, « Les nouveaux pouvoirs du préfet dans la loi pour la sécurité intérieure », art. préc., p. 668.

22. Art. L. 122-1 CSI.

23. Sur ce point, voir F. CHAUVIN, art. préc., p. 668 et J. MILLET, art. préc., p. 95-96.

24. Circulaire interministérielle nº INTC00200129C relative à la mise en place des groupes d'intervention régionaux. Sur ces groupements, voir notamment : J.-P. JEAN, « Les GIR : un objet juridique désormais mieux identifié », *RSC* 2005, nº 1, p. 59-64.

Derrière ce classicisme apparent se cache un profond renouveau : l'apparition des préfets de zone de défense et de sécurité[25], créés par la loi de programmation militaire du 29 juillet 2009[26], complétée par deux décrets du 4 mars 2010[27]. Au nombre de sept, ces préfets spécialisés compétents sur le territoire de circonscriptions administratives généralement pluri-régionales, se sont vu attribuer des attributions de plus en plus étendues : en matière de défense non militaire, de sécurité civile et de maintien de l'ordre public. Leur création et leur montée en puissance nous semblent témoigner de deux points importants. Le premier point est celui selon lequel le département apparaît comme une circonscription administrative trop étroite pour gérer certains aspects des politiques publiques de sécurité, notamment en matière de défense économique ou de sécurité civile[28]. Le second point est celui selon lequel l'idée selon lequel le préfet est un généraliste, qui peut tout faire, la police comme le reste, a vécu[29]. L'importance prise par les questions de sécurité a conduit les pouvoirs publics à créer un préfet spécialisé dans le domaine de la sécurité, qui y consacre la totalité de son temps.

B. Le maire

Le maire est l'autre acteur local traditionnel du dispositif de sécurité locale[30]. On peut faire remonter cette compétence communale de police, non seulement à la loi du 5 avril 1884[31], mais plus encore à celle du 14 décembre 1789[32], dont l'article 50 affirme que la police est une « fonction propre au pouvoir municipal »[33].

25. Sur les préfets de zone de défense et de sécurité, voir R. CAPART, *Les pouvoirs de police administrative du préfet de zone*, Thèse, Université de Montpellier, 2015.
26. Art. 5 de la loi n° 2009-928 du 29 juill. 2009 relative à la programmation militaire pour les années 2009 à 2014 et portant diverses dispositions concernant la défense.
27. Décrets n° 2010-224 relatif aux pouvoirs des préfets de zone de défense et de sécurité et n° 2010-225 portant modifications de certaines dispositions du Code de la défense relatives aux préfets délégués pour la défense et la sécurité.
28. Voir notamment C. comptes, Rapport thématique, *Organisation et gestion des forces de sécurité intérieure*, 2011 et R. POINTEREAU et C. FÉRET, *L'ancrage territorial de la sécurité intérieure*, Sénat, n° 323, 29 janv. 2021.
29. Voir en ce sens O. RENAUDIE, « Les préfets de zone de défense et de sécurité : quelles (r)évolutions ? » *in* C. VALLAR et X. LATOUR (dir.), *Le droit de la sécurité et de la défense en 2013*, PUAM, 2014, p. 80.
30. Sur la police municipale, voir les deux thèses classiques : P. BON, *La police municipale*, Université de Bordeaux-I, 1975 et P.-H. TEITGEN, *La police municipale*, *op. cit.*
31. Loi sur l'organisation municipale. Sur ce texte, voir L. MORGAND, *La loi municipale. Commentaire de la loi du 5 avril 1884*, Berger-Levrault, 5e éd., 1896.
32. « Loi relative à la constitution des municipalités », *Recueil Duvergier*, 2e éd., 1834, p. 63.
33. Sur l'interprétation de cette disposition, voir H. DE PANSEY, *Du pouvoir municipal et de la police intérieure des communes*, Barrois, 3e éd., 1833, p. 144.

En droit positif, cette place éminente du maire dans le dispositif de sécurité locale est consacrée par deux séries de dispositions. La première est constituée par les articles totémiques L. 2212-1 et 2 du Code général des collectivités territoriales, qui confient au maire un pouvoir de police administrative pour assurer le bon ordre, la sûreté, la sécurité et la salubrité publiques sur le territoire de la commune[34]. La seconde est constituée par les articles L. 132-1 et suivants du Code de la sécurité intérieure[35], qui précisent les conditions dans lesquelles le maire concourt par son pouvoir de police à la sécurité publique. Si ces dispositions témoignent d'un ancrage solide et durable du maire, il faut constater que celui-ci s'est accompagné d'un renforcement contemporain[36]. Celui-ci s'est traduit de multiples manières.

D'abord, le maire s'est vu attribuer par la loi du 5 mars 2007[37] la compétence pour « animer », sur le territoire de la commune, la politique de prévention de la délinquance et en coordonne la mise en œuvre.

Ensuite, le maire s'est vu reconnaître par la loi du 9 mars 2004[38] un droit à l'information : comme le prévoit l'article L. 132-3 du Code de la sécurité intérieure (CSI), il est « informé sans délai par les responsables locaux de la police ou de la gendarmerie des infractions causant un trouble à l'ordre public commises sur le territoire de sa commune ». Depuis lors, ce droit à l'information ne cesse d'être renforcé : la loi du 25 mai 2021 sur la sécurité globale[39] a ainsi prévu que le maire est systématiquement informé par le Procureur de la République des classements sans suite, des mesures alternatives aux poursuites et des poursuites engagées[40].

Enfin, même le maire de Paris, dont l'État s'est longtemps méfié[41], s'est vu progressivement attribuer des compétences en matière de police. Initiée avec la loi du 29 janvier 1986[42], ce mouvement s'est achevé avec la loi du 25 mai 2021[43], qui permet la création d'une police municipale parisienne[44].

---

34. Sur l'étendue de ce pouvoir, voir X. PRÉTOT et Cl. ZACHARIE, *La police administrative*, LGDJ-Lextenso, 2018, p. 83-89.
35. Voir la Section 1 intitulée « Rôle du maire ».
36. Voir en ce sens T. LE GOFF, *Les maires, nouveaux patrons de la sécurité*, PU de Rennes, 2008.
37. Loi n° 2007-297 relative à la prévention de la délinquance. Sur ce texte, voir X. LATOUR, « La loi relative à la prévention de la délinquance et le maire », *BJCL* avr. 2007, p. 218-225.
38. Loi n° 2004-204 portant adaptation de la justice aux évolutions de la criminalité.
39. Loi n° 2021-646 pour une sécurité globale préservant l'exercice des libertés. Sur ce texte, voir Ch. VALLAR, « Loi sur la sécurité globale : des avancées très relatives pour les polices municipales », *JCP A* 5 juill. 2021, étude n° 2216.
40. Art. 3 de la loi n° 2021-646 préc.
41. Voir F. HAEGEL, *Un maire à Paris. Mise en scène d'un nouveau rôle politique*, Presses de la FNSP, 1994.
42. Loi n° 86-1308 préc.
43. Loi n° 2021-646 préc.
44. Voir O. RENAUDIE, « La création de la police municipale parisienne », *JCP A* 5 juill. 2021, p. 21-25.

Ainsi, Paris n'est plus la seule ville de plus de 100 000 habitants à ne pas disposer d'une telle force.

La politique publique de sécurité envisagée au niveau local repose donc sur deux autorités distinctes, le préfet et le maire, symbolisant un partage traditionnel de compétences entre l'État et les communes. En apparence, rien n'a changé depuis l'an VIII ! À mieux y regarder cependant, la politique de sécurité a été récemment renouvelée.

II. Une politique récemment renouvelée

Longtemps, la politique de sécurité s'est réduite à un dialogue entre préfets et maires. Ce n'est plus le cas aujourd'hui : on assiste à l'émergence de nouveaux acteurs. Ce mouvement est incarné par la montée en puissance de l'intercommunalité et l'émergence des régions (B).

A. La montée en puissance de l'intercommunalité

Depuis quelques années, on assiste à la montée en puissance de l'intercommunalité dans le domaine de la sécurité. Cette montée en puissance a pu surprendre tant les maires semblaient attachés à leurs prérogatives de police : pour dire les choses simplement, il « ne paraissait pas imaginable d'en transférer une parcelle à quelque exécutif intercommunal »[45]. Pourtant, deux motifs ont contribué à faire de la sécurité un enjeu intercommunal. Le premier motif, d'ordre territorial, tient au constat selon lequel, en matière de police comme dans d'autres secteurs de l'action administrative, la commune s'avère un territoire trop étriqué pour exercer efficacement certaines compétences, notamment dans les agglomérations[46]. Le second motif tient aux économies budgétaires auxquelles les communes peuvent aspirer en exerçant en commun certaines compétences de police administrative, ce qui, dans un contexte de raréfaction des ressources[47], est tout sauf négligeable. Sur le fondement de ces deux motifs, la sécurité est devenue un enjeu intercommunal, ce qui s'est traduit aussi bien à propos des autorités, que des forces.

Pour ce qui concerne les autorités, on a assisté à l'émergence d'un nouvel acteur, le président d'EPCI à fiscalité propre[48]. À partir de la loi du 13 août 2004[49], celui-ci s'est vu reconnaître – par petites touches, au gré des interventions législatives –

45. J.-B. CHEVALIER, « L'intercommunalisation de la police municipale », *AJCT* 2014, p. 367.
46. Voir en ce sens A. BAUER et M. GAUDIN, *Livre blanc sur la sécurité publique*, Doc. fr., 2012, p. 114-115 et J. MILLET, « Les premiers pas de la police d'agglomération » *in* F. DEBOVE et O. RENAUDIE (dir.), *Sécurité intérieure. Les nouveaux défis*, Vuibert, 2013.
47. Voir en ce sens M. CONAN et R. MUZELLEC, *Finances locales*, Dalloz, 7e éd., 2018, p. 11-14.
48. Voir J.-F. JOYE, « Le nouveau pouvoir de police du président d'un établissement public de coopération intercommunale », *AJDA* 2005, p. 2136 et L. MARTIN, « Le président de l'EPCI à fiscalité propre, une autorité de police administrative en devenir », *AJDA* 2012, p. 135-143.
49. Loi n° 2004-809 relative aux libertés et responsabilités locales.

un certain nombre d'attributions de police administrative spéciale relevant des maires[50] en matière : d'assainissement ; de collecte des déchets ; de réalisation des aires d'accueil et des terrains de passage des gens du voyage ; de circulation et de stationnement (dans le cadre de la compétence en matière de voirie) ; de la délivrance des autorisations de stationnement des exploitants de taxis ; de sécurité des bâtiments publics, des immeubles collectifs et des édifices menaçant ruine. Ce à quoi on peut ajouter des transferts facultatifs[51] en matière de sécurité des manifestations culturelles et sportives, de défense extérieure contre l'incendie[52]. Dans un premier temps[53], le législateur avait fait le choix que les actes édictés dans ces domaines aient pour coauteurs le président de l'EPCI et le ou les maires de la commune ou des communes concernées. Dans un second temps[54], de manière opportune, le législateur a préféré affirmer que le président de l'EPCI est l'auteur exclusif de ces actes, lesquels doivent simplement « être transmis pour information aux maires des communes concernées »[55].

Pour ce qui concerne les forces, on a assisté à la multiplication des polices intercommunales[56]. Si cette dernière expression ne figure dans aucun texte, elle peut néanmoins être utilisée pour désigner un service commun géré par un EPCI à fiscalité propre et comprenant un certain nombre d'agents de police municipale[57]. La procédure relative à la création d'une police intercommunale est en trois étapes[58]. La première étape est l'initiative de cette création qui appartient aux communes membres de l'EPCI concerné dont les conseils municipaux doivent délibérer en ce sens : il peut s'agir soit des deux tiers des conseils municipaux représentant plus de

50. Sur les domaines concernés et les modalités de transfert, voir Association des Communautés de France (AdCF), « Les modalités de transfert des pouvoirs de police administrative spéciale aux présidents des communautés », Note juridique, juin 2014 (*https://www.adgcf.fr/upload/forum/0020/140901-020922-adcf-pouvoirs-police-speciale-juin2014.pdf*).

51. « Les maires des communes membres d'un établissement public de coopération intercommunale à fiscalité propre peuvent transférer au président de cet établissement les prérogatives qu'ils détiennent en application de l'article 23 de la loi n° 95-73 du 21 janv. 1995 d'orientation et de programmation relative à la sécurité pour assurer la sécurité des manifestations culturelles et sportives organisées dans des établissements communautaires » (art. L. 5211-9-2 I. CGCT).

52. Ne devant pas être confondue avec la lutte contre l'incendie, la « défense extérieure contre l'incendie » a pour objet d'assurer l'alimentation en eau des services d'incendie et de secours par le biais de points d'eau. Sur le sujet, voir X. PRÉTOT, « La défense extérieure contre l'incendie : une compétence essentiellement communale », *JCP A*, n° 42, 19 oct. 2015, p. 37-45.

53. Loi n° 2002-276 du 27 févr. 2002 relative à la démocratie de proximité.

54. Loi n° 2010-1563 du 16 déc. 2010 de réforme des collectivités territoriales.

55. Art. L. 5211-9-2 II. CGCT.

56. AdCF, « Pratiques et cadre juridique des polices intercommunales », Note, juin 2015 (*https://www.adgcf.fr/upload/forum/0008/140901-020922-adcf_cnfpt_angers_5juin2014_police.pdf*).

57. Voir Rapport d'information, Sénat, n° 783, *De la police municipale à la police territoriale : mieux assurer la tranquillité publique*, par F. Pillet et R. Vandierendonck, 26 sept. 2012, p. 12.

58. Art. L. 512-2 CSI.

la moitié de la population, soit de la moitié des conseils municipaux représentant plus des deux tiers de la population[59]. La deuxième étape est la notification de ces délibérations municipales au président de l'EPCI à fiscalité propre concerné. La troisième étape est la délibération du conseil communautaire portant création du service et recrutement de policiers. D'un strict point de vue juridique, l'exercice par les agents d'une force intercommunale de police de leurs compétences pose deux questions principales.

La première question est relative à l'autorité à laquelle sont soumis ces agents. Comme le précise l'article L. 5211-9-2 du CGCT, ceux-ci « [...] assurent, sous l'autorité du président de l'EPCI, l'exécution des décisions prises conformément aux attributions transférées par les maires des communes membres en vertu du présent article ». Dans ce cas, le président de l'EPCI doit donc être considéré tout à la fois comme l'autorité de gestion et l'autorité fonctionnelle de ces agents[60].

La seconde question porte sur la possibilité pour les communes membres de l'EPCI d'utiliser les agents du service de police intercommunale pour mettre en œuvre les pouvoirs de police administrative, générale et spéciale, demeurés dans le giron des attributions municipales. Dans cette perspective, les textes prévoient qu'une convention doit alors être conclue entre l'EPCI et chaque commune souhaitant faire usage de cette force intercommunale[61]. Si une telle convention est signée, les agents de la police intercommunale seront placés, soit sous l'autorité fonctionnelle des maires, lorsqu'ils exerceront leurs missions pour mettre en œuvre ces pouvoirs de police, soit sous l'autorité fonctionnelle du président de l'EPCI, lorsqu'ils exerceront leurs missions pour mettre en œuvre les pouvoirs de police spéciale transférés au président.

B. L'émergence des régions

Enjeu intercommunal, la sécurité est aussi en train de devenir un enjeu régional. Pourtant, à l'occasion de la création des conseils régionaux par la loi du 2 mars 1982[62], la question ne s'est pas posée de savoir s'il fallait leur confier des attributions en matière de sécurité. Depuis lors, la situation est contrastée. D'un côté, l'association Régions de France ne semble revendiquer aucune attribution en la

59. « À la demande des maires de plusieurs communes appartenant à un même établissement public de coopération intercommunale à fiscalité propre, celui-ci peut recruter, après délibération de deux tiers au moins des conseils municipaux des communes intéressées représentant plus de la moitié de la population totale de celles-ci, ou de la moitié au moins des conseils municipaux des communes représentant les deux tiers de la population, un ou plusieurs agents de police municipale, en vue de les mettre à disposition de l'ensemble de ces communes [...] » (art. L. 512-2 CSI).

60. Voir en ce sens J.-B. CHEVALIER, art. préc., p. 370 et F. CROUZATIER-DURAND, « Les évolutions des polices municipales. Mutualisation et territorialisation », *AJDA* 2013, p. 1963.

61. Art. L. 2212-10 CGCT et art. R. 512-1 CSI.

62. Loi n° 82-213 préc.

matière, comme en témoigne son dernier livre blanc[63]. De l'autre, ces dernières années, plusieurs conseils régionaux, celui de Rhône-Alpes, ceux de Provence-Alpes-Côte d'Azur, d'Île-de-France et des Pays-de-Loire ont créé ce qu'ils ont baptisé un « bouclier de sécurité »[64]. Pour l'essentiel, ce bouclier s'est traduit par l'achat d'équipements, notamment des gilets pare-balles et des bâtons de défense, pour les polices municipales, le financement de centres de vidéoprotection et la création de brigades régionales de sécurité pour assurer la sécurité à l'intérieur et aux abords de certains lycées[65]. Ces initiatives ont pu être justifiées par les présidents de région concernés par l'importance prise par les questions relatives à la sécurité et les interpellations de la population à propos de la tranquillité publique sous toutes ses formes, auxquelles ces conseils régionaux estiment devoir répondre, quitte à se montrer créatifs.

Reste que, juridiquement, de telles délibérations apparaissent fragiles. C'est ce qui a conduit le préfet de la région Île-de-France à demander récemment à la présidente de la région Île-de-France de revenir sur la création d'un tel bouclier de sécurité[66]. C'est aussi ce qui avait amené le préfet de la région PACA à saisir le tribunal administratif de Marseille d'un déféré relatif à plusieurs délibérations sur le sujet du conseil régional PACA. Dans un jugement en date du 17 décembre 2019[67], le tribunal administratif de Marseille a annulé ces délibérations au motif suivant : depuis l'entrée en vigueur de la loi NOTRe du 7 août 2015[68], la région ne peut agir dans un domaine ne relevant pas d'une compétence lui étant attribuée par la loi. Or la région n'est titulaire d'aucune compétence en matière de sécurité. En l'état du droit, la solution est logique et sans ambiguïté. Cependant, on peut se demander s'il convient d'en rester là. Plus précisément, il est permis de s'interroger en ces termes : si, comme le soulignent les ministres de l'Intérieur successifs depuis 2001[69], et

---

63. *https://regions-france.org/vers-republique-de-confiance-livre-blanc-regions/.*
64. B. SCHNEIDER, « Île-de-France : 18 millions d'euros investis dans le bouclier de sécurité », *Le Parisien* 3 nov. 2016 et C. GARCIA, « Un plan de sécurité intérieure régional lancé en PACA », *La Gazette des communes* 23 sept. 2016.
65. Voir C. GARCIA, art. préc.
66. Voir D. COSNARD, « Valérie Pécresse rappelée à l'ordre par le préfet d'Île-de-France sur la sécurité », *Le Monde* 16 févr. 2022 et O. DEBRUYNE, « Région Île-de-France : l'État retoque le bouclier de sécurité de Valérie Pécresse », *Le Parisien* 16 févr. 2022.
67. TA Marseille 17 déc. 2019, nº 1703337.
68. Loi nº 2015-991 portant nouvelle organisation territoriale de la République.
69. Voir V. MALOCHET, « La sécurité est-elle vraiment l'affaire de tous ? », *Participations*, nº 29, 2021, p. 41-71.

aujourd'hui le président Emmanuel Macron[70], la sécurité est « l'affaire de tous », pourquoi ne serait-elle pas celle des conseils régionaux? Le débat mérite d'être ouvert[71]. Deux pistes de réflexion nous semblent envisageables.

La première piste, modeste, serait de permettre aux conseils régionaux de signer des contrats de sécurité intégrée[72]. Ces contrats d'une durée de cinq ans permettent de clarifier les engagements réciproques de l'État et des communes – ou intercommunalités – sur un territoire donné dans le domaine de la sécurité[73].

La seconde piste, plus ambitieuse, consisterait à modifier la loi pour donner aux conseils régionaux une compétence en matière de tranquillité publique et de prévention de la délinquance, mais également de financement d'opérations d'intérêt régional dans le domaine de la sécurité. C'est précisément ce qu'envisage une proposition de loi déposée au Sénat le 1er mars 2023[74], dont l'objet est de permettre aux régions de « contribuer à l'effort national de sécurité ». Dans cette perspective, deux réformes sont envisagées : d'une part, modifier le Code de la sécurité intérieure pour permettre au conseil régional de concourir aux actions de sécurité et de prévention de la délinquance; d'autre part, modifier le Code général des collectivités pour affirmer que le conseil régional peut contribuer au financement des équipements de la police municipale et intercommunale.

***

*

On ne peut que dresser le constat selon lequel la sécurité est bien une politique publique locale territorialisée[75] : qu'il s'agisse de l'État ou des collectivités territoriales, celle-ci est conceptualisée et mise en œuvre sur des espaces dotés de caractéristiques propres. Reste que les évolutions contemporaines de la sécurité retracées ici nous semblent présenter le risque de la complexité[76]. La multiplication des autorités locales compétentes dans le domaine de la sécurité, mais

---

70. *https://www.elysee.fr/emmanuel-macron/2021/09/13/.cloture-du-beauvau-de-la-securite-par-le-president-emmanuel-macron.*

71. O. RENAUDIE, « Régions et sécurité : le temps du débat est venu », *JCP A* 7 mars 2022, p. 2.

72. Sur ces contrats, voir J. MARTIN et O. RENAUDIE, « Le contrat de sécurité intégrée : un symbole et des interrogations », *JCP A* 16 nov. 2020, p. 35-37.

73. Voir la circulaire n° 6258/SG du Premier ministre du 16 avr. 2021 relative à la mise en œuvre des contrats de sécurité intégrée.

74. Proposition de loi relative à la clarification des compétences des régions pour contribuer à l'effort national de sécurité, n° 386, par Ph. Tabarot et autres, Sénat, 1er mars 2023.

75. Sur la notion de territorialisation, voir J.-F. BRISSON, « La territorialisation des politiques publiques. À propos de quelques malentendus… », *RFFP*, n° 129, 2015, p. 3-10.

76. Sur cette complexité, voir *Normes applicables aux collectivités territoriales : face à l'addiction, osons une thérapie de choc !*, Rapport d'information de Mme Françoise Gatel et M. Rémy Pointereau, Sénat, n° 289, 26 janv. 2023.

également celle des territoires (zones, régions, départements, intercommunalité, communes) donne un sentiment de vertige. Cet enchevêtrement de compétences et de territoires, loin d'être une spécificité de la sécurité, rapproche celle-ci d'autres politiques publiques locales évoquées dans le présent ouvrage : de ce point de vue, la sécurité se présente comme un ingrédient de plus d'un *crumble* territorial déjà bien indigeste.

3e Partie

L'ÉVOLUTION

L'ÉMERGENCE DES EXPÉRIMENTATIONS LOCALES : QUEL IMPACT SUR LA CONSTRUCTION DES POLITIQUES PUBLIQUES ?

Virginie DONIER

Professeure de droit public
Université de Toulon, Centre d'Études et de Recherche sur les Contentieux – CERC
Présidente du conseil scientifique du Groupement de recherche sur l'administration locale en Europe – GIS-GRALE

L'introduction de l'expérimentation au sein de la Constitution par la révision constitutionnelle du 28 mars 2003, complétée par la loi organique du 1er août de la même année, a suscité des espoirs[1]. Cette introduction, il convient de le rappeler, répondait au véto du Conseil constitutionnel qui, dans sa décision du 17 janvier 2002 relative au statut de la Corse, avait refusé le principe de l'expérimentation normative au profit d'une collectivité territoriale[2]. Le constituant a alors introduit deux formes d'expérimentations : celles de l'article 37-1 qui n'intéressent pas spécifiquement le pouvoir normatif des collectivités territoriales, et celles de l'article 72 alinéa 4, beaucoup plus prometteuses pour l'autonomie locale, et notamment pour le pouvoir réglementaire local. C'est donc sur cette seconde catégorie d'expérimentations que les propos qui suivent se concentreront.

La révision constitutionnelle du 28 mars 2003 a apporté certains tempéraments au principe d'égalité, tempéraments devant cependant demeurer temporaires[3]. La loi du 1er août 2003 avait par ailleurs limité la portée des dérogations en construisant

1. Loi n° 2003-704, *JO* 2 août 2003, texte n° 1.

2. Décision n° 2001-454DC : « Considérant, en l'espèce, qu'en ouvrant au législateur, fût-ce à titre expérimental, dérogatoire et limité dans le temps, la possibilité d'autoriser la collectivité territoriale de Corse à prendre des mesures relevant du domaine de la loi, la loi déférée est intervenue dans un domaine qui ne relève que de la Constitution » ; J.-B. AUBY, « La Corse et le pouvoir normatif local », *Dr. adm.* févr. 2002, n° 2, p. 3 ; B. FAURE, « La décentralisation normative à l'épreuve du Conseil constitutionnel », *RFDA* 2002, p. 469.

3. F. CROUZATIER-DURAND, « Réflexions sur le concept d'expérimentation législative », *RFDC* 2003, n° 4, p. 675. Voir également la thèse de S. DENADJA, *Expérimentation et administration territoriale*, Université de Montpellier, 2008, Thèse dactylographiée, 668 p.

une logique binaire : au terme de l'expérience, le nouveau dispositif était soit abandonné pour toutes les collectivités présentant les mêmes caractéristiques, soit étendu à l'ensemble de ces collectivités. À cela s'ajoutait un dispositif corseté visant à encadrer de façon stricte le recours à l'expérimentation, mais aussi les actes adoptés dans ce cadre, par la mise en œuvre d'un contrôle de légalité renforcé[4]. La délibération par laquelle la collectivité demandait à participer à l'expérimentation et les actes réglementaires adoptés pendant celle-ci pouvaient être suspendus dans des conditions dérogeant au droit commun : les recours introduits devant le juge administratif par le préfet à l'encontre de ces actes pouvaient être assortis d'une demande de suspension qui les privait automatiquement d'effet, sans que le juge n'ait à se prononcer en ce sens.

Le résultat de ce régime juridique contraignant fut un faible recours à l'expérimentation fondée sur l'article 72 alinéa 4 de la Constitution. Pour autant, en dehors de ce cadre normatif étriqué, les collectivités n'hésitent pas à recourir à l'expérimentation, ainsi que l'a relevé le Conseil d'État dans son rapport de 2019[5]. Toutes les expérimentations ne requièrent pas d'adaptation normative, le rapport cite ainsi l'exemple de l'expérimentation de la gratuité des transports en commun par la commune de Dunkerque[6]. S'agissant des expérimentations fondées sur l'article 72 alinéa 4, le rapport ne relève que quatre exemples : le RSA, la tarification sociale de l'eau, les modalités de répartition de la taxe d'apprentissage et l'accès à l'apprentissage jusqu'à l'âge de 30 ans. Cela a donc conduit le Conseil d'État à proposer de desserrer le corset et de réformer la loi organique du 1er août 2003 afin de garantir une réelle mise en œuvre de l'expérimentation normative.

Dans la veine des propositions de ce rapport, le législateur organique a adopté la loi du 19 avril 2021 relative à la simplification des expérimentations menées sur le fondement de l'article 72 de la Constitution[7]. Faute de consensus, ou tout du moins de majorité, autour d'une révision constitutionnelle, l'État n'a pu recourir à d'autres instruments pour tenter d'insuffler une nouvelle dynamique favorable à l'autonomie locale[8]. Désormais, pour participer à une expérimentation, la collectivité doit simplement adopter une délibération faisant acte de candidature. Si elle répond aux critères posés par la loi ou le règlement, cela suffit pour lui permettre

4. P. MOZOL, « Vers un renouveau de l'expérimentation normative locale ? », *JCP A* n° 9, 2021.2067.

5. Rapport rédigé à la demande du Premier ministre, *Les expérimentations : comment innover dans la conduite des politiques publiques ?*, 2019, 150 p.

6. *Ibid.*, p. 31.

7. Loi n° 2021-467, *JO* 20 avr. 2021, texte n° 1.

8. L. JANICOT et M. VERPEAUX, « Réformer sans réviser », *AJDA* 2021, p. 1375.

d'entrer dans l'expérimentation, alors qu'auparavant, cette demande devait être suivie d'une autorisation de la part de l'État. La loi organique du 19 avril 2021 supprime donc l'autorisation préalable au profit de la déclaration préalable[9].

Par ailleurs, le contrôle exercé sur les actes issus de l'expérimentation a été allégé : seule la délibération par laquelle la collectivité affirme sa volonté de participer à l'expérimentation peut faire l'objet d'une suspension automatique en cas de recours par le préfet devant le juge administratif, mais cela ne s'applique plus aux actes réglementaires adoptés par les collectivités territoriales pendant l'expérimentation. Ces actes relèvent aujourd'hui d'un contrôle de droit commun.

La loi organique du 19 avril 2021 a également allégé les formalités de publicité : pour être exécutoire, la délibération par laquelle la collectivité faisait acte de candidature devait être publiée au *Journal officiel*. Désormais, cette publication n'a qu'une portée informative. Il en est de même s'agissant des actes réglementaires adoptés pendant l'expérience.

À cela s'ajoutent deux modifications importantes qui seront abordées plus en détail par la suite : la fin de la logique binaire fondée sur la généralisation ou l'abandon de l'expérimentation d'une part, et le renforcement de l'évaluation d'autre part.

Au regard de ces évolutions du droit positif, et des nombreux rapports vantant les mérites de l'expérimentation, il apparaît qu'elle fait figure de méthode renouvelée de construction des politiques publiques, en s'appuyant notamment sur une logique de co-construction. Pourtant, il y a un vrai contraste entre l'intérêt que suscite cette méthode et sa faible mise en œuvre dans le cadre de l'article 72 alinéa 4 de la Constitution. C'est précisément ce contraste qu'il est intéressant d'interroger en évoquant les enjeux de l'expérimentation pour le droit des collectivités territoriales, mais aussi sans doute pour la qualité de la norme en général (I), avant d'envisager les raisons qui expliquent cette sous-utilisation, raisons qui ne figurent pas seulement dans le caractère unitaire de l'État, mais aussi dans la culture administrative française (II).

I. Les enjeux de l'expérimentation pour les collectivités territoriales

Les enjeux sont de deux ordres : l'expérimentation peut favoriser la mise en œuvre d'autres principes régissant le droit des collectivités territoriales (A) et elle fait figure de vecteur potentiel de simplification (B).

9. *Ibid.*

A. La concrétisation d'autres principes du droit des collectivités territoriales

L'expérimentation est une méthode qui sert la cause du principe de subsidiarité, tout en permettant au pouvoir réglementaire local de trouver un champ d'application renouvelé. Or cela peut contribuer au développement d'une logique de différenciation, et donc d'adaptation du droit à la réalité locale. Tels sont les enjeux de l'expérimentation pour l'effectivité du droit des collectivités territoriales[10].

Ainsi que le Conseil d'État l'a relevé dans son rapport de 2019, l'expérimentation permet de lever des incertitudes. Or le doute peut porter sur le choix du niveau territorial adapté pour la mise en œuvre d'une compétence, et en ce sens, elle donnera plus de consistance au principe de subsidiarité. L'expérimentation permet en effet de tester les conséquences d'une réforme sur les collectivités territoriales, ce qui contribue à améliorer l'efficacité de la norme, objectif qui est au cœur du principe de subsidiarité. On a souvent reproché à ce principe son manque d'effet juridique, même si le Conseil constitutionnel l'a utilisé comme norme d'interprétation dans sa décision du 7 juillet 2005[11]. Le recours plus fréquent à l'expérimentation pourrait alors donner une portée renouvelée au principe de subsidiarité dans la détermination du niveau territorial idoine pour gérer telle ou telle compétence.

Un autre enjeu réside dans le fait que la mise en œuvre d'expérimentations normatives permet aux collectivités de disposer d'un champ renouvelé pour l'exercice de leur pouvoir réglementaire, même si cela peut demeurer temporaire en étant limité à la durée de l'expérimentation. Le rapport rendu par l'Inspection générale de l'administration en 2021 met particulièrement en lumière les atouts de l'expérimentation pour desserrer l'étau qui pèse sur les collectivités territoriales et favoriser l'émergence d'une réelle capacité normative locale[12]. L'expérimentation permet en effet de mieux évaluer l'impact d'une différenciation normative dans l'hypothèse où le pouvoir réglementaire local serait habilité à compléter des prescriptions fixées au niveau national. Le rapport de l'IGA suggère d'ailleurs de développer la différenciation normative *via* le pouvoir réglementaire local en autorisant les autorités locales à compléter les règles nationales (ce qui suppose que ces dernières ne soient pas trop précises ni sophistiquées), ou en limitant le rôle de la règle nationale sur le modèle des directives européennes. Suivant cette méthode, l'État se contenterait de fixer des objectifs que le pouvoir réglementaire local serait chargé de mettre en œuvre en tenant compte des particularités du territoire.

---

10. V. DONIER, « L'autonomie locale et les enjeux de la mise en œuvre du droit à l'expérimentation », *in* P. TÜRK (dir.), *Les collectivités territoriales et la Constitution*, Paris, éd. L'Harmattan, 2020, p. 281.
11. Décision 2005-516DC, *Loi de programme fixant les orientations de la politique énergétique*.
12. B. ACAR et N. ANGEL, *Le pouvoir réglementaire des collectivités territoriales : enjeux et perspectives*, rapport n° 21004-R1, juin 2021, 86 p.

Il apparaît ainsi qu'existe un lien étroit entre expérimentation et différenciation, notion introduite explicitement dans le droit positif par la loi dite « 3DS » du 21 février 2022[13]. L'expérimentation intègre la différenciation pendant la durée de l'expérimentation, mais aussi au-delà. En effet, depuis l'entrée en vigueur de la loi organique du 19 avril 2021, le législateur peut décider, au regard de l'évaluation de l'expérimentation, le maintien des mesures prises à titre expérimental dans les collectivités ayant participé à l'expérience, ou dans certaines d'entre elles, et leur extension à d'autres collectivités qui n'ont pas participé à l'expérimentation, dans le respect du principe d'égalité. Comme cela a été souligné, la loi a mis fin à l'ancienne logique abandon/généralisation, avec toutefois une limite : dans sa décision du 15 avril 2021, le Conseil constitutionnel a indiqué que le législateur ne saurait pérenniser des mesures prises à titre expérimental dans les seules collectivités territoriales ayant participé à l'expérimentation, sans les étendre aux autres collectivités présentant les mêmes caractéristiques[14]. Autrement dit, le principe d'égalité constitue un garde-fou, il implique de traiter de façon identique des collectivités placées dans une situation similaire, et ce afin d'éviter toute différenciation injustifiée.

Au-delà de ces considérations, l'expérimentation peut aussi être l'occasion pour l'État de mieux apprécier l'utilité de la norme nationale et partant, d'accorder une place plus importante au pouvoir réglementaire local. Cela supposerait de tirer parti de l'expérimentation pour réviser la place de la norme nationale par rapport à la norme locale, au lieu de reprendre la norme expérimentale dans une loi ou un règlement national et d'en assurer une application uniforme, comme cela est trop souvent le cas aujourd'hui[15]. Il ne s'agirait pas seulement de s'interroger sur la pertinence de la norme expérimentée, mais également de faire de l'expérimentation un outil de simplification.

B. Un vecteur potentiel de simplification

La relation établie entre expérimentation et simplification peut ne pas sembler évidente au premier abord, car pendant la durée de l'expérimentation, elle peut engendrer une « complexification du droit applicable et un affaiblissement de son accessibilité par les acteurs concernés par la mesure ou le dispositif testé », selon les propos tenus par le Conseil d'État dans son rapport de 2019[16]. Pourtant, l'expérimentation peut être un moyen pour identifier des leviers de simplification,

13. Loi n° 2022-217 relative à la différenciation, à la décentralisation, à la déconcentration et portant diverses mesures de simplification de l'action publique locale, *JO* 22 févr. 2022, texte n° 3.

14. Décision n° 2021-816, *Loi organique relative à la simplification des expérimentations mises en œuvre sur le fondement du 4e alinéa de l'article 72 de la Constitution.*

15. L. JANICOT, « La décentralisation et l'expérimentation normative », Titre VII, n° 9, *La décentralisation*, oct. 2022.

16. Rapport rédigé à la demande du Premier ministre, *op. cit.*, p. 50.

et c'est probablement la complexité du droit qui justifie, dans nombre de cas, le recours à l'expérimentation. Tel est en tout cas le constat fait par le Conseil d'État, toujours dans le même rapport, s'agissant des expérimentations de l'article 37-1. Selon lui, le recours accru aux expérimentations de l'article 37-1 (qui est davantage mis en application que l'article 72 al. 4) est « un symptôme de la complexité et de la rigidité de notre système normatif »[17].

Le constat selon lequel la norme serait trop détaillée et trop complexe est largement partagé, on le retrouve notamment dans le rapport précité de l'IGA consacré au pouvoir réglementaire local, mais aussi dans le rapport plus récent de la délégation sénatoriale aux collectivités territoriales et à la décentralisation du 26 janvier 2023[18]. Or dans ces différents travaux, la notion d'expérimentation est souvent convoquée en tant que conséquence de la complexité normative, l'expérimentation permettant de déroger ponctuellement à des normes trop contraignantes, mais aussi comme remède puisqu'elle permet d'identifier des leviers de simplification. L'expérimentation serait donc une méthode pour simplifier le droit. Sur ce point, le rapport précité du 26 janvier 2023 suggère d'expérimenter des clauses de réexamen et éventuellement des clauses guillotines dans les lois ayant une forte incidence sur les collectivités territoriales[19]. La clause de réexamen supposerait de mesurer les effets d'une réforme à échéance régulière afin de s'assurer qu'elle a bien renforcé la performance de l'action publique locale. Quant à la clause guillotine, elle s'avère plus expéditive, comme son nom l'indique, puisqu'elle consisterait à prévoir la disparition du texte en l'absence d'évaluation ou en présence d'une évaluation négative. La durée de vie de la disposition législative serait donc conditionnée et potentiellement limitée.

Si ces propositions ne sont pas directement liées aux expérimentations de l'article 72 alinéa 4 de la Constitution, elles démontrent néanmoins la relation établie entre expérimentation et simplification.

Pour renforcer ce lien dans le cadre des expérimentations normatives, la loi organique du 19 avril 2021 a d'ailleurs ajouté un 4e alinéa à l'article LO 1113-6 CGCT selon lequel « la loi peut modifier les dispositions régissant l'exercice de la compétence ayant fait l'objet de l'expérimentation ». Cet ajout fait figure de main tendue au législateur pour lui signifier que l'expérimentation est aussi l'occasion de faire son examen de conscience. Cela devrait notamment l'amener à s'interroger sur le respect des termes de l'article 34 de la Constitution selon lequel la loi doit simplement « déterminer les principes fondamentaux de la libre administration des collectivités territoriales, de leurs compétences et de leurs ressources ».

17. *Op. cit.*, p. 34.
18. Rapport d'information Sénat n° 289 (2022-2023), *Normes applicables aux collectivités territoriales : face à l'addiction, osons une thérapie de choc !* par F. Gatel et R. Pointereau, 71 p.
19. *Op. cit.*, p. 38.

L'expérimentation peut ainsi inciter le législateur à s'interroger sur sa place, et le cas échéant, à corriger sa tendance à l'omnipotence en droit des collectivités territoriales[20]. Le recours à cette méthode pourrait aussi faciliter la mise en œuvre de l'une des recommandations figurant dans le rapport de l'IGA : à savoir réfléchir à la définition d'objectifs généraux, en laissant aux collectivités le soin de les mettre en œuvre grâce au pouvoir réglementaire local. *In fine*, l'expérimentation est l'occasion pour le législateur de faire son autocritique et de tenter de remédier à sa tendance au bavardage. Mais jusqu'ici, les expérimentations n'ont pas été utilisées dans cet objectif. Elles sont généralement mises en œuvre pour tester la décentralisation de nouvelles compétences, mais trop peu pour répartir le pouvoir normatif. Comme souvent en droit des collectivités territoriales, les outils sont sous-employés et l'expérimentation n'échappe pas à ce constat. Or, il n'est pas certain que la loi organique du 19 avril 2021 ait foncièrement changé les choses.

Pour autant, aussi intéressante que paraisse l'expérimentation, le rapport public de la Cour des comptes de 2023 comporte une mise en garde : tout en préconisant le recours à cette méthode de construction des politiques publiques, la Cour estime qu'il ne faut pas multiplier les expérimentations institutionnelles aboutissant à la multiplication de collectivités à statut particulier, car cela risque de mettre à mal la cohérence de notre organisation administrative territoriale[21]. Le champ de l'expérimentation semble ainsi devoir être limité aux aspects matériels. Mais la question qui se pose est de savoir pourquoi cette méthode reste-t-elle sous-employée, ou pour présenter les choses autrement, que faudrait-il changer pour créer une réelle culture de l'expérimentation ? Si l'un des premiers butoirs est d'ordre temporel, l'expérience demande en effet du temps, ce qui ne correspond pas nécessairement aux besoins de la décision politique, il s'avère que d'autres obstacles expliquent également la frilosité envers l'expérimentation.

II. Un procédé de construction des politiques publiques sous-employé

En dépit des atouts prêtés à l'expérimentation, elle demeure peu utilisée, tout du moins s'agissant des expérimentations fondées sur l'article 72 alinéa 4 de la Constitution. Deux raisons peuvent expliquer cet état de fait : la faible place laissée à l'initiative locale d'une part (A) et l'absence d'une réelle culture de l'évaluation au sein de l'administration française d'autre part (B).

A. La moindre place offerte à l'initiative locale

Là encore, le propos doit s'ouvrir sur un paradoxe : les collectivités territoriales recourent à l'expérimentation d'elles-mêmes, en dehors de tout cadre normatif dès lors que l'intervention de l'État n'est pas nécessaire pour permettre une dérogation

20. L. JANICOT, « La décentralisation et l'expérimentation normative », *op. cit.*
21. C. comptes, Rapport public annuel 2023, *La décentralisation, 40 ans après*, mars 2023, p. 184.

à une norme en vigueur, ce qui signifie qu'elles se sont approprié cet outil[22]. Et pourtant, les expérimentations relevant de l'article 72 alinéa 4 ne leur laissent guère de marge de manœuvre. L'expérimentation normative reste la chose de l'État.

Certes, la loi organique du 19 avril 2021 a marqué une nette amélioration en substituant la déclaration à l'autorisation qui était auparavant exigée pour qu'une collectivité participe à une expérimentation. Dorénavant, « toute collectivité territoriale entrant dans le champ d'application défini par la loi peut décider de participer à l'expérimentation mentionnée par cette loi par une délibération motivée de son assemblée délibérante ». Mais les conditions permettant de candidater sont toujours définies par l'État, ainsi que l'illustre le rejet d'une proposition de loi visant à instaurer une expérimentation territoriale d'un revenu de base[23]. Dans la lignée de l'expérimentation Territoire Zéro Chômeur de longue durée, plusieurs départements avaient souhaité mettre en place une expérimentation d'un revenu de base, ce qui aurait impliqué de déroger à certaines normes régissant le RSA. Cet échec démontre que l'État est rétif face aux propositions qui émanent des collectivités territoriales, notamment sur un sujet qui a pu cristalliser les débats politiques[24].

Au terme de l'expérimentation, il appartient également au législateur de décider de l'issue de celle-ci : abandon de la norme dérogatoire, généralisation ou application dans certaines catégories de collectivités seulement[25]. Et dans cette dernière hypothèse, il convient de rappeler que le législateur doit, en application du principe d'égalité, étendre la norme dérogatoire à toutes les collectivités présentant les mêmes caractéristiques, même si elles n'ont pas marqué leur volonté de recourir à l'expérimentation.

L'article 72 alinéa 4 n'a pas été pensé à travers le prisme de l'autonomie locale, excepté pendant la durée de l'expérimentation puisque la collectivité peut disposer d'un espace renouvelé pour exercer son pouvoir réglementaire. Mais elle reste exclue du processus en amont et en aval.

Afin de remédier à cette situation, le Conseil d'État avait préconisé, dans son rapport de 2019, la mise en place d'un dispositif d'expérimentations ouvertes par appel à projets, ces derniers pouvant s'adresser à tous les acteurs concernés par une politique publique[26]. Cette suggestion semble avoir été entendue puisqu'une instruction a été prise le 12 mai 2021 afin de préciser les modalités de mise en œuvre de la loi organique, mais aussi pour organiser la mise en place de guichets locaux

22. Tel est le constat fait par le Conseil d'État dans son rapport précité de 2019, p. 31.
23. Proposition de loi n° 1541, Ass. nat., 19 déc. 2018.
24. T. Duverger, « La fabrique politique d'une expérimentation sociale : les départements et l'expérimentation du revenu de base », *RDSS* 2020, p. 260.
25. L. Janicot, « La décentralisation et l'expérimentation normative », *op. cit.*
26. Voir en ce sens les propositions faites aux p. 78 et s. du rapport consacré à l'expérimentation.

d'appui au sein des préfectures du département[27]. L'objet de ces guichets est de permettre aux collectivités territoriales d'exprimer une demande d'expérimentation au moyen d'un formulaire spécifique qui figure en annexe de l'instruction. La demande doit notamment préciser quelle est la compétence visée, et indiquer si l'expérimentation inclurait une dérogation aux normes en vigueur. Elle est ensuite instruite par la préfecture qui émet un avis, puis elle est transmise à la Direction générale des collectivités locales (DGCL) qui sera chargée de la communiquer aux ministres concernés. C'est alors une navette en sens inverse qui s'opérera puisque la DGCL communiquera à la préfecture la suite à donner à la demande d'expérimentation. Aucun chiffre précis portant sur les demandes d'expérimentations ne semble être accessible, on trouve simplement une réponse de la ministre de la Cohésion des territoires et des Relations avec les collectivités territoriales en date du 14 avril 2022 faite à une question écrite du sénateur Éric Kerrouche[28]. La ministre indique que « plusieurs propositions d'expérimentations » ont été adressées à la DGCL, sans plus de précision[29]. Il est donc difficile de mesurer l'intérêt pour ce dispositif d'initiative locale et surtout, il conviendrait d'avoir des données plus précises sur le sort réservé aux demandes d'expérimentation incluant une dérogation normative. En dépit des bonnes intentions affichées par l'État, on peine à déceler une réelle inversion de tendance.

B. Une faible culture de l'évaluation

Expérimentation et évaluation ne vont pas toujours de pair, certaines expérimentations ayant été généralisées avant que l'évaluation n'ait été effectuée, à l'image du RSA. Pour remédier à cet écueil, la loi organique a souhaité renforcer la place de l'évaluation. Il était déjà prévu qu'à l'expiration de la durée fixée pour l'expérimentation, le gouvernement transmette au Parlement un rapport permettant d'évaluer l'expérimentation. Les éléments devant être mentionnés dans ce rapport sont les suivants : le coût et la qualité du service rendu aux usagers, l'effet des mesures sur l'organisation territoriale et les services de l'État, ainsi que leurs incidences financières et fiscales. La loi organique a ajouté une évaluation à mi-parcours visant à présenter une évaluation intermédiaire sur les différents points venant d'être évoqués.

Cela permet de répondre, en partie, aux critiques émises par le Conseil d'État dans son rapport de 2019 déplorant l'absence d'une réelle culture de l'évaluation accompagnant l'expérimentation, et plus généralement, toute réforme. Le rapport

27. NOR : TERB2115000J
28. Question n° 25763.
29. En vertu de l'article L. 0 1113-5 CGCT, chaque année, le gouvernement doit cependant transmettre au Parlement un rapport retraçant l'ensemble des propositions d'expérimentations qui lui ont été adressées par les collectivités en exposant les suites qui leur ont été réservées.

soulignait notamment qu'il convenait de prévoir l'évaluation dès la décision de recourir à l'expérimentation et d'éviter une confusion des tâches : dans la mesure du possible, l'expérimentateur ne doit pas être l'évaluateur[30]. Il faut donc mettre en place un comité d'évaluation et pour cela, le Conseil d'État estime que plusieurs instances pourraient être mobilisées : les inspections générales des ministères, France Stratégie ou encore le Conseil d'analyse économique. L'intérêt du recours à ces instances serait de réduire le coût de l'évaluation et par conséquent, le coût de l'expérimentation.

Se pose également la question de la méthode retenue pour l'évaluation, méthode qui est entièrement à la maîtrise de l'État, puisque ce dernier est chargé de définir les modalités de l'évaluation en même temps qu'il décide du recours à l'expérimentation. Mais là encore, l'évaluation demande du temps ; or cela ne correspond pas toujours aux exigences de la décision politique.

Introduire une culture de l'évaluation implique donc de rénover la façon de concevoir la construction des politiques publiques et la temporalité de cette construction. Le rapport que le Conseil d'État a consacré à l'évaluation en 2020 le démontre bien : si l'évaluation est un thème rebattu, un sujet qui semble faire consensus, il y a un réel contraste entre l'adhésion à ce procédé et son utilisation effective[31].

Le Conseil d'État souligne également un problème de méthode car il conviendrait de déterminer avec précision ce que l'on cherche à évaluer. S'agissant des expérimentations, la loi organique pose certains jalons, mais rien n'est indiqué sur les attentes de l'évaluation en termes quantitatifs et qualitatifs[32]. Par ailleurs, aucune sanction n'est attachée à l'absence d'évaluation. Si le Conseil constitutionnel a rappelé, dans sa décision du 27 décembre 2019[33], la relation entre expérimentation et évaluation, la généralisation du dispositif expérimenté ne pouvant intervenir qu'après évaluation, aucune sanction n'est prévue en cas de généralisation d'un dispositif expérimental sans avoir procédé à une évaluation. Si l'on peut se féliciter de l'évaluation à mi-parcours introduite par la loi organique du 19 avril 2021, il serait sans doute opportun de préciser davantage les attendus, en termes de méthode, d'un processus d'évaluation. Pour cela, la rédaction d'un guide à destination des collectivités expérimentatrices pourrait s'avérer utile, guide qui préciserait notamment comment collecter les données tout au long de l'évaluation, afin de les

30. Rapport du Conseil d'État consacré aux expérimentations, p. 62.
31. Rapport public du Conseil d'État de 2020, *Conduire et partager l'évaluation des politiques publiques*, 199 p.
32. *Ibid.*, p. 106.
33. Décision n° 2019-796DC, *Loi de finances pour 2020*.

fiabiliser[34]. Ainsi que le souligne le Conseil d'État dans son rapport de 2020, toute évaluation suppose de pouvoir s'appuyer sur les données fiables. Or, force est de constater qu'aucune garantie n'est réellement prise sur ce point.

L'expérimentation « territoire zéro non-recours » fournit une illustration à ce constat : si l'article 133 de la loi « 3DS » prévoit l'installation d'un comité scientifique chargé de l'évaluation, le texte ne prévoit pas de méthode concrète[35]. Il fixe simplement les attentes de l'évaluation en des termes larges : définir les effets de l'expérimentation en matière de non-recours aux prestations et droits sociaux dans les territoires participants et déterminer les conditions dans lesquelles elle peut être prolongée, élargie ou pérennisée en identifiant les caractéristiques des territoires et des publics pour lesquels elle apporte une solution adaptée. Aucune précision n'est donnée sur les méthodes de l'évaluation ni sur la collecte des données nécessaires à cette évaluation.

Cela démontre *in fine* que toutes les conditions ne sont pas nécessairement réunies pour permettre à l'évaluation, et donc à l'expérimentation, de produire pleinement ses effets, et d'être une nouvelle méthode de construction des politiques publiques. Si les notions ont été consacrées dans le droit positif, leurs conditions de mise en œuvre peinent à être satisfaites, ce qui laisse un goût d'inachevé. C'est malheureusement une conclusion à laquelle on parvient fréquemment lorsque l'on analyse les nouveaux instruments du droit des collectivités territoriales, et l'expérimentation n'échappe pas à la règle.

34. Rapport du Conseil d'État de 2020, p. 102.

35. Loi n° 2022-217 du 21 févr. 2022 relative à la différenciation, la décentralisation, la déconcentration et portant diverses mesures de simplification de l'action publique locale, *JO* 22 févr. 2022, texte n° 3.

LA RÉGIONALISATION ET LA QUESTION DE LA HIÉRARCHIE ENTRE COLLECTIVITÉS TERRITORIALES

Olivier DUPÉRON

Professeur de droit public
Université de Reims Champagne-Ardenne – URCA
Centre de Recherche Droit et Territoire – CRDT

Dans le cadre de la réflexion qui est engagée en France sur la décentralisation, telle qu'elle a été menée ces quarante, puis vingt dernières années ; en écho aussi à toutes les réflexions qui marquent un retour du sujet dans le débat public, à partir des déclarations du président de la République sur la « vraie décentralisation »[1] ou des conclusions récentes de la Cour des comptes[2] ; parmi les thèmes d'évolution(s) abordés à l'occasion de notre colloque, nous avons souhaité nous pencher sur celui de la création, puis de la transformation des régions, la question de la régionalisation en France, sous l'angle en particulier des compétences et de leur exercice, et également dans une perspective d'avenir.

La création de la collectivité régionale en France en 1982 a été un apport majeur de l'acte 1 de la décentralisation, déjà point d'aboutissement à l'époque de la tentative avortée du référendum de 1969, puis de l'expérience de dix années des établissements publics régionaux (EPR)[3]. En 1969, le projet de régionalisation s'inscrivait dans une volonté (au moins dans le discours) de rupture avec la centralisation jacobine post-révolutionnaire et on se souvient du discours du général de Gaulle, présentant sa conception en 1968, et affirmant que « l'effort multiséculaire de centralisation, qui fut longtemps nécessaire à notre pays pour réaliser et maintenir son unité malgré les divergences des provinces qui lui étaient successivement

1. Voir, par exemple, *https://www.banquedesterritoires.fr/en-mayenne-emmanuel-macron-promet-une-vraie-decentralisation-et-un-retour-de-letat-territorial*, 10 oct. 2022.

2. C. comptes, Rapport public annuel 2023, *La décentralisation 40 ans après : un élan à retrouver*, mars 2023, p. 73 et s.

3. Les EPR avaient été créés par la loi n° 72-619 du 5 juill. 1972 portant création et organisation des régions (*JO* 9 juill. 1972, p. 7176), trois ans après la victoire du non au référendum de 1969, qui portait en partie sur la création d'une collectivité régionale, avec des compétences, une organisation et des moyens en deçà de ce qui était alors attaché au statut de collectivité locale.

rattachées, ne s'impose plus désormais. Au contraire, ce sont les activités régionales qui apparaissent comme les ressorts de sa puissance économique de demain »[4]. Le paradoxe, peut-être, est que cette création d'une collectivité régionale a été réalisée en 1982, au début du mandat du président Mitterrand qui s'affirmait lui « résolument départementaliste » (il disait notamment que la région ne devait pas devenir un « super-département »)[5]. 1982 a ainsi marqué une première régionalisation prudente en France, *retenue*, éloignée du modèle d'un État régional, dans un contexte où l'on affirmait bien d'emblée (loi du 7 janv. 1983, art. 2)[6], que « les transferts de compétences prévus par la présente loi au profit des communes, des départements et des régions ne peuvent autoriser l'une de ces collectivités à établir ou exercer une tutelle, sous quelque forme que ce soit, sur une autre d'entre elles »[7]. De fait aussi, on observe que ce sont les départements qui ont le plus bénéficié des transferts de compétences de 1983.

Pourtant, sur ces bases, nous avons choisi d'envisager le sujet de la régionalisation en France, à l'aune de la *question de la hiérarchie entre collectivités territoriales*. Cela pourrait surprendre puisque, on le sait, après 1983, cela a été incorporé à l'article 72 (al. 5) de la Constitution, en 2003 : « Aucune collectivité ne peut exercer une tutelle sur une autre ». Il n'existe pas de hiérarchie entre collectivités, notre question est donc réglée ! Nous la conservons quand même, en filigrane, en retournant même la proposition : celle de la régionalisation et de l'absence de hiérarchie entre collectivités territoriales.

En réalité, si le sujet est plus complexe qu'il n'y paraît, c'est parce que plusieurs facteurs doivent être pris en compte :

1. Les régions elles-mêmes ont évolué. En 2003-2004, l'un des buts de l'acte 2 de la décentralisation était, selon le Premier ministre Jean-Pierre Raffarin de « conforter le fait régional en France »[8]. D'une première régionalisation que nous qualifions de *retenue*, nous sommes passés à une régionalisation

4. Phrase prononcée à Lyon le 24 mars 1968, source : *https://www.collectivites-locales.gouv.fr/institutions/historique-de-la-decentralisation*.

5. Voir, par exemple, *https://www.elysee.fr/francois-mitterrand/1990/03/22/allocution-de-m-francois-mitterrand-president-de-la-republique-sur-lhistoire-de-la-creation-des-departements-la-decentralisation-et-le-role-des-elus-locaux-dans-ladministration-des-organisations-territoriales-moulins-le-22-mars-1990*.

6. Loi n° 83-8 du 7 janv. 1983 relative à la répartition des compétences entre les communes, les départements, les régions et l'État, *JO* 9 janv. 1983, p. 215.

7. Voir désormais l'article L. 1111-3 CGCT : « La répartition de compétences entre les communes, les départements et les régions ne peut autoriser l'une de ces collectivités à établir ou exercer une tutelle, sous quelque forme que ce soit, sur une autre d'entre elles. »

8. Voir, par exemple, la déclaration de M. Jean-Pierre Raffarin, Premier ministre, sur les grandes orientations du projet de réforme de la décentralisation et sur la répartition des compétences prévue en faveur des différentes collectivités territoriales, Saint-Denis de La Réunion le 21 févr. 2003 : *https://www.vie-publique.fr/discours/135014-declaration-de-m-jean-pierre-raffarin-premier-ministre-sur-les-grande*.

accentuée. La transformation de la carte régionale en 2016 et l'apparition de nouvelles régions (pas toutes) s'inscrivaient, en outre, à tort ou à raison, dans ce discours sur la confortation du fait régional en France, ce qui reste à établir;

2. Les mécanismes juridiques ont évolué, cela a été plusieurs fois mentionné dans ce colloque et ailleurs, la désignation de collectivités chefs de file, l'émergence des schémas et outils de planification régionale, la contractualisation, ont modifié ou ont eu pour ambition de modifier les relations entre collectivités, pas seulement d'ailleurs autour du seul niveau régional, avec des effets relatifs là aussi;
3. Dans le contexte de l'émergence du thème de la différenciation territoriale, multiforme, la question régionale, autant politique que juridique, est revenue sur le devant de la scène : la question corse, la question alsacienne, la question bretonne, d'autres probablement, mettent en évidence le sujet à la fois de la relation entre l'État et ces territoires, mais aussi de l'organisation infrarégionale, se traduisant par des disparitions départementales (en Corse, en Alsace) et donc une domination de l'espace par une entité qui, bien souvent, n'est pas une région au sens de la collectivité territoriale, mais une collectivité à statut particulier ou un objet mal ou difficile à identifier : quasi, para ou pseudo-régional, si l'on pense au cas de la Collectivité européenne d'Alsace (CEA).

Avec les grandes régions, de nouveaux éléments de discours sont apparus : on parle de centralisme régional, de risque de jacobinisme régional[9], ce qui est souvent d'ailleurs très éloigné de la réalité; et voilà pourquoi, dans un moment où on se pose la question d'accentuer à terme les compétences régionales, de renforcer les chefs de file (qui ne sont pas que régionaux) et d'insister sur le couple région-intercommunalités, il n'est peut-être pas si iconoclaste de traiter de la région et de la question, ouverte, de la hiérarchie entre collectivités. Nous allons ainsi jouer sur les nuances de perception pour introduire, d'abord, la vision d'une régionalisation *retenue* et des faux-semblants de l'absence de hiérarchie; nous dresserons, ensuite, le tableau d'une régionalisation *accentuée*, qui laisse apparaître une hiérarchie en trompe-l'œil.

I. La régionalisation retenue et les faux-semblants de l'absence de hiérarchie

En premier lieu, il faut souligner que ce dont il est question ici est aussi le sujet de la forme de l'État en France, et, s'agissant de l'absence de hiérarchie, de tutelle, il s'agit d'un principe consubstantiel à la conception de la décentralisation, notamment au moment de sa première consécration, en 1982. En cela, elle nous

9. Pour l'emploi de ces expressions dans des débats récents, voir notamment : *https://www.banquedesterritoires.fr/projet-de-loi-3d-le-4e-d-lemporte-aupres-des-elus* ; ou : *https://www.banquedesterritoires.fr/terrirorialisation-de-la-relance-attention-ne-pas-recreer-un-jacobinisme-regional*.

distingue d'autres modèles et d'autres approches du niveau régional. S'agissant ensuite des tentatives de dépassement des fondements de l'acte 1, il est important de revenir sur ce qui peut être qualifié de rendez-vous manqué de l'acte 2, en 2003, de ses suites, et en particulier sur les apparences trompeuses de la désignation de collectivités chefs de file.

A. Un principe consubstantiel à la conception de la décentralisation

Le choix des rédacteurs de l'acte 1 de la décentralisation a été de ne surtout pas installer de hiérarchie entre les collectivités. Concernant la région, il s'agissait d'en faire une collectivité comme une autre (et même moins qu'une autre, en termes de compétences), de ne pas lui confier de pouvoir normatif important (ne parlons même pas de pouvoir législatif) et, en cela, le fait régional en France se distingue nettement de celui que l'on a pu observer dans d'autres États européens, fédéraux évidemment, mais pas seulement, si l'on regarde, par exemple, les réformes accomplies en Espagne ou en Italie, approximativement dans la même période[10]. Les limites des comparaisons tiennent au fait que la notion de région est difficile à cerner dans une approche comparative. Passé l'identification de la région comme « l'entité située immédiatement au-dessous de l'État central » (définition donnée par l'Assemblée des Régions d'Europe[11]), les statuts sont très éloignés selon que l'on parle d'État fédéral (qui n'est pas une forme de régionalisation), de régionalisation politique (ou institutionnelle), d'autonomie régionale[12] ou de décentralisation régionale, en France.

Dans le rapport du Conseil de l'Europe[13] sur le sujet, en 1998, plusieurs obstacles étaient identifiés au développement de la régionalisation : la crainte qu'elle ne menace l'unité de l'État; la crainte de priver l'État des moyens de mettre en œuvre ses politiques; la crainte des collectivités locales inférieures de voir leur autonomie (ou marges de manœuvre) souffrir de la mise en place de cet échelon intermédiaire. On peut considérer que toutes ces craintes ont été réunies en 1982 et

---

10. Pour une approche comparative des réformes régionales accomplies en Europe dans les années 1980 et 1990, voir le document du Conseil de l'Europe, *La régionalisation et ses conséquences sur l'autonomie locale – Communes et régions d'Europe*, n° 64, Éditions du Conseil de l'Europe, 1998, 237 p.

11. *Ibid.*, p. 7.

12. Gérard Marcou a proposé la notion d'« État à autonomie régionale » pour caractériser le cas des États unitaires (Espagne et Italie, notamment) qui règlent à la façon des États fédéraux la répartition des compétences législatives entre le législateur central et les législateurs régionaux, tout en se distinguant des États fédéraux par d'autres aspects; voir : G. MARCOU, « Les régions en Europe entre l'État et les collectivités locales », *Travaux du Centre d'Études et de Prévision*, n° 6, oct. 2003, p. 19 et s., ministère de l'Intérieur, Éditions SIRP; puis : G. MARCOU, « Les collectivités locales dans les constitutions des États unitaires en Europe », *Les nouveaux Cahiers du Conseil constitutionnel*, n° 42, p. 63.

13. *Ibid.*, p. 25.

le poids de l'histoire a pesé, comme toujours, bien évidemment. Plusieurs auteurs l'ont montré et écrit[14], dès 1983, la doctrine envisageait des relations, au moins de coordination, plus fortes, entre les collectivités. L'interdiction de la tutelle a prévalu, non pas en priorité pour protéger la libre administration des collectivités inférieures, mais pour préserver notre modèle de « toute dérive fédéraliste », en interdisant notamment « au niveau régional de se constituer en entité de nature politique en plaçant communes et départements sous sa dépendance juridique ou financière »[15].

Du point de vue de l'État, en France, la concurrence potentielle est et a toujours été régionale, pas départementale, partenaire historique de la construction de l'État unitaire républicain. Cela explique que les régions ont reçu moins de compétences il y a quarante ans. Romain Pasquier a indiqué ainsi que « donner plus de pouvoirs aux régions aurait en effet supposé pour Gaston Deferre de s'opposer aux administrations centrales »[16]. La régionalisation *retenue* de 1982 s'est traduite pour l'essentiel par l'aboutissement d'une évolution déjà largement engagée, avec la mise en place d'une collectivité comme les autres (sans reconnaissance constitutionnelle), fortement dédiée aux thèmes de l'aménagement du territoire et du développement économique (compétences, en outre, largement partagées). Comme l'a écrit Jean-Paul Gilli, mais à propos de la déconcentration régionale opérée à partir des années 1950[17] : la région moderne est bien la fille de l'interventionnisme économique, de la planification et de l'aménagement du territoire.

Tour cela étant dit et rappelé, pour revenir aux faux-semblants de l'absence de hiérarchie, de l'interdiction de tutelle, le débat n'est pas resté aussi figé que ces premiers rappels pourraient laisser penser. D'abord, parce que le Conseil d'État, à travers sa jurisprudence *Département des Landes*, a précisé la portée de cette interdiction : il n'y a de tutelle que si une collectivité dispose d'un pouvoir d'autorisation et de contrôle sur une autre, pas un pouvoir d'incitation ou de dissuasion[18]. Et puis, il y a eu ce que l'on peut qualifier de rendez-vous manqué, et notamment pour la région, en 2003-2004.

---

14. Voir notamment, O. GOHIN, « La nouvelle décentralisation et la réforme de l'État », *AJDA* 2003, p. 522.
15. J.-F. BRISSON, « Les compétences des collectivités territoriales », *RFDA* 2022, p. 291.
16. Voir R. PASQUIER, *Le pouvoir régional – Mobilisations, décentralisation et gouvernance en France*, « chapitre 4. Régionalisation et réformes territoriales de l'État », Paris, Presses de Sciences Po, 2012, p. 169 et s. L'auteur reprend aussi cette citation de Gaston Defferre : « Pour donner plus de pouvoirs aux régions, ce n'est pas aux départements, ni aux communes qu'il aurait fallu en enlever mais à l'État ! Et là évidemment je me heurtais chaque fois aux ministres ! »
17. J.-P. GILLI, « Les aspects administratifs de la régionalisation », *Cahier de l'IFSA*, n° 10, Cujas, 1974, p. 19.
18. CE Ass. 12 déc. 2003, *Département des Landes*, n° 236442, *Rec. Lebon*.

B. Le rendez-vous manqué de la désignation de collectivités chefs de file

Nous n'allons pas ici revenir dans le détail sur la manière dont la notion de collectivité chef de file a été vidée de sa substance, au moment et après l'acte 2 de la décentralisation, avec le Conseil constitutionnel qui a bien précisé que celui qui organise les modalités d'une action commune[19] ne dirige pas la compétence qui lui est confiée. Il l'anime et la coordonne, son intervention nécessitant finalement l'approbation des autres collectivités[20].

Beaucoup de choses ayant déjà été dites et écrites sur le sujet, nous voudrions surtout insister sur le fait que cela aurait pu être autrement (d'où le rendez-vous manqué), si l'on considère les intentions qui étaient exprimées avant la révision de 2003, et même l'interprétation qui aurait pu lui être donnée.

D'abord, il faut se souvenir que l'intention était antérieure à 2003, puisque déjà, en 1995, au moment de la loi d'orientation pour l'aménagement et le développement du territoire du 4 février 1995, le législateur avait tenté d'introduire la notion de collectivité chef de file pour l'exercice d'une compétence ou d'un groupe de compétences, collectivité désignée par convention, en attendant une future loi qui était annoncée. Le Conseil constitutionnel, dans sa décision du 26 janvier 1995, avait censuré cette disposition[21].

Lorsque la proposition est revenue au moment de l'acte 2, la doctrine, Jean-François Joye notamment[22], soulignait que cette notion évoquait « l'idée de commandement d'une entité administrative sur d'autres » ; pour qu'elle soit effec-

19. Rappelons que l'article 72, al. 5, de la Constitution, après avoir posé le principe de l'absence de tutelle d'une collectivité sur une autre indique que « cependant, lorsque l'exercice d'une compétence nécessite le concours de plusieurs collectivités territoriales, la loi peut autoriser l'une d'entre elles ou un de leurs groupements à organiser les modalités de leur action commune ».

20. Le Conseil constitutionnel indique toujours que le dispositif de la collectivité chef de file ne saurait avoir pour effet d'instaurer de tutelle d'une collectivité sur une autre. On relève notamment l'invalidation de l'article 18 de la loi relative aux contrats de partenariat en 2008, en ce qu'il autorisait une collectivité non seulement à organiser l'action commune à plusieurs collectivités, mais aussi lui conférait un pouvoir de décision pour déterminer cette action commune. Voir Cons. const., 24 juill. 2008, n° 2008-567 DC, *Rec. Cons. const.*, p. 341. Sur le sujet, voir aussi : G. MARCOU, « L'action commune des collectivités territoriales selon le Conseil constitutionnel : organiser n'est pas déterminer » *in Mélanges en l'honneur d'Yves Jegouzo*, Paris, Dalloz, coll. « Terres du droit », 2009, p. 227 et s.

21. Cons. const. 26 janv. 1995, n° 94-358 DC, consid. 57 : le législateur « ne peut renvoyer à une convention conclue entre collectivités territoriales le soin de désigner l'une d'entre elles comme chef de file pour l'exercice d'une compétence ou d'un groupe de compétences relevant des autres sans définir les pouvoirs et les responsabilités afférents à cette fonction ».

22. J.-F. JOYE, « La notion de "chef de file" en droit des collectivités territoriales », *Coll. terr. intercom.* 2003, p. 15. Voir aussi L. JANICOT, « Étude des principes constitutionnels de collectivité chef de file et de non-tutelle à l'aune du projet de loi de modernisation de l'action publique territoriale et d'affirmation des métropoles » *in* B. MATHIEU et M. VERPEAUX (dir.), *Les mutations constitutionnelles*

tive, il fallait que « le chef de file fasse autorité » et Laurence Gélin-Racinoux l'exprimait de la façon suivante, en 2007[23] : « La fonction de chef de file implique donc par nature la prépondérance de cette collectivité et l'idée d'une contrainte sur les collectivités parties à l'action commune. »

Le projet de loi constitutionnelle initial allait dans ce sens et Patrick Le Lidec a écrit qu'il avançait « dans la voie de la hiérarchisation des relations entre collectivités locales »[24].

On sait aujourd'hui qu'il n'en a rien été, avec une rédaction très mesurée de l'article 72 sur ce point : affirmation du principe de l'absence de tutelle ; puis, un « cependant », qui débouche sur la désignation d'un *organisateur des modalités de l'action commune*. Là aussi, des auteurs ont souligné que ce *cependant* aurait pu conduire à une autre interprétation, celle d'une véritable dérogation, exception, à l'interdiction de la tutelle, avec un pouvoir, certes encadré, mais recelant davantage de possibilités de contrainte[25].

Ajouté à cela le fait que, dès la loi du 13 août 2004, le législateur ait désigné plusieurs collectivités chefs de file et pas seulement la région, qui par ailleurs ne recevait pas toutes les compétences imaginées au moment du débat précédent la loi, le résultat est que la régionalisation est restée retenue ou contenue, l'État évitant ainsi de se retrouver face à un pouvoir régional puissant, comme l'imaginait par exemple Yves Madiot en 1996[26].

On retrouve la conclusion de cette période dans le rapport de la Cour des comptes, non pas le dernier, mais celui de 2009, consacré à « la conduite par l'État de la décentralisation »[27]. On lit dans sa synthèse que « les intentions initiales des promoteurs de l'acte 2 étaient de privilégier l'échelon régional comme niveau pertinent pour coordonner les politiques décentralisées. Or, le processus a abouti à un renforcement des départements et des intercommunalités. La vocation de la région à devenir l'échelon de référence a été mise à mal par la réaffirmation de la clause générale de compétence pour tous les échelons [...]. La notion de chef de

des collectivités territoriales, Dalloz, coll. « Cahiers constitutionnels de Paris I », 2014, p. 23 et s.

23. L. GÉLIN-RACINOUX, « La fonction de chef de file dans la loi du 13 août 2004 », *AJDA* 2007, p. 283.

24. P. LE LIDEC, « La relance de la décentralisation en France, de la rhétorique managériale aux réalités politiques de l'acte 2 », *Rev. politiques et management public* 2005, nº 3, p. 104.

25. Laurence Gélin-Racinoux évoque dans son article, précité, Laurent Tesoka ou Sylvie Caudal, qui voyaient dans l'adverbe *cependant* une indication permettant de considérer la fonction de chef de file comme une exception à l'interdiction de la tutelle, avec la possibilité, selon cette lecture, de doter le chef de file d'un pouvoir contraignant dès lors que cela conserve un caractère exceptionnel.

26. Y. MADIOT, « Sur quelques problèmes actuels de la décentralisation », *RFDA* 1996, p. 972.

27. C. comptes, *La conduite par l'État de la décentralisation*, oct. 2009, 164 p.

file a été vide de contenu […]. La régionalisation est donc devenue plus déclarée qu'effective, ce qui a contribué à restreindre fortement les objectifs de hiérarchie et de spécialisation du processus de décentralisation de 2004 ».

Nous allons voir maintenant que les évolutions suivantes ont cherché à corriger pour partie cet échec, avec une régionalisation d'une certaine manière accentuée, dans un ensemble de dispositions toutefois très confus, qui ne lève pas les contradictions, et qui aboutit à la perception d'une hiérarchie en trompe-l'œil.

II. La régionalisation accentuée et la perception d'une hiérarchie en trompe-l'œil

La Cour des comptes encore le montre bien, dans son dernier rapport de 2023[28], la succession de textes, l'hystérie législative même, de 2010 à 2022, conduisent à une cartographie des rôles et des compétences locales très complexe, difficilement lisible pour les non-initiés et avec de nombreuses dispositions qui ne sont pas pleinement exploitées, au demeurant. Dans ce magma et dans un esprit de synthèse, nous allons essayer de faire apparaître une région qui émerge malgré tout, avec un rôle partiellement prescriptif, non sans contradictions ; ce qui permettra quelques interrogations vers, demain, une régionalisation plus assumée ?

A. Un degré de spécialisation inégal entre les collectivités et un rôle partiellement prescripteur de la région

La séquence qui s'est ouverte en 2014, avec la loi MAPTAM[29], et qui s'est poursuivie en 2015, avec la loi NOTRe[30], emprunte plus un chemin sinueux qu'une ligne droite, mais il a pu en ressortir que le législateur se résolvait au moins à organiser une « hiérarchie des compétences »[31], dans laquelle une place grandissante à la région a été accordée, une prévalence de la région sur le département, pour certains, avec des positions respectives qui se sont inversées. Il faudrait bien entendu nuancer ce constat selon les compétences et il faut tout de suite souligner aussi que cette prévalence ne vaut pas, si on envisage la relation des régions, avec les structures intercommunales, et en particulier les métropoles.

La réalité est également que, même si des évolutions significatives ont été réalisées, dans le sens d'une accentuation de la régionalisation, on pourrait presque reprendre là encore l'expression de rendez-vous manqué, ou de virage mal négocié.

28. Préc.

29. Loi n° 2014-58 du 27 janv. 2014 de modernisation de l'action publique territoriale et d'affirmation des métropoles, *JO* 28 janv. 2014.

30. Loi n° 2015-991 du 7 août 2015 portant nouvelle organisation territoriale de la République, *JO* 8 août 2015.

31. Formule de J.-F. BRISSON, art. préc., *RFDA* 2022.

Nous retiendrons pour cela trois séries de remarques :

1. Les lois en question ont repris, développé, précisé, la notion de collectivité chef de file, en l'appliquant toujours à tous les niveaux de collectivités, mais c'est la région qui en a le plus bénéficié. Le rôle de la collectivité chef de file a été défini autour de la mise en place des conventions territoriales d'exercice concerté des compétences, avec des dispositions intéressantes sur les possibilités de mutualisations de services, délégations de compétences et co-financements (sans rien pouvoir imposer, évidemment). L'instauration des conférences territoriales d'action publique (CTAP), placées sous la présidence du président du conseil régional, pouvait devenir un lieu de concertation pertinent. On connaît aujourd'hui toutes les limites à ces outils, entre coquilles mal remplies et échecs ou semi-échecs[32]. On peut aussi considérer que la réforme (inattendue) des nouvelles régions, en janvier 2015[33], a perturbé et contrarié le mouvement qui était engagé ;
2. Il s'agit de notre deuxième remarque et sans doute d'un véritable paradoxe : en voulant faire émerger de grandes régions (pas partout), à partir de 2016, les initiateurs de cette réforme ont sans doute mal évalué les effets de cette transformation : dès lors que la fusion de régions a reposé d'abord sur une approche essentiellement géographique, avec des élargissements de territoires, sans revoir massivement les prérogatives ni les moyens, on a surtout :
   - modifié les périmètres de mise en œuvre des nouvelles compétences, à une échelle faiblement préévaluée : plus grand n'est pas forcément plus fort, ni efficace ;
   - redonné du sens aux départements, dans un rôle de proximité, alors qu'ils amorçaient un déclin ;
   - créé des situations régionales très hétérogènes sur le territoire, entre celles restées en l'état et les nouvelles, les premières s'emparant sans doute plus facilement des nouvelles compétences que les secondes (voir le cas de la Bretagne, par exemple) ;
3. Dans ce paysage contrasté, il n'en reste pas moins que de nouveaux outils sont apparus et ils recèlent de véritables potentialités d'infléchissement de la relation entre les régions et les autres collectivités ou établissements, le

32. Sur les attentes, mais aussi les limites, du recours à la notion de collectivité chef de file, avec ces nouvelles dispositions, en 2014, voir, par exemple L. JANICOT, « La fonction de collectivité chef de file », *RFDA* 2014, p. 472 ; ou N. FERREIRA, « Collectivités territoriales – Chef de filât et conférence territoriale de l'action publique », *JCP A*, n° 8, 24 févr. 2014, 2048.

33. Loi n° 2015-29 du 16 janv. 2015 relative à la délimitation des régions, aux élections régionales et départementales et modifiant le calendrier électoral, *JO* 17 janv. 2015.

cas des métropoles et grandes intercommunalités devant être isolé[34]. Il s'agit des schémas régionaux, de cette planification régionale renforcée, dans le domaine économique (SRDEII) et de l'aménagement, du développement durable et de l'égalité des territoires (SRADDET). Sur un plan juridique, on parle de schémas prescriptifs, mais avec une prescriptibilité à géométrie variable. Il n'est pas question de rapports de conformité, mais de rapports de compatibilité, de « prise en compte », de règles qui ne peuvent avoir pour conséquence, pour les autres niveaux, la création ou l'aggravation d'une charge d'investissement ou d'une charge de fonctionnement récurrente[35]. L'État, par ailleurs, par des pouvoirs d'approbation du préfet, conserve un droit de regard important sur ces documents, au point qu'Alain Pariente y voit « les prémices d'une recentralisation assumée »[36].

Finalement, même si la doctrine a pu s'interroger sur « les schémas régionaux et les risques de tutelle régionale »[37], là encore, la prudence est de mise. La plupart du temps, et les élus eux-mêmes en conviennent, mettant en avant la co-construction plus que l'orientation et l'imposition[38], le faible degré prescripteur de ces documents est relevé. Par exemple, le CESE, dans un rapport d'octobre 2019 estimait que « la région doit mieux assurer son rôle de coordination, les schémas structurants n'étant pas assez réfléchis entre collectivités »[39] ; un rapport du Sénat de septembre 2020 (sur le rôle incontournable des départements) reprend le constat, mais en estimant (craignant) qu'il pourrait en aller autrement[40].

---

34. Sur le sujet, voir A. PARIENTE, « Les relations régions/métropoles, illustration des transformations en cours du droit des collectivités territoriales », *Revue française des finances publiques*, sept. 2018, nº 143, p. 65.

35. Pour plus de précisions, voir notamment P. IDOUX, « Les régions et le développement économique », *RFDA* 2016, p. 467.

36. Art. préc. Plus largement, on peut souligner aussi la réflexion de Jean-François Brisson (préc.) qui considère que l'État conserve une fonction de pilotage du système de la décentralisation en France, en se recentrant « sur une fonction de régulation du système local, constituant une sorte de "super chef de file" ».

37. M. BAUBONNE, « Les schémas régionaux et les risques de tutelle régionale », *RFDA* 2017, p. 715.

38. Voir par exemple l'article « La concertation, pierre angulaire des futurs SRADDET » : *www.mairesdefrance.com*, 1er avr. 2019, avec les propos de Franck Leroy (désormais président du conseil régional Grand Est) qui évoquait, pour sa région, un premier SRADDET « moyennement prescriptif ».

39. Voir rapport du 23 oct. 2019, *Les métropoles : apports ou limites pour les territoires ?* : *www.cese.fr*.

40. Sénat, rapport d'information nº 706 (2019-2020), 15 sept. 2020, par Cécile Cukierman, *Rallier les citoyens, relier les territoires : le rôle incontournable des départements*, *www.senat.fr*. Le rapport observe que les schémas élaborés au cours de la première vague de leur existence « sont, dans l'ensemble, faiblement prescriptifs ». Mais, plus loin, « il n'est pas certain, cependant, qu'il en soit toujours ainsi, car la lettre de la loi permet d'aller beaucoup plus loin ; le SRDEII et, surtout, le SRADDET constituent potentiellement des instruments beaucoup plus directifs par lesquels la région pourrait assumer le pilotage de l'action publique locale dans de très vastes domaines ».

B. Vers une régionalisation assumée ?

Ce dernier développement étant plus prospectif et renvoyant à des thèmes plus vastes, nous nous contenterons ici de quelques réflexions, conscient qu'elles nécessiteraient de plus amples développements :

1. D'abord, force est de constater que la dernière loi adoptée, la loi 3DS[41], ne tranche pas en faveur des revendications régionales, non retenues sur la coordination du service public de l'emploi, par exemple ; avec même une CTAP revue d'une manière qui rassure les départements, qui y voyaient un risque de *leadership* régional[42] et des compétences réparties de façon complexe (routes, autoroutes), ce qui rappelle la formule d'Arnaud Teyssier dans un autre contexte (à propos de 1982) : le pouvoir n'est pas transféré, mais atomisé[43] ; avec un État qui reste par ailleurs très présent ;
2. Le contraste est frappant avec, justement, les évolutions concernant la déconcentration et l'organisation de l'État territorial, où, en quelques étapes et depuis 2010, très clairement, le niveau régional a pris le dessus sur le niveau départemental, avec un préfet de région qui a autorité sur les préfets de départements[44], cette réorganisation de l'État lui donnant d'ailleurs les moyens de suivre et de mener efficacement celle des collectivités territoriales[45] ;

---

41. Loi n° 2022-217 du 21 févr. 2022 relative à la différenciation, la décentralisation, la déconcentration et portant diverses mesures de simplification de l'action publique locale, *JO* 22 févr. 2022.

42. À compter de 2025, les élus locaux pourront, dans chaque région, déterminer plus librement la composition de l'instance. La loi prévoit que le nombre de membres « est déterminé, au plus tard six mois avant le renouvellement général des conseils municipaux, par délibérations concordantes du conseil régional et des conseils départementaux, prises sur avis favorable de la majorité des conseils municipaux et des organes délibérants des EPCI à fiscalité propre ». Si ces conditions ne sont pas réunies, la composition continuera à être fixée par la loi (art. L. 1111-9-1 CGCT). Sur ce point, voir J.-F. BRISSON, « La loi du 21 février 2022 et la décentralisation », *AJDA* 2022, p. 1375 ; voir aussi le décret n° 2022-1581 du 16 déc. 2022 précisant les modalités d'élection et de désignation des membres de la CTAP, *JO* 18 déc. 2022.

43. Voir ses propos dans un entretien accordé à la *Gazette des communes*, le 13 juin 2019 : *https://www.lagazettedescommunes.com/625578/de-gaulle-avait-une-conscience-aigue-de-la-fracture-territoriale/*.

44. Décret n° 2010-146 du 16 févr. 2010 modifiant le décret n° 2004-374 du 29 avr. 2004 relatif aux pouvoirs des préfets, à l'organisation et à l'action des services de l'État dans les régions et départements, *JO* 17 févr. 2010 ; voir l'article 2 du décret.

45. Jean-Marc Sauvé, alors vice-président du Conseil d'État, le relevait en indiquant en 2018 que « le choix du Gouvernement de devancer la fusion des régions par la réorganisation de ses propres services a eu pour avantage que les nouvelles régions ont pu en principe compter d'emblée sur des services déconcentrés réorganisés et opérationnels, équipés pour les appuyer dans leur propre processus de fusion et de transformation » ; voir *https://www.conseil-etat.fr/publications-colloques/discours-et-interventions/regionalisation-et-metropolisation-retour-sur-la-reforme-territoriale*.

3. En dehors des textes, dans le champ des idées ou des recommandations, les discours en faveur d'un accroissement de la place et du rôle des régions, continuent à se développer (les craintes aussi)[46]. Déjà, en 2019, dans son rapport sur le bilan des fusions de région, la Cour des comptes, en dépit des critiques, appelait à conforter le rôle des régions[47]. En 2021, la Fondation Jean Jaurès a publié une réflexion de Claudy Lebreton et Olivier Rouquan, proposant un plaidoyer « pour une république régionale », avec la transformation de l'État unitaire en État régional, la décentralisation étant insuffisante[48]. De façon plus conventionnelle, les régions elles-mêmes continuent à présenter des revendications, par exemple pour être chefs de file de l'orientation ;
4. D'autres contributions abordent aussi ce thème, mais, dans cette « ambiance » également, le thème de la différenciation, porté par de nombreux acteurs, soutenu par la Cour des comptes récemment, peut satisfaire des attentes régionales, par les statuts « cousus main », les statuts particuliers, les collectivités uniques avec fusion de régions et départements[49] (la loi 3DS, sur ce point, simplifie les demandes)[50]. On ne sait pas de quoi demain sera fait et si toutes les régions actuelles seront même maintenues, mais, par exemple, en octobre dernier, la sénatrice Françoise Gatel déclarait : « Si un jour, la Bretagne était une assemblée unique, ça ne mettrait pas en péril la République[51]. »

Enfin, l'institutionnel pouvant rejoindre le fonctionnel, on peut aussi évoquer le retour de la proposition de mettre en place un conseiller territorial, élu unique et commun au conseil départemental et au conseil régional, dont le Conseil constitutionnel a dit en 2010 que son institution ne confiait pas « à la région le pouvoir de substituer ses décisions à celles du département [...] ni celui de contrôler l'exercice de ses compétences » et n'instituait donc pas une tutelle de la région

---

46. Voir les débats autour de la publication de l'essai de B. MOREL, *La France en miettes*, Paris, les éditions du cerf, 2023, sous-titré *« Régionalismes, l'autre séparatisme »*, auquel nous ne souscrivons pas, mais qui témoigne de la permanence de cette crainte vis-à-vis du fait régional dans le débat public français.

47. C. comptes, *Les finances publiques locales 2019 – Fascicule 2, chapitre 2 : Les nouvelles régions*, p. 73 et s.

48. *https://www.jean-jaures.org/publication/pour-une-republique-regionale/*.

49. Sur ces thèmes, voir notre article : O. DUPÉRON, « La différenciation dans les statuts législatifs des collectivités territoriales : le choix de la plasticité de l'organisation décentralisée de la République » *in* R. ALLEMAND et N. DANTONEL-COR (dir.), *La différenciation territoriale*, Paris, éd. L'Harmattan, coll. « GRALE », 2020, p. 61-81.

50. L'article 13 de la loi abaisse à 5 % le seuil des conseillers départementaux et régionaux qui peuvent prendre l'initiative d'inscrire à l'ordre du jour des conseils la demande de fusion d'une région métropolitaine et des départements qui la composent en une collectivité territoriale unique exerçant leurs compétences respectives.

51. *https://www.publicsenat.fr/actualites/politique/decentralisation-le-senat-lance-la-saison-2-de-son-groupe-de-travail-222752*.

sur le département[52]. Selon la manière de le faire élire, avec une base électorale départementale, on peut même considérer que ce retour serait un mauvais coup pour le fait régional, rappelant la conception pompidolienne de la région, le président Pompidou, opposé au « pouvoir régional » expliquant en 1970 que la région devait être conçue comme « l'union des départements », être pour eux ce que sont les syndicats intercommunaux pour les communes et « non pas un organe de mise en tutelle de ces départements »[53].

***
*

On en est là aujourd'hui et nous n'irons pas plus loin dans un exercice de devin sur la manière selon laquelle évoluera cette question de la régionalisation en France et des relations avec les autres collectivités. Dans la bataille entre les anciens et les modernes, les seconds mettent en avant le couple région/intercommunalité, là où les premiers insistent sur l'ancrage des communes et des départements. L'État a des choix à réaliser, pour lui-même et pour ses collectivités, à court ou à moyen terme. Pour paraphraser la Cour des comptes, le *statu quo* ne peut pas être une bonne solution, le grand soir n'est sans doute pas raisonnable non plus, un horizon éclairci serait déjà une heureuse perspective.

52. Décision n° 2010-218 DC du 9 déc. 2010, consid. 22 : « … les dispositions critiquées ne confient pas à la région le pouvoir de substituer ses décisions à celles du département ou de s'opposer à ces dernières ni celui de contrôler l'exercice de ses compétences ; que, par suite, elles n'instituent pas une tutelle de la région sur le département. »

53. Cité par J.-P. OLLIVAUX, *La décentralisation – La région et l'aménagement du territoire*, Paris, Syros adels, 1985, p. 91.

LA TRANSFORMATION DE LA COOPÉRATION INTERCOMMUNALE

Olivier DIDRICHE

Maître de conférences associé en droit public
Université de Reims Champagne-Ardenne – URCA
Directeur de la Mission des Affaires Juridiques, Communauté urbaine du Grand Reims

La décentralisation : des transferts de compétences vers les collectivités territoriales, et non les EPCI !

Puisqu'ils ont pour objet principal des transferts de compétences étatiques vers les collectivités territoriales, les actes de décentralisation ne concernent, par définition, que très indirectement les établissements publics de coopération intercommunale (EPCI). Dans la pureté des principes juridiques, décentraliser consiste en effet, pour l'État, à confier des compétences aux régions, aux départements et aux communes. Dans cette liste de bénéficiaires potentiels, il n'est donc pas ici question de structures intercommunales. L'intercommunalité constitue, de ce fait, une sorte d'angle mort des actes 1 et 2 de décentralisation.

Intercommunalité versus *supracommunalité*

Il semble à ce titre utile de rappeler qu'en France, la coopération intercommunale repose sur la création, puis le fonctionnement, d'établissements publics de regroupement de collectivités, en l'occurrence de communes, et ne débouche aucunement – sauf cas particuliers – sur la création de collectivités territoriales distinctes. En droit français, il est bien question d'intercommunalité, et non, même si des revendications en ce sens peuvent exister, de supracommunalité. Les compétences qui sont prises en charge par les établissements publics de coopération intercommunale procèdent dès lors toujours de transferts des communes membres, qu'elles ont plus ou moins librement décidés. De la même manière, les élus qui siègent dans les assemblées communautaires sont toujours issus des assemblées municipales, les électeurs les désignant plus ou moins directement, par le biais des scrutins municipaux. L'intercommunalité, c'est donc, en résumé, des communes au sein de communautés, l'existence des secondes ne faisant aucunement disparaître les premières, même si elles en réduisent les compétences…

Une décentralisation imposant toutefois un renforcement des coopérations intercommunales

Il est néanmoins évident qu'en conférant à l'échelon communal de nouvelles responsabilités, le législateur a, dès le premier acte de cette grande pièce qu'est la décentralisation territoriale, imposé aux élus municipaux de réfléchir à de nouveaux modes de coopération, qu'ils allaient devoir mettre en œuvre, et intensifier, pour tirer les conséquences des différentes vagues décentralisatrices. Dans un tel contexte, l'objectif des communes, à travers les formules de regroupement intercommunal, est ainsi de mutualiser la gestion d'un certain nombre de compétences, souvent stratégiques et coûteuses, afin de proposer aux administrés des services et équipements publics de qualité, qu'elles seraient bien souvent en peine d'assumer sans un tel regroupement de moyens.

La construction d'un droit de l'intercommunalité

Dès lors, même si, en tant que tels, les actes de décentralisation ne traitent finalement que pas, ou peu, de la question de la coopération intercommunale, ils ont, en transférant aux communes de nouvelles compétences, et en les poussant ainsi à intensifier les coopérations intercommunales, entraîné la construction, par couches successives, d'un véritable droit de l'intercommunalité, dont la complexité peut parfois dérouter, y compris les spécialistes du sujet. Compte tenu des enjeux, le législateur a ainsi été amené à encadrer de plus en plus précisément les formules de coopération institutionnelle entre communes. À partir de la fin des années 1990, les réformes en la matière se sont intensifiées, et le cadre juridique s'est considérablement enrichi. L'évolutivité des dispositions du Code général des collectivités territoriales applicables aux EPCI n'est plus à démontrer !

Problématique

En procédant, à la faveur de ce colloque, à une forme d'arrêt sur images, on peut alors se demander quelles sont, en droit, et dans la pratique, les évolutions structurelles qui ont impacté les compétences de l'intercommunalité depuis les actes 1 et 2 ? Quelles transformations de fond a connu, ou est actuellement en train de vivre, la coopération intercommunale ?

Annonce

Si l'intercommunalité de projet est, aujourd'hui, bien installée dans le paysage administratif français (I), il s'avère toutefois que celle-ci se trouve, à la faveur de quelques réformes récentes, réinterrogée, tant sur sa place au sein du bloc communal, que sur ses modalités d'exercice (II).

Éléments de cadrage

Avant d'entrer dans le vif du sujet, quelques éléments de cadrage liminaires sont nécessaires par rapport au contenu de cette contribution.

Tout d'abord, il convient d'indiquer qu'elle n'abordera pas la question de la transformation institutionnelle de la coopération intercommunale (évolution des formes juridiques, des outils de gouvernance...), mais se concentrera donc sur ses aspects matériels, c'est-à-dire sur les compétences exercées par les structures de coopération intercommunale.

Par ailleurs, il est utile de préciser que ne sera pas non plus abordé, ou alors très succinctement, le sujet de la coopération contractuelle, même s'il est évidemment intéressant d'avoir à l'esprit que les outils conventionnels, et plus particulièrement les mécanismes de coopération public-public, peuvent parfois permettre, en complément de la coopération institutionnelle, de gérer localement certaines compétences, en toute sécurité juridique.

Enfin, depuis la loi MAPTAM, il peut être constaté que la métropolisation du territoire constitue un marqueur important de la transformation de la coopération intercommunale. Le nombre de métropoles a sensiblement augmenté (la formule ne constituant plus un statut « d'exception », comme cela semblait pourtant devoir être originellement le cas), et leurs compétences sont très étendues. Nous n'aborderons toutefois pas ce sujet, pour nous concentrer sur le droit « commun » de l'intercommunalité, c'est-à-dire les autres formes d'EPCI à fiscalité propre (EPCI-FP).

I. Une intercommunalité de projet bien installée dans le paysage administratif français

À l'origine (syndicats de communes, districts...), les structures de coopération créées par les communes correspondaient simplement à une logique d'intercommunalité de gestion. L'idée, pour les élus municipaux, était en effet de créer des entités juridiques de regroupement à qui était confiée la gestion mutualisée de compétences, souvent techniques (exemples classiques de l'eau et de l'assainissement, ou des déchets...), sans toutefois que cette démarche repose sur un quelconque projet politique de territoire. Puis, bien aidées par l'évolution des textes, les communes vont progressivement s'engager dans ce qu'il convient d'appeler une intercommunalité de projet, se matérialisant par des transferts de compétences stratégiques pour le développement local, et faisant, petit à petit, la part de plus en plus belle aux établissements publics de coopération intercommunale à fiscalité propre.

A. Des transferts de compétences stratégiques

1. Un renforcement progressif et constant des compétences intercommunales

Si l'on observe les effets des réformes territoriales intervenues depuis 1999 (année de l'importante loi n° 99-586 du 12 juillet 1999 relative au renforcement et à la simplification de la coopération intercommunale), il est assez clair que, d'une manière générale, les compétences des intercommunalités sont montées en puissance. C'est d'ailleurs ce renforcement qui, par effet miroir, a entraîné les nombreux débats que l'on connaît sur la place de la commune dans le paysage administratif français. Puisque les intercommunalités ont, progressivement et (quasi) constamment, été renforcées, il n'était effectivement pas tout à fait illogique de se demander si les maires n'allaient pas, à terme, être réduits au simple rôle de « marieurs », voire si les communes n'étaient pas tout simplement condamnées à disparaître. En 2023, cela ne semble (toujours) pas être le sens de l'Histoire, mais il nous faut tout de même dire quelques mots pour illustrer, par des exemples, ce renforcement des compétences intercommunales, même s'il n'a pas (encore ?) débouché sur la suppression de l'échelon communal.

2. Des compétences essentielles pour le développement des territoires

Le sujet du renforcement des compétences intercommunales étant très vaste, nous ne pouvons malheureusement pas, dans le cadre de cette contribution, retracer toutes ses étapes marquantes (chaque loi de réforme territoriale ayant pu, d'une manière ou d'une autre, à plus ou moins grande échelle, opérer des transferts vers les EPCI) ni lister toutes les compétences stratégiques confiées aux intercommunalités. Nous proposons donc de nous focaliser sur quelques effets du dernier texte marquant en la matière, la loi n° 2015-991 du 7 août 2015 portant nouvelle organisation territoriale de la République (dite loi « NOTRe »), qui, au final, n'a fait qu'intensifier le processus d'extension des compétences engagé avec les lois n° 2010-1563 du 16 décembre 2010 de réforme des collectivités territoriales (loi « RCT ») et n° 2014-58 du 27 janvier 2014 de modernisation de l'action publique territoriale et d'affirmation des métropoles (loi « MAPTAM »), l'ayant précédée. Plusieurs compétences essentielles pour le développement, et donc le rayonnement, des territoires relèvent donc, depuis la loi NOTRe, de l'échelon intercommunal. Ainsi, à titre d'illustration, les communautés de communes et d'agglomération (qui sont les formes juridiques d'EPCI-FP les plus nombreuses) se sont vu confier, de manière obligatoire, les compétences « aménagement, entretien et gestion des aires d'accueil des gens du voyage » et « collecte et traitement des déchets des ménages et déchets assimilés ». La compétence « gestion des milieux aquatiques et prévention des inondations », très sensible, est pour sa part devenue obligatoire à compter du 1er janvier 2018. Plus significatif encore, les compétences économiques (exemples des aides à l'immobilier d'entreprises…) de ces communautés ont été précisées et renforcées. À titre d'illustration, la suppression de la notion d'intérêt communautaire (pour les zones d'activités ou les actions de développement économique) a mécaniquement eu pour effet de renforcer l'intégration intercommunale, en faisant remonter l'ensemble des compétences concernées au niveau de l'EPCI. En outre, la loi a intégré la compétence « politique locale du commerce et soutien aux activités commerciales d'intérêt communautaire » dans la liste des compétences obligatoires. La loi NOTRe a, grâce à ces évolutions, renforcé le rôle des intercommunalités en matière de développement économique, étant précisé que leur intervention en la matière doit, évidemment, être envisagée dans le respect du chef de filât de la région, en particulier en matière d'aides aux entreprises. La compétence tourisme, correspondant aux zones d'activité touristique, ainsi qu'à la promotion du tourisme, dont la création d'offices du tourisme, n'était par ailleurs pas en reste puisque la loi a précisé que l'ensemble des communautés devaient l'exercer en lieu et place des communes membres.

B. La priorité donnée à l'intercommunalité à fiscalité propre

1. Une intercommunalité « contrainte » par les textes

En complément de ces transferts de compétences imposés, le législateur a souhaité, à compter de 2010, renforcer l'intercommunalité à travers l'achèvement et la rationalisation de la carte intercommunale. Concrètement, les élus ont été contraints par la loi, à plusieurs reprises, sous l'égide du préfet, de procéder à des fusions ou/et à des extensions de périmètres de leurs EPCI. Cela a correspondu à un véritable changement de paradigme car, jusqu'alors, l'intercommunalité reposait sur le principe fondateur de la libre adhésion des communes. Avec les lois RCT et NOTRe, elle devenait alors, d'une certaine manière, « imposée », et les élus municipaux ont eu le sentiment de ne plus totalement maîtriser leur destin intercommunal. La France est ainsi passée d'une intercommunalité de choix à un système d'obligation législative. Les périmètres des EPCI ont, par voie de conséquence, été durablement modifiés. Dans les faits, à peu près à la même période, les deux niveaux les plus récents d'organisation administrative (les intercommunalités et les régions) ont été renforcés, au détriment des « vieux » départements et communes, ce qui, les décideurs publics étant alors convaincus que *« Big is beautiful »*, s'est notamment traduit par des agrandissements notables de leurs territoires.

2. La volonté des pouvoirs publics de faire disparaître le syndicalisme

Ce renforcement des intercommunalités à fiscalité propre, qui s'est donc traduit par des transferts de compétences à leur profit, ainsi que par un achèvement et une rationalisation de la carte intercommunale, avait pour pendant la volonté des pouvoirs publics de faire disparaître le plus possible de syndicats intercommunaux. Il est vrai que depuis les textes fondateurs du syndicalisme, datant de la fin du XIXe siècle, les créations de syndicats intercommunaux n'ont pas manqué. Dans beaucoup de territoires, la cohérence de l'articulation entre les périmètres de ces structures et ceux des EPCI-FP ne sautait pas immédiatement aux yeux, ce qui contribuait au sentiment d'illisibilité de l'action publique locale et à l'impression d'empilement des structures administratives. Cette superposition des formules de regroupement intercommunal avait par ailleurs un coût. L'objectif était donc, pour l'État, que les compétences gérées par des syndicats puissent être intégrées dans les statuts des EPCI-FP, afin de permettre ensuite leur dissolution. La transformation de la coopération intercommunale s'est donc également manifestée par cette place privilégiée accordée à l'intercommunalité à fiscalité propre, plus intégrée, au détriment du syndicalisme intercommunal.

Quarante ans après l'acte 1 de décentralisation, l'intercommunalité de projet est donc bien installée dans le paysage administratif français, les compétences, ainsi que les périmètres des EPCI-FP, ayant, au fil des réformes territoriales, substantiellement été renforcés. Toutefois, quelques éléments viennent légèrement obscurcir ce paysage et, dans la mesure où le sujet semble loin d'avoir achevé sa mue, générer quelques légitimes questionnements sur les actuelles, et futures voies de la transformation intercommunale.

II. Une intercommunalité récemment réinterrogée

En effet, à la lumière de plusieurs lois récentes, on peut se demander si l'intercommunalité ne se trouve pas actuellement, en partie, réinterrogée, tant sur la question sensible de l'équilibre des pouvoirs avec les communes, que sur celle, revêtant une importance pratique capitale, des modalités d'exercice de ses compétences.

A. Un rééquilibrage des prérogatives au sein du bloc communal

1. La répartition des pouvoirs en matière de police administrative, limite à la toute-puissance intercommunale

Le sujet des pouvoirs de police administrative a toujours été un point dur dans la construction intercommunale. Un premier constat s'impose : à aucun moment, il n'a été question de confier des pouvoirs de police administrative générale aux présidents d'EPCI, de sorte que les maires, au sein du bloc communal, conservent, en la matière, un monopole absolu. S'agissant des pouvoirs de police administrative spéciale, la situation est différente, sans être non plus diamétralement opposée, puisqu'au final les maires peuvent tout de même, sous certaines conditions, conserver leurs prérogatives. Réformes après réformes, il a ainsi progressivement été acté que le transfert de nombreuses compétences devait, par principe, entraîner le transfert aux présidents d'EPCI des pouvoirs de police associés. Il ne semble effectivement pas illogique que l'exécutif de la personne publique exerçant une compétence dispose du pouvoir de réglementation qui s'y rattache, la situation inverse – qui, en pratique, peut arriver… – pouvant générer, reconnaissons-le, son lot de complexités (le maire devant alors réglementer une activité dont la mise en œuvre, et donc la responsabilité, relèvent du ressort intercommunal…). L'article L. 5211-9-2 du Code général des collectivités territoriales (CGCT), dont le contenu, au fil des ans, n'a fait qu'enfler (jusqu'à, selon nous, nuire quelque peu à sa lisibilité…), fixe le régime, ou plutôt les régimes, car il existe plusieurs cas de figure, des transferts des pouvoirs de police spéciale aux présidents d'EPCI. Plusieurs matières sont concernées (exemple : assainissement, déchets, aires d'accueil des gens du voyage, police de la circulation et du stationnement, zones à faibles émissions mobilité…). Dans bien des cas (art. L. 5211-9-2 A et C), les transferts de pouvoirs de police sont de plein droit (la police spéciale suit alors la compétence transférée, comme les biens, le personnel ou les contrats…), mais l'article organise la possibilité, pour les maires, de s'y opposer, et *in fine* aux présidents d'EPCI d'y renoncer. Dans d'autres (art. L. 5211-9-2 B), il s'agit d'une simple possibilité. Très clairement, malgré des avancées significatives, la montée en puissance des communautés sur le plan des compétences n'a pas eu pour conséquence de faire basculer totalement, et irrémédiablement, les pouvoirs de police au niveau intercommunal, la police administrative générale demeurant, en particulier, l'apanage du maire, et les polices spéciales n'étant pas systématiquement confiées aux présidents d'EPCI, même si l'établissement public dispose de la compétence. Il s'agit là, dans les faits, compte tenu de la sensibilité et de l'importance des pouvoirs de police pour la gestion opérationnelle d'un territoire, d'une forme de limite notable à la « toute-puissance » intercommunale. La loi n° 2019-461 relative à l'engagement dans la vie locale et à la proximité de l'engagement public (dite loi « Engagement et proximité »), en étendant les pouvoirs de police des maires, va elle aussi dans le sens d'un rééquilibrage des prérogatives entre communes et EPCI, la police administrative apparaissant alors comme un levier privilégié, mais non exclusif (la loi mettant par ailleurs en place des outils de gouvernance permettant de mieux associer les élus communaux à l'EPCI, comme le pacte de gouvernance ou la conférence des maires…), de cette recherche d'équilibre.

2. Une forme récente de « détricotage » des compétences

Mais à côté de la question des pouvoirs de police, ou des outils de gouvernance favorisant l'association des communes au fonctionnement des EPCI, il peut être par ailleurs constaté que la loi n° 2022-217 du 21 février 2022 relative à la différenciation, la décentralisation, la déconcentration et portant diverses mesures de simplification de l'action publique locale (loi « 3DS ») opère pour sa part un certain nombre de retours en arrière en matière de compétences intercommunales, allant également dans le sens d'un rééquilibrage des pouvoirs. Quelques exemples permettront d'illustrer cette forme de « détricotage ». Tout d'abord, s'agissant des communautés urbaines et des métropoles, alors qu'elles disposaient d'une compétence pleine et entière en matière de voirie, la loi de 2022 a introduit une possibilité pour ces EPCI de décider (dans un délai d'un an) de l'affecter d'un intérêt communautaire. Concrètement, cela signifie que les EPCI ont pu fixer une ligne de partage (c'est-à-dire des critères définissant ce qui relève, selon eux, de l'intérêt communautaire en matière de voirie), les amenant, au final, à restituer des voiries à leurs communes membres. Il est vrai que dans certains EPCI de grande taille (les fameuses intercommunalités XXL), les élus municipaux pouvaient parfois, malgré les coûts induits, souhaiter que cette compétence puisse être gérée dans une plus grande logique de proximité, donc à leur niveau. Dans le même esprit, alors que la loi NOTRe avait acté du transfert de la création des offices du tourisme à l'échelon intercommunal (voir *supra*), la loi 3DS permet aux communes touristiques érigées en stations classées de tourisme appartenant à une communauté urbaine, d'agglomération ou une métropole de demander à retrouver l'exercice de la compétence « promotion du tourisme, dont la création des offices du tourisme ». Plus globalement, même s'il s'agit ici d'une compétence obligatoire, cette disposition spéciale s'inscrit, en termes d'esprit, dans la droite lignée de l'article L. 5211-17-1 du CGCT, créé par la loi Engagement et proximité, qui précise que « Les compétences exercées par un établissement public de coopération intercommunale et dont le transfert à ce dernier n'est pas prévu par la loi ou par la décision institutive peuvent, à tout moment, être restituées à chacune de ses communes membres ». On s'aperçoit alors que s'il fallait résumer l'esprit des lois votées depuis 2019 en matière de réforme territoriale, le maître mot serait plutôt rééquilibrage (des pouvoirs, au profit des communes) que renforcement (des compétences intercommunales). S'ajoutent à cela, pour les EPCI, d'autres enjeux, liés aux modalités d'exercice de leurs compétences, qui sont également de nature à réinterroger le fonctionnement de l'intercommunalité à la française.

B. L'intercommunalité, un terrain propice à la différenciation territoriale des compétences

1. Les conventions de gestion, des outils d'adaptation locale facilitant la mise en œuvre des compétences intercommunales

Tout d'abord, il est possible de relever que, dans son principe même, l'intercommunalité laisse une grande place à la différenciation territoriale et à l'adaptation locale des compétences. En effet, même s'il existe un socle commun (les compétences obligatoires, propres à chaque catégorie d'EPCI-FP), les compétences transférées dépendent en partie de choix locaux opérés par les élus municipaux et communautaires. La notion d'intérêt communautaire est révélatrice de cette possibilité de différencier localement l'exercice d'une compétence. Ainsi, si l'on prend l'exemple de la compétence « voirie d'intérêt communautaire » (mais la remarque est valable pour toutes les compétences affectées d'un tel intérêt communautaire), on s'aperçoit que les modalités de définition de cet intérêt, et donc le périmètre des compétences municipales et communautaires, sont variables d'un territoire à l'autre. Certains EPCI vont fonctionner avec un système de listes de voiries, alors que d'autres, pour le définir, vont fixer des critères objectifs (exemple : seront d'intérêt communautaire les voiries faisant plus de *X* kilomètres, ou ayant tel niveau de fréquentation, ou bien encore celles desservant des équipements communautaires, ou reliant des communes membres…). On constate par conséquent que des EPCI relevant pourtant de la même catégorie juridique peuvent, dans les faits, disposer de compétences assez différentes, ce qui constitue bien une première forme de différenciation territoriale. Mais, au-delà de la question du périmètre des compétences, la différenciation territoriale peut également concerner leur mise en œuvre. En effet, le CGCT offre aux EPCI des outils leur permettant de faire gérer par d'autres personnes publiques des équipements ou services liés aux compétences dont ils sont titulaires. Si l'on prend l'exemple de la communauté urbaine (mais des mécanismes similaires existent pour les autres communautés), l'article L. 5215-27 du CGCT précise qu'elle « peut confier, par convention avec la ou les collectivités concernées, la création ou la gestion de certains équipements ou services relevant de ses attributions à une ou plusieurs communes membres, à leurs groupements ou à toute autre collectivité territoriale ou établissement public ». Il s'agit bien ici d'une forme d'externalisation de la gestion, dans le cadre de laquelle l'EPCI reste néanmoins compétent, puisque les équipements et services concernés relèvent « de ses attributions ». Ces conventions, qui doivent par ailleurs respecter le droit de la commande publique (et plus particulièrement le cadre de la coopération public-public), offrent en tout cas aux EPCI d'intéressantes possibilités pour adapter localement les modalités de mise en œuvre de leurs compétences.

2. De nouvelles possibilités de différenciation offertes aux EPCI : les transferts « à la carte » et les délégations de compétences

Enfin, deux autres outils contribuent, selon nous, à cette adaptation locale des compétences intercommunales. Tout d'abord, la loi 3DS a innové en offrant aux EPCI la possibilité d'opérer des transferts dits « à la carte ». Le nouvel article L. 5211-17-2 du CGCT précise en effet qu'« Une ou plusieurs communes membres d'un établissement public de coopération intercommunale à fiscalité propre peuvent transférer à ce dernier, en tout ou partie, certaines de leurs compétences dont le transfert n'est pas prévu par la loi ou par la décision institutive ainsi que les biens, équipements ou services publics nécessaires à leur exercice. » On parle ici souvent – de manière peut-être juridiquement impropre, mais en tout cas assez parlante – de transferts de compétences « à la carte » dans la mesure où ceux-ci peuvent s'opérer « en tout ou partie », permettant ainsi une territorialisation de l'action de l'EPCI. Le dernier alinéa de l'article précise les modalités pratiques de cette adaptation, au cas par cas, des transferts de compétences facultatives, en indiquant que les délibérations communautaires et municipales « définissent, selon des critères objectifs, les compétences transférées en application du premier alinéa du présent article et déterminent le partage des compétences entre les communes et l'établissement public de coopération intercommunale à fiscalité propre. Le cas échéant, les délibérations peuvent établir une liste d'équipements ou de services correspondant aux compétences transférées ». Sur une même compétence, les listes définies par les assemblées délibérantes pourront donc être très variables d'un EPCI à l'autre… Cela va clairement dans le sens de la prise en compte des besoins propres à chaque territoire, mais pourrait *in fine* nuire quelque peu à la lisibilité de la répartition des compétences entre communes et EPCI, que les administrés, il faut bien le reconnaître, avaient déjà parfois quelques difficultés à appréhender…
Ensuite, toujours au titre de ces outils permettant une adaptation locale des compétences, il convient de rappeler que les EPCI peuvent désormais assez largement s'inscrire dans les dispositifs de délégations de compétences, soit en qualité de délégataires, soit en tant que délégants (voir notamment l'art. L. 1111-8 CGCT). En se fondant sur de tels dispositifs, dans certains territoires, des EPCI pourront

gérer des compétences qui, à l'origine, n'étaient pas les leurs, mais qui leur auront été déléguées, alors que localement, d'autres EPCI auront pu faire le choix de confier à une autre personne publique (département ou région), tout ou partie, d'une de leurs compétences. Là encore, à l'intérêt certain pour les EPCI de pouvoir adapter localement la gestion de leurs compétences, s'oppose peut-être un risque, à terme, de rendre le système encore plus illisible pour l'usager. En l'état, la lisibilité – clairement perfectible ! – de l'action communale et intercommunale nous incite effectivement à penser que la question du « qui fait quoi ? » a encore de beaux jours devant elle…

***
*

Même si l'analyse rétrospective permet de constater que les intercommunalités ont, au fil des réformes, plutôt été renforcées, la coopération intercommunale à la française fait toujours, aujourd'hui, l'objet de critiques, certaines voix s'élevant régulièrement pour affirmer que la place des EPCI au sein du bloc communal n'est pas encore assez grande ou que leur fonctionnement est complexe et peu lisible (voir notamment, en ce sens, C. comptes, *Les finances publiques locales 2022*, Fascicule 2, Chapitre 2).

En parallèle de ces critiques, et compte tenu des développements matériel (nombreux transferts de compétences) et territorial (diverses extensions de périmètres, parfois substantielles) qu'ont connus, ces dernières années, les EPCI-FP, la question de leur statut juridique est, elle aussi, de plus en plus sujette à débats. En effet, malgré leur rôle stratégique dans le développement territorial et la gestion de nombreux services publics locaux, force est de constater que les intercommunalités n'ont, à ce jour, toujours qu'un statut d'établissement public… Ne serait-il pas logique que les personnes publiques locales qui délivrent, au quotidien, de si nombreux services publics de proximité puissent accéder au statut de collectivité territoriale ? Le débat (notamment juridique) reste ouvert…

LES DÉLÉGATIONS DE COMPÉTENCE ET LA CONTRACTUALISATION ENTRE COLLECTIVITÉS LOCALES

Serge PUGEAULT

Professeur de droit public
Université de Reims Champagne-Ardenne – URCA
Centre de Recherche Droit et Territoire – CRDT

Depuis la loi du 2 mars 1982 relative aux droits et libertés des communes, des départements et des régions et la loi du 7 janvier 1983 relative à la répartition de compétences entre les communes, les départements, les régions et l'État, complétée par la loi du 22 juillet 1983, ce sont une cinquantaine de lois et plusieurs centaines de décrets qui sont intervenus et qui constituent aujourd'hui le droit des collectivités territoriales.

Pour l'essentiel codifiés au sein du Code général des collectivités territoriales (CGCT), ils ont permis à celui-ci de dépasser le million de mots, à la date du 1er janvier 2023, la taille du code ayant triplé sur la seule période 2002-2022[1].

Cette évolution est évidemment impressionnante. Elle rend difficile non seulement la maîtrise de la matière, mais son analyse théorique.

Au-delà des premier et second acte de la décentralisation qui relevaient d'un projet politique clair, on peine en effet à dégager sur ces quarante années d'activité normative incessante une logique évidente[2].

En revanche l'accroissement continu du champ contractuel dans l'espace des collectivités territoriales sur cette période apparaît avec évidence.

1. Rapport d'information n° 289 (2022-2023) de Mme F. Gatel et M. R. Pointoreau, fait au nom de la délégation aux collectivités territoriales, déposé le 26 janv. 2023.
2. A. DURANTHON, « Le droit des collectivités territoriales au milieu du gué. À propos des réformes territoriales intervenues depuis 2014 et de quelques éléments de leur mise en œuvre », *Dr. adm.*, n° 7, juill. 2017, étude 12.

L'on sait que depuis maintenant près de cinquante ans le contrat est devenu un moyen privilégié de l'action publique[3]. La reconnaissance explicite de la valeur constitutionnelle de la liberté contractuelle (qui découle de l'article 4 de la Déclaration de l'homme et du citoyen de 1789) à l'ensemble des personnes publiques par le Conseil constitutionnel en 2006[4] n'a pu que le favoriser[5].

La place que le contrat tient aujourd'hui ne peut donc étonner, *a fortiori* dès lors que la liberté contractuelle est considérée, pour les collectivités territoriales, comme un attribut de la libre administration consacrée à l'article 72 de la Constitution.

Le fait que le contrat soit désormais partout en droit des collectivités territoriales ne peut cependant être banalisé, c'est-à-dire considéré comme la simple déclinaison d'un phénomène plus général concernant l'ensemble des acteurs publics. Les relations de nature conventionnelle entre l'État et les collectivités territoriales nous semblent relever d'autres logiques que celles qui sont à l'œuvre entre collectivités[6] locales (terminologie désignant à la fois les collectivités territoriales et leurs groupements).

Quarante ans après la première loi de transfert de compétences entre l'État et les collectivités territoriales, quelle est la place de la convention (du contrat) dans les relations entre collectivités locales ? (I).

Le fait que le contrat, la convention, soient désormais partout (la loi NOTRe comporte près de 200 fois le mot « convention » !) nous semble marquer sur la période une évolution profonde de la nature de l'organisation politique et administrative territoriale (II).

I. Les relations conventionnelles entre collectivités locales

Vouloir faite l'état des lieux des relations conventionnelles entre collectivités locales expose à une première difficulté.

Elle tient au fait que le législateur se montre très peu préoccupé de la rigueur du vocabulaire qu'il utilise : convention, contrat, entente, accord, ou autre, les termes employés ont une signification qui n'est pas toujours certaine ni une portée bien définie[7].

3. J.-C. RICCI, « Le contrat au service des politiques publiques », *RFDA* 2015, 652 ; J.-D. DREYFUS, « Contrats administratifs entre personnes publiques et théorie générale des contrats administratifs », *AJDA* 2013, p. 846.
4. Cons. const. 30 nov. 2006, nº 2006-543 DC, *AJDA* 2007, 192, note G. Marcou.
5. J.-M. PONTIER, « La liberté contractuelle des personnes publiques », *AJDA* 2013, p. 837.
6. Voir par exemple Y. JEGOUZO, « L'administration contractuelle en question », *in Mélanges Franck Moderne*, Dalloz, 2004, p. 543 ; IFSA, colloque du 28 nov. 2002, « L'administration contractuelle », *AJDA* 2003, p. 970 et s.
7. J.-M. PONTIER, « Présentation générale à la contractualisation de l'action publique locale », *in* R. ALLEMAND et N. DANTONEL-COR (dir.), *La contractualisation de l'action publique locale*, Paris, L'Harmattan, 2018, p. 42 et s.

Dans ce qui se présente comme « contractuel », tout ne l'est pas toujours au sens où on l'entend dans le vocabulaire juridique[8].

Il nous faut donc pour dépasser cette difficulté nous écarter de la rigueur juridique, pour traiter de l'ensemble des conventions entre collectivités locales qui ont pour objet, ou pour effet de conduire à un aménagement de l'exercice de leurs compétences décidé par les collectivités locales elles-mêmes.

Cet aménagement peut aller jusqu'à des délégations de compétences d'une collectivité vers une autre (A).

Mais chercher à appréhender la réalité de l'exercice des compétences à l'échelon local doit conduire à élargir la focale pour prendre en compte un ensemble de relations conventionnelles de natures très diverses (B).

A. Les délégations de compétence

L'article 73-V de la loi du 16 décembre 2010 de réforme des collectivités territoriales (dite loi RCT), tout en supprimant la clause générale de compétence pour les départements et les régions, a généralisé un dispositif de délégation de compétences entre collectivités territoriales.

Jusqu'en 2010 ce dispositif n'existait que dans les domaines particuliers de l'action sociale (art. L. 121-6 du Code de l'action sociale et des familles) ou des transports scolaires (art. L. 3111-9), ou permettait aux EPCI d'exercer, par voie de convention, au nom ou pour le compte du département ou de la région tout ou partie des compétences dévolues à l'une ou l'autre de ces collectivités (art. L. 5210-4, L. 5215-20 et L. 5216-5 CGCT).

La délégation instituée par la loi RCT a été codifiée à l'article L. 1111-8 du CGCT, dans le chapitre qui porte sur le « principe de libre administration », indice de la fonction de la délégation sur lequel nous reviendrons[9].

Au terme de ses dispositions initiales, l'article L. 1111- 8 du CGCT précisait qu'« une collectivité territoriale peut déléguer à une collectivité territoriale relevant d'une autre catégorie ou à un établissement public de coopération intercommunale à fiscalité propre une compétence dont elle est attributaire (1er al.). Les compétences déléguées en application de l'alinéa précédent sont exercées au nom et pour le compte de la collectivité territoriale délégante (2nd al.). Cette délégation est régie

---

8. E. UNTERMAIER-KERLEO, « Les “contrats” entre personnes publiques sont-ils des contrats ? », *AJDA* 2013, p. 843. Dans son rapport public 2008, *Le contrat, mode d'action publique et de production de normes*, le Conseil d'État soulignait d'ailleurs « le besoin d'introduire dans le langage juridique une gradation dans la valeur impérative de la norme conventionnelle ».

9. S. DYENS, « Quel périmètre pour la délégation de compétences de l'article L. 1111-8 du CGCT ? », *AJCT* 2015, p. 582 ; J. MARTIN, « Collectivités territoriales – Turbulences sur les délégations de compétences entre collectivités territoriales », *JCP A*, n° 38-39, 21 sept. 2015, act. 769.

par une convention qui en fixe la durée et qui définit les objectifs à atteindre et les modalités du contrôle de l'autorité délégante sur l'autorité délégataire. Les modalités de cette convention sont précisées par décret en Conseil d'État (3e al.) ».

L'article 8 de la loi du 21 février 2022, dite « loi 3DS » a modifié et étendu les dispositions du premier alinéa de l'article L. 1111-8 en prévoyant d'une part que la délégation à laquelle il est procédé porte, de la part de la collectivité, sur « la réalisation ou la gestion de projets structurants pour son territoire » et d'autre part qu'un EPCI à fiscalité propre, lorsque ses statuts l'y autorisent, puisse lui-même déléguer tout ou partie d'une compétence au département ou à la région avec l'accord de ses communes membres[10].

Si l'article L. 1111-8 du code permet, de manière générale, à une collectivité territoriale, voire à un EPCI à fiscalité propre de déléguer une compétence dont ils sont attributaires, la loi nº 2014-58 du 27 janvier 2014 de modernisation de l'action publique locale et d'affirmation des métropoles (loi MAPTAM) a introduit dans le CGCT des dispositions spécifiques aux métropoles[11].

L'article L. 5217-2, IV du CGCT prévoit ainsi que, à l'intérieur de son périmètre, la métropole, par convention passée avec le département, exerce un certain nombre de compétences aux lieu et place de celui-ci soit par transfert, soit par délégation, dans ce cas en son nom et pour son compte. Le même mécanisme est prévu avec la région (V de l'article L. 5217-2 CGCT, et L. 4221-1-1).

Des dispositifs de délégation de compétences sont également prévus pour la Métropole de Lyon (l'article L. 3641-3 du CGCT dispose que « la métropole de Lyon peut déléguer aux communes situées sur son territoire, par convention, la gestion de certaines de ses compétences », l'article L. 3633-4 prévoit la possibilité pour la métropole et ses communes de conclure des conventions dans un sens ou l'autre pour se déléguer la création et la gestion de certains équipements, l'article L. 3641-4 prévoit la possibilité de délégation de compétences de la région Rhône-Alpes à la métropole),

B. Les autres types de convention

Si certaines conventions ont pour objet direct des délégations de compétences entre collectivités, d'autres, sans relever de cette catégorie, ont des effets sur leur exercice. Dès 1983, l'article 6, alinéa 3, de la loi du 7 janvier 1983 prévoyait que « les collectivités territoriales peuvent conclure entre elles des conventions par lesquelles l'une d'elles s'engage à mettre à la disposition d'une autre collectivité ses services et moyens afin de faciliter l'exercice de ses compétences ».

---

10. D. CHRISTANY, « Le régime de la délégation de compétences des EPCI à travers la loi du 21 février 2022 », *JCP A*, nº 13, 4 avr. 2022, 2103.
11. S. DAUCÉ, « Les métropoles hors Île-de-France à l'issue de la loi MAPTAM : compétences et organisation institutionnelle », *JCP A*, nº 8, 24 févr. 2014, 2050.

Aujourd'hui, cette faculté de prestation entre collectivités ou de mutualisation par le biais de conventions est généralisée et détaillée aux articles L. 5111-1 et suivants du CGCT[12]. L'article L. 5111-1, alinéa 3, du CGCT prévoit en particulier que « des conventions qui ont pour objet la réalisation de prestations de services peuvent être conclues » entre les collectivités territoriales et leurs groupements et que, lorsque ces prestations portent sur des services non économiques d'intérêt général au sens du droit de l'Union européenne ou lorsqu'elles ont pour objet d'assurer l'exercice en commun d'une compétence (dans les conditions de l'art. L. 5111-1-1 CGCT), ces conventions ne sont pas soumises aux règles prévues par le Code de la commande publique[13].

Par ailleurs, dans le cadre de la « conférence territoriale de l'action publique », s'agissant de compétences dont l'article L. 1111-9 du CGCT prévoit que l'exercice nécessite le concours de plusieurs collectivités ou groupements, des « projets de convention » entre ces collectivités sont élaborés (art. L. 1111-9-1 du code).

De plus une communauté de communes, une communauté d'agglomération, une communauté urbaine ou une métropole peuvent confier, ou se faire confier, par convention avec une commune membre ou avec toute autre collectivité ou groupement la création ou la gestion d'un équipement ou d'un service relevant de ses attributions (art. L. 5214-16-1 CGCT, L. 5215-27, L. 5215-7-1 et L. 5217-7 CGCT)[14].

Autre exemple, l'article L. 5221-1 du CGCT prévoit la possibilité de conclusion « d'ententes » entre communes, EPCI-FP ou syndicats sur des objets d'utilité commune et que ceux-ci peuvent passer entre eux des conventions « à l'effet d'entreprendre ou de conserver à frais communs des ouvrages ou des institutions d'utilité commune ». Exclues par le Conseil d'État du champ de la commande publique en 2012[15] dès lors qu'elles n'impliquent pas de transferts financiers indirects entre collectivités autres que les compensations des charges générées (c'est-à-dire qu'elles n'ont pas de caractère lucratif), elles permettent à une collectivité d'associer une autre collectivité à l'exercice d'une compétence, voire, en pratique, à lui confier celle-ci[16].

---

12. A. GARDÈRE, « Mutualisation communes/EPCI : un remède miracle au déficit de rationalisation territoriale ? » *JCP A*, n° 40, 6 oct. 2014, 2276.

13. J. MARTIN, « Les conventions relatives à l'exercice des compétences », *RFDA* 2020, p. 232.

14. H. HABCHI, « La mutualisation intercommunale, mythe ou réalité ? », *JCP A*, n° 10-11, 9 mars 2020, 2067.

15. CE 3 févr. 2012, *Commune de Veyrier-du-Lac*, n° 353737.

16. Il reste que l'on peut s'interroger sur la parfaite conformité au droit communautaire de cette analyse…

Dernier exemple, créant la Collectivité européenne d'Alsace, la loi du 2 août 2019 a introduit dans le CGCT un article L. 3431-3, qui prévoit la conclusion de diverses conventions de délégation de compétence avec les collectivités territoriales ou leur groupement pour la mise en œuvre des projets qu'elle poursuit[17].

Si on élargit encore la focale, il est possible d'identifier d'autres conventions, auxquelles on ne pense pas spontanément, *mais qui correspondent néanmoins à des modalités d'organisation ou de coopération de collectivités locales dans l'exercice de leurs compétences*.

C'est le cas, par exemple, des articles L. 3112-1 et suivants du Code de la commande publique. Ils permettent à des collectivités locales, par convention, de se constituer en groupement d'autorités concédantes pour déléguer, ensemble, à un tiers la gestion d'un service public. S'il s'agit avant tout de *« mutualisation »*, cette convention permet concrètement que les membres du groupement confient à l'un (ou plusieurs) d'entre eux le soin de mener la procédure de passation, voire de l'exécution, du contrat de concession d'un service public qui relève de leur compétence.

C'est aussi le cas, autre exemple, de la possibilité pour des collectivités locales de se retrouver ensemble actionnaires de sociétés commerciales, en particulier de SEML, dès lors que l'objet de celles-ci correspond, même pour une partie minime, à l'une de leurs compétences[18] ; de filiales de SEM en sous-filiales, nombre de collectivités se retrouvent ainsi à agir ensemble dans des domaines parfois éloignés de leurs compétences initiales, ainsi que l'a dénoncé la Cour des comptes dans un référé au Premier ministre le 15 juin 2017[19].

Et puis enfin, il y a tout ce qu'on ne sait pas des accords entre collectivités territoriales, ces accommodements raisonnables avec le droit auxquels il est régulièrement fait appel, qui sont tolérés par les préfets (quand ils exercent leur contrôle) au nom du pragmatisme et de l'efficacité et dont personne ne saisit le juge[20]... Ainsi dans son rapport public 2008[21] le Conseil d'État relevait que « ... la connaissance du phénomène contractuel reste lacunaire au sein des collectivités publiques et des administrations. [...] Aucun appareil statistique ne permet de présenter la moindre

17. D. CHARBONNEL, « La loi n° 2019-816 du 2 août 2019 créant la Collectivité européenne d'Alsace », *JCP A*, n° 35, 2 sept. 2019, act. 533.

18. L'article L. 1522-1,3° du CGCT impose seulement que la réalisation de l'objet des SEM « concourt à l'exercice d'au moins une compétence de chacune des collectivités territoriales et de chacun des groupements de collectivités territoriales qui en sont actionnaires ».

19. C. comptes, « Les insuffisances du cadre juridique et comptable applicable aux entreprises publiques locales », référé du Premier président au Premier ministre, 15 juin 2017.

20. Pour reprendre la formule de M. Dacosta dans ses conclusions sous l'arrêt CE 30 déc. 2014, *Société Armor SNC* (n° 355563), ces conventions sont « conclues et exécutées sous le radar contentieux ».

21. Conseil d'État, Rapport public 2008, *Le contrat, mode d'action public et de production de normes*, Paris, Doc. fr., 2008.

vue d'ensemble sur les contrats administratifs. Leur nombre, leur nature, leur objet, leurs caractéristiques principales, leur durée, leur incidence économique... restent pour l'essentiel inconnus ».

Dans leur rapport rendu public en septembre 2017[22], des membres de l'Inspection générale de l'administration (IGA) rapportent que les préfectures ont fait état auprès d'eux de leurs « difficultés à soutenir le droit face à des compromis locaux [...] résultant parfois du bon sens [...] et de la nécessité de ne pas remettre en cause des dispositifs pertinents [...] voire la continuité du service public. [...]. Entre une application strictement rigoureuse d'un droit encore en construction et parfois incertain et un laisser-faire juridique au gré des situations, les préfectures ont fait le choix d'un certain pragmatisme »...

Bref, en quarante ans le paysage contractuel n'a cessé de se renforcer, de se diversifier et de se complexifier.

II. Une évolution profonde de la nature de l'organisation politique et administrative territoriale

Pour aller à l'essentiel, le contrat apparaît comme le moyen, aujourd'hui, de casser les silos de l'organisation territoriale (A).

Il révèle aussi que la question aujourd'hui n'est plus, à titre principal, la décentralisation territoriale, mais plutôt l'organisation horizontale de l'exercice des compétences (B).

A. Le contrat contre la logique des blocs de compétence

Dès 1983, le législateur a souhaité une spécialisation des compétences des collectivités territoriales[23].

L'article 3 de la loi du 7 janvier 1983 (devenu l'art. L. 1111-4 CGCT) précisait ainsi que « la répartition des compétences entre les collectivités territoriales et l'État s'effectue, dans la mesure du possible, en distinguant celles qui sont mises à la charge de l'État et celles qui sont dévolues aux communes, aux départements ou aux régions de telle sorte que chaque domaine de compétences ainsi que les ressources correspondantes soient affectés en totalité soit à l'État, soit aux communes, soit aux départements, soit aux régions ».

La volonté de rendre simple et claire la répartition des compétences a donc été dès l'origine affirmée par le législateur.

---

22. Délégation de compétences et conférence territoriale d'action publique, de nouveaux outils au service de la coopération territoriale, rapport n° 16119R.

23. J.-Cl. DOUENCE, « La nouvelle répartition des compétences, gage de clarification ? » *JCP A*, n° 14, 4 avr. 2011, 2135.

La formule « dans la mesure du possible » dans la loi de 1983 traduisait néanmoins une forme de lucidité car cet objectif ne sera jamais atteint. Chaque texte est venu en réalité apporter un peu plus de complexité à l'organisation des compétences à l'échelon local, et tout aussi régulièrement, d'autres textes ont entendu réparer ce que les textes précédents avaient pu aggraver.

La loi du 5 janvier 1988 est, déjà, une loi « d'amélioration de la décentralisation » ; la loi du 4 février 1995 d'orientation pour l'aménagement et le développement du territoire prévoyait (art. 65-1, al. 1) que « la répartition des compétences entre l'État et les collectivités territoriales sera clarifiée… » ; la révision constitutionnelle de 2003 tourne autour du problème et pense pouvoir le résoudre en prévoyant la possibilité d'instituer des collectivités « chefs de file » ; le rapport Balladur, en 2009 (rapport du comité pour la réforme des collectivités locales) fait pourtant le constat que l'objectif de répartition rationnelle des compétences n'a pas été atteint ; la loi RCT de 2010 veut (c'est son titre IV) « clarifier les compétences des collectivités territoriales » ; la loi MAPTAM de 2014 comporte pratiquement le même titre (titre Ier : « Clarification des compétences des collectivités territoriales et coordination des acteurs ») ; un an plus tard, l'exposé des motifs de la loi NOTRe souligne la nécessité de spécialiser les différentes catégories de collectivités et d'opérer des transferts par « blocs de compétences »…

Plus récemment, le rapport public annuel 2023 de la Cour des comptes souligne qu'« une relance progressive et organisée de la décentralisation est nécessaire pour rendre plus lisible l'organisation territoriale et la répartition des compétences », la « rationalisation » de cette organisation étant « inachevée »[24]…

La rationalisation et la simplification dans la répartition des compétences apparaissent ainsi, depuis 1983, comme un objectif constant ; mais cet objectif n'est qu'un horizon, dont la nature est de reculer sans cesse et de ne pouvoir jamais être atteint !

On ne peut toutefois s'en étonner.

La volonté de répartir les compétences de façon rationnelle entre les collectivités territoriales, en les différenciant selon leur nature et leur niveau, relève d'une pensée abstraite, de pure rationalité, qui ne correspond pas à la réalité de la vie des territoires.

Au risque d'une évidence, la décentralisation territoriale renvoie à des collectivités dont on dit qu'elles assurent des compétences sur un territoire. Mais en réalité, ces collectivités n'ont pas chacune un territoire, leurs territoires se superposent. Or les besoins de la population s'expriment dans un lieu déterminé, localement situé, et ce lieu relève de plusieurs structures territoriales *en même temps*.

---

24. C. comptes, Rapport public annuel 2023, *La décentralisation 40 ans après : un élan à retrouver*, mars 2023, p. 74.

En matière d'organisation territoriale, la vraie difficulté ne tient pas à la multiplicité des acteurs, mais à celui de la superposition de leurs territoires. Dès lors, imaginer que leurs compétences puissent s'exercer en silos est une illusion.

Le développement du contrat, de la convention, à l'échelle territoriale, traduit cette impossibilité.

Complétant les aménagements que le législateur est lui-même contraint d'apporter en permanence, il vient casser les silos de la répartition des compétences et apporter à l'organisation territoriale la coopération et la souplesse nécessaires au traitement des problèmes au quotidien[25].

B. Le contrat comme révélateur d'une nouvelle problématique de l'exercice local des compétences

La loi du 2 mars 1982 relative aux droits et libertés des communes, des départements et des régions et, plus encore, les lois du 7 janvier 1983 et du 22 juillet 1983 relatives à la répartition des compétences sont des lois de « décentralisation », en ce sens qu'elles conduisent l'État à transférer ou à restituer aux collectivités de terrain des compétences que jusque-là il exerçait. D'autres lois postérieures viendront compléter ces transferts.

Mais avec le développement de la contractualisation entre collectivités territoriales, c'est aujourd'hui à un autre mouvement qu'on assiste. Il ne s'agit plus d'un mouvement vertical de distribution des compétences, mais d'un mouvement horizontal d'organisation de ces compétences par les acteurs eux-mêmes, entre égaux, dans une démarche qui fait place à une forme d'*affectio societatis*.

C'est à l'évidence une étape nouvelle de l'organisation territoriale des compétences, de leur répartition, et qui en change la nature.

Alors que la coopération institutionnelle a été imposée aux collectivités locales, en particulier aux communes, « de haut », souvent contre leur gré, selon un processus perçu comme autoritaire[26], le contrat correspond au contraire à une forme de coopération conventionnelle, volontaire, mise en œuvre librement par les collectivités. Comme le souligne Jean-Pierre Balligand[27], « notre approche verticale de l'organisation territoriale est désuète. La modernité [...] nous oblige à dessiner entre les acteurs institutionnels des liens, des connexions, des concentrateurs, des *hubs*, des répartiteurs ».

25. J.-F. SESTIER, « La coopération contractuelle comme alternative à la coopération institutionnelle », *AJDA* 2013, p. 15.

26. A. TREPPOZ, « L'intercommunalité du XXIe siècle ou le Prométhée moderne », *Dr. adm.*, no 12, déc. 2020, étude 16.

27. J.-P. BALLIGAND, *Un nouveau système territorial ?*, Paris, Berger-Levrault, 2017, p. 185.

Pour ce qui est, strictement, des délégations de compétence de l'article L. 1111-8, on a vu qu'elles s'inscrivent, aux termes mêmes du CGCT, dans une démarche de « libre administration ».

Il résulte de cette évolution une plus grande difficulté à appréhender l'ensemble de l'organisation administrative, à la qualifier au regard de nos catégories juridiques[28], voire à la connaître avec précision.

Il en résulte aussi une plus grande complexité[29] ; mais pourquoi faudrait-il que l'organisation et le fonctionnement territorial d'un État comme la France soient simples ?

***
*

Le 27 juillet 1981, à la tribune de l'Assemblée nationale, en présentant le projet de loi sur les droits et libertés des communes, départements et régions, Gaston Defferre déclarait : « Il est enfin temps de donner aux élus des collectivités territoriales la liberté et les responsabilités auxquelles ils ont droit. [...] Le dévouement, la compétence, le désintéressement des élus locaux le justifient. [...] Ne méritent-ils pas qu'on leur fasse confiance pour choisir et appliquer les bonnes solutions aux problèmes qu'ils ont à résoudre, au moins autant qu'aux services anonymes d'un ministère parisien, ou même d'un ministre, quel qu'il soit et quelle que soit sa couleur politique [...]. Désormais, les élus seront libres d'exercer pleinement leur mandat, libres de prendre leurs responsabilités sans entraves, sans les limitations, sans les détournements imposés par les services ministériels contre leur volonté et parfois contre l'intérêt de leurs communes. »

C'était le projet politique initial de la décentralisation ; ce projet politique a fini par être étouffé ou entravé par une approche purement rationnelle et technocratique de l'organisation administrative, qui relève principalement d'une logique budgétaire de réduction des dépenses publiques[30].

Le développement de la contractualisation permet aujourd'hui, dans une certaine mesure, de renouer avec le projet politique d'origine, un projet qui voulait faire souffler un vent de liberté sur les collectivités locales et affirmer une confiance certaine dans leurs élus.

---

28. L. JANICOT, « Les délégations de compétences entre personnes publiques », *Dr. adm.*, n° 2, févr. 2019, étude 3.
29. H. PAULIAT, « La différenciation territoriale : quelle lisibilité pour une action publique à la carte ? », *JCP A*, n° 12, 28 mars 2022, 2091.
30. A. DURANTHON, *op. cit.* ; F. BOTINI, « L'impact du New public Management sur la réforme territoriale », *RFDA* 2015, p. 717.

4e Partie

L'AVENIR

LA DIFFÉRENCIATION : UNE AUTONOMIE RENFORCÉE ?

Géraldine CHAVRIER

Professeure agrégée de droit public
Université Paris-I - Panthéon-Sorbonne
École de droit de la Sorbonne, Institut de recherche juridique de la Sorbonne – IRJS
Ex-Directrice du CIPCEA, prép'ENA

La notion de différenciation est apparue dans le vocabulaire de la décentralisation française à la fin des années 2000.

Utilisée dans d'autres États, elle désigne alors la solution retenue lorsque, dans un domaine regardé comme impliquant une stricte égalité, celle-ci a échoué à effacer les inégalités existantes (exemple de l'instruction scolaire différenciée dans les pays anglo-saxons)[1], ou lorsque, dans un objectif d'autonomisation des parties d'un tout qu'on veut garder unitaire, il est tenu compte des différences historiques, culturelles, linguistiques, etc.

La différenciation a donc deux vocations différentes : améliorer la performance publique par une différenciation compensatrice et adaptative[2] ; produire une meilleure intégration dans une perspective démocratique ou afin d'éviter les tentations sécessionnistes.

On reconnaît, dans ce dernier groupe de cas, la situation des États régionaux. Ainsi que l'expliquait le Conseil de l'Europe en collaboration avec Gérard Macou[3], la régionalisation se définit par le principe de différenciation ou encore d'asymétrie de statuts et de compétences. En Espagne, le particularisme linguistique et culturel de certaines régions donne lieu à une différenciation recognitive[4] qui passe par l'acquisition d'un statut particulier. Quelques régions italiennes sont également concernées ainsi que, en France, la région Corse. La différenciation

1. P. SUBBAN, « Differentiated instruction: A research basis », *International Education Journal* 2006, 7(7), 935-947

2. Pour ces notions, voir O. BUI-XUAN, *Le droit public, entre universalisme et différentialisme*, Economica, coll. « Corpus essais », 2004, 533 p.

3. Conseil de l'Europe, *La régionalisation et ses conséquences sur l'autonomie locale*, Éditions du Conseil de l'Europe, Communes et régions d'Europe, n° 64, 1998.

4. Voir note 2.

ne passe d'ailleurs pas nécessairement par l'acquisition d'un statut particulier. La Constitution italienne prévoit ainsi que des régions à statut normal peuvent se voir attribuer des compétences supplémentaires, donc diverses entre elles[5].

Si la différenciation est le propre des États régionaux, on comprend alors que son instauration en France conduit à imaginer qu'elle pourrait renforcer l'autonomie locale.

Toutefois, c'est oublier d'une part que la différenciation peut n'être qu'un instrument au service d'une égalité proportionnelle, un instrument de justice spatiale[6], et d'autre part que l'autonomie résulte avant tout de la capacité d'une entité à prendre elle-même des décisions, sous sa propre responsabilité[7]. Or, la loi relative à la différenciation, la décentralisation, la déconcentration et portant diverses mesures de simplification de l'action publique, du 21 février 2022[8] (loi 3DS), s'inscrit totalement dans l'objectif de performance par l'amélioration de l'égalité réelle entre collectivités (I).

En revanche, la différenciation peut être un outil au service de l'autonomie locale lorsqu'elle prend la forme de l'adoption, par les collectivités territoriales, de normes relatives à l'exercice de leurs compétences en fonction de leur contexte, ce qui est discrètement promu par cette loi, et par la loi organique du 19 avril 2021 relative à la simplification des expérimentations[9] (II).

I. La différenciation adaptatrice de la loi 3DS ou la promotion d'une égalité proportionnelle

Les deux premiers articles de la loi précitée du 21 février 2022, relatifs à la différenciation, ont été inscrits dans le chapitre du Code général des collectivités territoriales consacré au principe de libre administration. La différenciation pourrait donc être rapprochée de l'autonomie locale, qui serait ainsi enrichie d'un nouvel outil.

Toutefois, il est assez clair que le droit de la différenciation vise avant tout à consacrer une conception proportionnelle du principe d'égalité qui ne dépend que de la décision de l'État.

5. Constitution de la République italienne, art. 116.
6. V. DUSSART et Fl. LERIQUE (dir.), *Justice spatiale et politiques publiques territoriales*, Mare et Martin, coll. « Droit public », 2023, 300 p.
7. Par ex : Charte européenne de l'autonomie locale du 15 oct. 1985, art. 3.1.
8. *JO* 22 févr. 2022.
9. Loi organique n° 2021-467 du 19 avr. 2021 relative à la simplification des expérimentations mises en œuvre sur le fondement du 4ᵉ alinéa de l'article 72 de la Constitution.

A. La différenciation, un instrument de justice spatiale

La différenciation aurait dû donner davantage de pouvoir de décision aux collectivités territoriales. C'est ainsi que l'avait conçu le Conseil d'État, dans plusieurs de ses avis relatifs à la différenciation, et *in fine* dans celui sur le projet de loi dit « 3DS ».

Dans ses considérations générales sur le projet de loi « 3DS », il explique ainsi que « son objectif est, dans le respect du principe d'égalité, de reconnaître aux élus davantage de marges de manœuvre pour exercer leurs compétences »[10]. Il poursuit en rappelant qu'elle peut « donner une portée plus effective au principe de subsidiarité énoncé au deuxième alinéa de l'article 72 de la Constitution »[11]. Enfin, rappelant ses avis précédents et notamment celui du 7 décembre 2017 sur la différenciation des compétences des collectivités territoriales relevant d'une même catégorie et des règles relatives à l'exercice de ces compétences[12], il rattache la différenciation à « la reconnaissance aux collectivités territoriales de marges de manœuvre accrues », laquelle « est de nature à renforcer la démocratie locale et à permettre à celles-ci d'exercer leurs compétences avec une plus grande efficacité, grâce aux responsabilités supplémentaires données aux élus pour innover et adapter leur action aux réalités des territoires ainsi qu'aux besoins de la population et de l'économie ».

La différenciation est donc un outil de performance des politiques publiques grâce à un pouvoir d'adaptation plus grand à leurs spécificités, donné directement aux collectivités territoriales, qui détiennent ainsi une plus grande autonomie de décision.

Toutefois, cette inspiration ne se retrouve que très subsidiairement dans le projet de loi, puis la loi, hors dispositif expérimental.

Ainsi, la loi autorise les délégations de compétences des établissements publics de coopération intercommunale (EPCI) vers les départements et les régions, mais surtout les transferts de compétences facultatives de certaines communes vers leur EPCI sans que cela contraigne les autres communes à faire de même[13].

Il s'agit là, clairement, d'une mesure autorisant une différenciation dans la répartition des compétences qui repose sur la décision des autorités locales, au regard de leurs besoins et de leurs différences.

10. CE Ass. gén., avis n° 402412, 6 mai 20221, relatif à la différenciation, la décentralisation, la déconcentration et portant diverses mesures de simplification de l'action publique
11. *Id.*
12. CE, Ass. gén., avis n° 393651, 7 déc. 2019, sur la différenciation des compétences des collectivités territoriales relevant d'une même catégorie et des règles relatives à l'exercice de ces compétences
13. Loi préc., art. 8 et 17.

Néanmoins, lorsqu'on s'éloigne des quelques rares mesures de concrétisation du principe de différenciation – rareté que le Conseil d'État avait d'ailleurs critiqué dans son avis – pour s'intéresser au principe tel qu'il est entendu et posé par le législateur, on constate que la différenciation est conçue essentiellement comme une promotion de l'égalité réelle. Il s'agit de rappeler, dans la loi, la jurisprudence constitutionnelle qui autorise à traiter différemment les situations différentes, pour promouvoir cette possibilité.

Le Conseil d'État, dans son avis, avait mis en garde contre cette démarche, et avait proposé de modifier sa rédaction en considérant que la différenciation « ne doit pas être conçue comme une explicitation du principe constitutionnel d'égalité appliqué à la loi, mais comme l'énoncé de l'objectif que se donne le législateur pour mieux tenir compte, dans le respect du principe d'égalité, des différences de situations, en vue de donner plus de souplesse au cadre de l'action des collectivités territoriales ».

Finalement, la disposition législative adoptée est encore plus explicative et limitative que celle qui figurait dans le projet de loi. Aux termes de l'article 1er de celle-ci : « Dans le respect du principe d'égalité, les règles relatives à l'attribution et à l'exercice des compétences applicables à une catégorie de collectivités territoriales peuvent être différenciées pour tenir compte des différences objectives de situations dans lesquelles se trouvent les collectivités territoriales relevant de la même catégorie, pourvu que la différence de traitement qui en résulte soit proportionnée et en rapport avec l'objet de la loi qui l'établit. »

La jurisprudence du Conseil constitutionnel relative au principe d'égalité proportionnelle est ainsi reprise[14], puisque la différenciation est présentée comme la possibilité de traiter des *« différences objectives de situations »* différemment.

Toutefois, ce traitement différent doit être *« proportionné »* à la différence de situation, et en rapport avec l'objet de la loi qui l'établit. Le Conseil constitutionnel est ainsi invité à procéder à un contrôle de proportionnalité dans lequel il ne s'engage traditionnellement jamais, pour ne pas faire *« œuvre de législateur »*[15].

---

14. Cons. const. 23 juill. 1996, *Loi relative à l'entreprise nationale France Télécom*, n° 96-380 DC ; Cons. const. 20 mars 1997, *Loi créant les plans d'épargne retraite*, n° 97-388 DC ; CE Ass. 11 avr. 2012, *Groupe d'information et de soutien des immigrés et des fédérations des associations pour la promotion et l'insertion par le logement*, n° 322326, p. 142.

15. « Le principe d'égalité », exposé présenté lors de la visite du Conseil constitutionnel, le 18 sept. 2001, d'un groupe d'universitaires britanniques, p. 5.

Pire, la dérogation au principe d'égalité fondée sur des raisons d'intérêt général n'est même pas reprise, alors que c'est elle qui aurait ouvert le plus d'espace de différenciation[16].

Il peut, en effet, y avoir un intérêt général à accorder une compétence différente à une collectivité par rapport à une autre de la même catégorie, du fait de la volonté plus affirmée de cette collectivité à exercer cette compétence, alors que la collectivité normalement compétente serait moins motivée et prête à abandonner celle-ci. Cela reviendrait à appliquer réellement le principe de subsidiarité en choisissant l'échelon qui peut le mieux la mettre en œuvre grâce à cette motivation. Toutefois, la volonté de la collectivité, marqueur de l'autonomie, ne constituant pas une différence objective de situation, elle n'entre pas dans les hypothèses de différenciation.

Évidemment, le principe constitutionnel d'égalité, dans toute sa dimension, s'impose à cette définition. Cette rédaction démontre cependant clairement que la volonté du législateur était seulement de répondre à une certaine justice spatiale[17], de tenir compte des handicaps, ou des différences objectives des territoires.

C'est d'ailleurs ce que traduit la disposition, par ailleurs salutaire, en vertu de laquelle « La République française reconnaît les communes insulaires métropolitaines dépourvues de lien permanent avec le continent comme un ensemble de territoires dont le développement durable constitue un objectif majeur d'intérêt national en raison de leur rôle social, environnemental, culturel, paysager et économique et nécessite qu'il soit tenu compte de leurs différences de situations dans la mise en œuvre des politiques publiques locales et nationales »[18].

B. Le rôle de la volonté locale dans le processus normatif de différenciation

L'autonomie consiste à pouvoir prendre ses propres décisions, même si c'est dans le cadre de la loi. La loi 3DS ouvre cette voie lorsqu'elle permet un transfert de compétences à la carte entre les communes et les EPCI par exemple, ou lorsqu'elle permet à des collectivités de candidater à une expérimentation relative au financement du RSA ou au transfert de certaines routes[19].

Cela demeure cependant l'exception, même si la loi progresse (imparfaitement) dans la prise en compte du souhait des territoires.

16. La loi n° 2019-816 du 2 août 2019, relative aux compétences de la Collectivité européenne d'Alsace, était d'ailleurs fondée à la fois sur la différence de situation et l'intérêt général qui s'attachait à la traiter différemment.

17. G. CHAVRIER, « Différenciation et justice sociale : peurs et solutions », *in Justice spatiale et politiques publiques territoriales*, préc., p. 75 et s.

18. Art. 3, loi du 21 févr. 2020, préc.

19. Art. 132 et art. 38, loi préc.

L'article 2 reprend, en effet, l'article 1er de la Loi portant nouvelle organisation territoriale de la République[20] relatif au droit des régions de demander une adaptation des règles relatives aux compétences, à l'organisation, et au fonctionnement d'une ou de plusieurs régions. Elle l'étend ensuite aux départements, tout en y adossant une procédure encadrant la demande de différenciation.

On constate néanmoins que, en adossant la procédure de demande de différenciation à l'article 2 relatif aux demandes des départements et des régions, plutôt qu'à l'article 1er relatif à la différenciation, on exclut tout simplement les communes de la procédure d'initiative. Or, au regard du nombre et de la variété des communes, par leur démographie qui justifie que certains textes ne puissent s'appliquer de la même façon à une commune de 200 habitants qu'à celles de plus de 100000 habitants, ou du fait de leur géographie urbaine, rurale, montagneuse, c'est pourtant la catégorie de collectivités territoriales qui en aurait le plus besoin.

Les départements et les régions se voient, à l'inverse, accorder un pouvoir d'initiative.

L'assemblée départementale ou régionale pourra ainsi délibérer, puis adresser à l'État une demande d'adaptation, en expliquant les motifs objectifs qui la fondent. Elle sera transmise par l'exécutif de la collectivité au Premier ministre, au préfet de région et au président des assemblées parlementaires si elles portent sur des dispositions législatives.

Le Premier ministre accusera alors réception de ces propositions sans être contraint d'y répondre, ce qui serait contraire à la jurisprudence constitutionnelle. Seul un rapport annuel indiquant les suites qui ont été données à ces propositions est prévu. Ce dernier permettra, peut-être, d'exercer une pression sur les autorités compétentes pour répondre favorablement aux demandes.

Ces dispositions, qui organisent le maintien du pouvoir étatique de décision sur la demande de différenciation, sont normales au regard des règles constitutionnelles françaises. Seule l'autorité réglementaire normalement compétente peut modifier son acte, et seul le législateur peut modifier sa loi. Toutes proportions gardées, ces dispositions rappellent la procédure ayant cours dans les États régionaux qui permet à l'assemblée de la collectivité régionale, ou équivalent, de proposer son statut puis de le soumettre au vote du Parlement national.

Toutefois, on comprend que le renforcement de l'autonomie locale reposera sur le bon vouloir de l'État. Or, si l'on se réfère aux suites réservées par l'État aux propositions de modifications textuelles émanant de l'Assemblée de Corse, depuis les années 1980, on peut craindre que la différenciation soit aussi rare que ne l'est le recours aux expérimentations législatives de l'article 72 alinéa 4 de la Constitution.

---

20. Loi 2015-991 du 7 août 2015, *JO* 8 août 2015.

Il en résulte que, en l'absence d'un droit « à » la différenciation au profit d'un simple droit « de » la différenciation, il n'y aura pas de renforcement tangible de l'autonomie locale par cette voie.

II. Le renforcement de l'autonomie par l'adoption locale de normes différentes

Si, pour renforcer l'autonomie locale, il est nécessaire de permettre aux collectivités territoriales de disposer des moyens d'adapter elles-mêmes leurs compétences et leur exercice à leurs spécificités, on peut alors classer le recours aux expérimentations locales, et le renforcement du pouvoir réglementaire local, parmi les outils qui permettent d'y parvenir.

A. L'expérimentation normative pérennisée localement, un outil ambigu

L'article 72 alinéa 4 de la Constitution autorise les collectivités territoriales ou leurs groupements, sauf lorsque sont en cause les conditions essentielles d'exercice d'une liberté publique ou d'un droit constitutionnellement garanti, à déroger aux dispositions législatives ou réglementaires qui régissent l'exercice de leurs compétences, lorsqu'ils y sont autorisés, à titre expérimental, et pour un objet et une durée limitée.

Inscrite dans le chapitre relatif à la libre administration des collectivités territoriales, cette disposition visait à renforcer le pouvoir normatif des collectivités territoriales[21] bien davantage que de permettre de contribuer à l'amélioration de la qualité de la norme, ainsi qu'elle a été finalement comprise par la loi organique du 1er août 2003 qui contraignait essentiellement à l'abandon ou à la généralisation de l'expérience. Dans cette perspective, il s'agissait simplement de reconnaître que la nouvelle rédaction proposée par les collectivités expérimentatrices était plus pertinente nationalement que celle qui avait été adoptée par le Parlement. L'uniformisation normative demeurait un principe fort dans une République à l'organisation décentralisée.

De nombreuses voix se sont élevées contre le sort réservé aux expérimentations, en insistant soit sur l'aberration d'un système qui conduisait à renoncer à une solution efficace localement, mais non généralisable en raison d'échecs recensés ailleurs, soit à dissuader les collectivités territoriales à demander que soient organisées des expérimentations, compte tenu de ce risque de retour en arrière difficile à organiser en pratique[22].

---

21. Rapport Sénat de G. Longuet, n° 408 (2002-2003), *Projet de loi organique relatif à l'expérimentation par les collectivités territoriales*, p. 7 et s.
22. G. CHAVRIER, « L'expérimentation locale : vers un État subsidiaire ? », *Annuaire des collectivités locales*, t. 24, 2004, p. 43-52 ; Ass. nat., *« Mission flash » sur l'expérimentation et la différenciation territoriale*, communication de J.-R. Cazeneuve et A. Viala, 9 mai 2018, 63 p.

L'exécutif s'interrogeant sur la possibilité constitutionnelle de recourir à la différenciation en France, le Conseil d'État, dans son avis précité du 7 décembre 2017, avait répondu favorablement à la question en soulignant que celle-ci pouvait être précédée d'une expérimentation. Cela permettait de sécuriser la démarche innovante, considérée comme dangereuse par d'autres, en testant la pertinence et l'impact de la différenciation sur notre système juridique.

Saisie, quelques années plus tard, d'une demande de rapport sur les moyens de simplifier le droit de l'expérimentation afin d'y recourir davantage, la haute juridiction administrative a poursuivi cette idée en débordant de la mission qui lui était assignée pour étendre sa réflexion aux moyens de développer également la différenciation[23].

Parmi d'autres mesures, elle a proposé de mettre un terme à l'obligation d'abandon ou de généralisation de la solution expérimentée au profit d'une possibilité, pour les collectivités expérimentatrices, de conserver le bénéfice d'une expérience réussie. Il s'agissait ainsi d'autoriser la différenciation à l'issue de l'expérimentation.

L'article 6 de la loi organique n° 2021- 467 du 19 avril 2021 relative à la simplification des expérimentations mises en œuvre sur le fondement du 4e alinéa de l'article 72, tel que modifié à la suite de la réserve formulée par le Conseil constitutionnel qui en a été saisi[24], dispose ainsi désormais que, après évaluation, l'expérimentation se conclut par « le maintien des mesures prises à titre expérimental dans les collectivités territoriales ayant participé à l'expérimentation, ou dans certaines d'entre elles, et leur extension à d'autres collectivités territoriales, dans le respect du principe d'égalité ».

Il en résulte qu'une collectivité, qui souhaiterait bénéficier d'une différenciation dans l'attribution de ses compétences ou s'agissant des règles qui les concernent, pourrait demander à bénéficier d'une expérimentation afin de rédiger elle-même les dispositions législatives ou réglementaires correspondantes, puis de les tester pendant plusieurs années afin de demander à l'État une pérennisation à son bénéfice.

Elle serait ainsi assurée de pouvoir dessiner elle-même la solution qui lui sera appliquée, à titre pérenne, à l'issue de l'expérimentation.

---

23. *Les expérimentations : comment innover dans la conduite des politiques publiques ?*, Les études du Conseil d'État, Doc. fr., oct. 2019.

24. Décision 15 avr. 2021, n° 2021-816 DC, *Loi organique relative à la simplification des expérimentations mises en œuvre sur le fondement du quatrième alinéa de l'article 72 de la Constitution.*

S'agissant de l'expérimentation du simple transfert de compétences, la collectivité pourra expérimenter une attribution asymétrique de la compétence en fonction de ses choix puisqu'elle sera candidate ou pas. C'est le cas actuellement, pour le RSA ou le transfert de certaines routes[25].

Néanmoins, si l'outil renforce l'autonomie en renforçant le pouvoir normatif, il n'est dépourvu ni d'inconvénients ni d'ambiguïté.

Au titre des inconvénients, outre que la procédure est plus complexe que le recours direct à la différenciation, lequel n'interdit pas à la collectivité de proposer une rédaction nouvelle du texte à l'État, la loi organique[26] ne prévoit aucune procédure permettant aux collectivités d'en être à l'initiative, contrairement à l'article 3 de la loi dite « 3DS » (ce qui ne l'interdit cependant pas).

Au titre de l'ambiguïté, le législateur ou l'exécutif demeure maître de ses normes et peut donc accepter ou refuser cette différenciation, ce qui demeure normal au regard de la répartition des pouvoirs, mais il peut également être contraint d'étendre la différenciation à d'autres collectivités, qui ne le souhaitaient pas, dès lors qu'elles sont dans une situation analogue. Cette application du principe d'égalité n'est cependant conforme ni à l'idée que se font les collectivités territoriales de la différenciation – qu'elles envisagent comme reposant sur la volonté locale – ni à l'idée d'autonomie.

Limité, ce pouvoir permet malgré tout d'introduire, au niveau local, une différenciation affermie par l'expérience et intégralement rédigée par les collectivités concernées lorsque l'expérimentation est normative.

B. Le pouvoir réglementaire local d'application des lois, un outil autonome de différenciation

Les États régionaux reposent sur une double caractéristique : la différenciation des compétences et des financements par le statut, et l'attribution d'un pouvoir normatif qui leur accorde une certaine autonomie.

Dans le cadre unitaire français, le transfert d'un pouvoir législatif paraît inconcevable, même si la Nouvelle-Calédonie en bénéficie.

En revanche, le renforcement du pouvoir réglementaire local constitue un fil rouge depuis la révision constitutionnelle de 2003 relative à l'organisation décentralisée de la République, qui l'a inscrit dans la Constitution.

---

25. Préc., note 19.
26. Loi organique n° 2003-704, 1er août 2003, relative à l'expérimentation par les collectivités territoriales, *JO* 2 août 2003.

Le principe de subsidiarité est lui-même un principe de subsidiarité normative puisque l'article 72 de la Constitution dispose que les collectivités ont vocation *« à prendre les décisions »* pour l'ensemble des compétences qui peuvent le mieux être mises en œuvre à leur échelon.

Ses mesures sont néanmoins restées sans effet, au point que l'article 5 de la loi dite « 3DS » reprend, mot pour mot – et pour le promouvoir – l'article 72 alinéa 2 relatif au pouvoir réglementaire local.

Cette loi a tenté de l'appliquer, timidement, en abrogeant certaines dispositions réglementaires étatiques au profit d'un renvoi au pouvoir réglementaire local. Dans le même temps, l'Inspection générale de l'administration a été chargée d'identifier les mesures réglementaires étatiques qui pourraient relever des collectivités territoriales[27].

Cette évolution, très lente et très timide, vers un pouvoir d'application des lois par les collectivités territoriales, pour l'exercice de leurs compétences, lorsqu'il respecte les conditions posées par la décision du Conseil constitutionnel n° 2001-454 DC du 17 janvier 2002 *Loi sur la Corse*, est la seule porteuse d'une différenciation concrète, quotidienne et autonome.

En effet, tandis que la loi offrira un cadre législatif uniforme relatif aux compétences locales, les modalités concrètes de son application pourront être définies directement par l'assemblée locale, sauf pour des questions d'intérêt national qui nécessitent de recourir au décret du Premier ministre.

L'exercice de la compétence pourra ainsi être adapté aux circonstances locales, dans ses dispositions de détails, c'est-à-dire celles qui sont nécessaires à l'adaptation et ainsi à la différenciation.

Le pouvoir d'application des lois est ainsi un vecteur puissant de différenciation mais également d'autonomie : les collectivités pourront passer d'une décentralisation de pure gestion à une décentralisation de plein exercice, grâce à la définition locale, et ainsi nécessairement différenciée, des mesures d'application des lois encadrant l'exercice de leurs compétences.

27. IGA, Rapport n° 21004-R1 de B. ACAR et N. ANGEL, *Le pouvoir réglementaire des collectivités territoriales – Enjeux et perspectives*, juin 2021, non publié.

LA NOUVELLE PHYSIONOMIE DES FINANCES DES COLLECTIVITÉS TERRITORIALES

Xavier CABANNES

Professeur de droit public
Université Paris Cité
Président d'honneur de la Société Française de Finances Publiques

L'étude d'une nouvelle physionomie des finances des collectivités territoriales pourrait appeler, pour comprendre les transformations, à une vision panoramique, allant de 1982 à nos jours. Le jeu – amusant – pourrait permettre de distinguer quatre périodes : 1982-1990, « le temps de l'espoir » ; 1990-2002, « le temps des déceptions » ; 2003-2004, « le temps des illusions » et depuis 2005, « le temps des illusions perdues ». Mais, en réalité, cette communication va plutôt proposer une photographie de l'instant présent[1].

L'intitulé de cette communication pourrait paraître en décalage avec le thème de ce colloque sur les transferts de compétences de l'État vers les collectivités territoriales au cours de ces quarante dernières années. Et pourtant il y a un lien direct, qui pourrait même être qualifié d'essentiel, car il en va en matière d'exercice des compétences comme en toutes choses en ce bas monde : sans moyens financiers suffisants rien n'est possible. Que ce soit pour mettre en œuvre des compétences locales que nous pourrions qualifier d'« historiques » ou celles qui, de réforme en réforme, leur ont été transférées en quatre décennies, les collectivités territoriales doivent disposer de moyens financiers en adéquation avec leurs besoins. Et, pour une fois, il n'est nul besoin d'une longue introduction pour comprendre les termes de l'équation. Aussi il s'agit ici d'étudier la construction de cette nouvelle physionomie des finances locales (I) avant de nous intéresser à la question spécifique du financement des transferts de compétences au regard justement de cette nouvelle physionomie (II).

1. C'est là l'occasion d'élargir le spectre par rapport à notre article « La nouvelle physionomie des "quatre vieilles". Vers un départ à la retraite ? », *AJDA* 2022, p. 328.
Pour un autre découpage, nous renvoyons à A. PARIENTE, « Les finances locales dans la Constitution : une victoire à la Pyrrhus », *RFDA* 2023, p. 262.

I. Une nouvelle physionomie des finances locales pour des opérateurs de l'État d'un nouveau genre ?

L'intitulé est quelque peu provocateur et est soumis à l'analyse critique des spécialistes de droit des collectivités territoriales et de droit administratif… La notion d'opérateur de l'État a été inscrite dans la LOLF par la loi organique n° 2021-1836 du 28 décembre 2021 relative à la modernisation de la gestion des finances publiques[2], mais elle découle directement de la LOLF dès 2001[3]. Cette notion reste assez évasive car non définie par les textes. Selon la documentation budgétaire, est un opérateur de l'État, un organisme qui exerce une activité de service public « qui puisse explicitement se rattacher à la mise en œuvre d'une politique définie par l'État et identifiée dans la nomenclature budgétaire par destination selon la répartition en mission-programme-action », a un « financement assuré majoritairement par l'État directement sous forme de subventions ou indirectement *via* des ressources affectées, notamment fiscales » et sur lequel « un contrôle direct par l'État qui ne se limite pas à un contrôle budgétaire ou économique et financier, mais doit relever de l'exercice d'une tutelle ayant capacité à orienter les décisions stratégiques »[4]. Évidemment à s'en tenir à ces critères, et particulièrement au dernier, les collectivités ne sont pas, dans leur perception actuelle, des opérateurs de l'État.

Les collectivités territoriales ont de plus en plus de compétences que leur transfère, loi après loi, l'État. Le moins que l'on puisse affirmer c'est que les collectivités exercent de multiples activités de service public dont l'État se déleste sur elles. Pour autant, il ne s'en désintéresse pas toujours totalement, car ces activités de

2. *JORF* 29 déc. 2021 ; l'article 15 de la loi organique du 28 déc. 2021 prévoit qu'à l'article 34 de la LOLF, « [a]près le 2° du II, il est inséré un 2° *bis* ainsi rédigé : "2° *bis.* Fixe le plafond d'autorisation des emplois des opérateurs de l'État par mission, le plafond d'autorisation des emplois des établissements à autonomie financière mentionnés à l'article 66 de la loi de finances pour 1974 (n° 73-1150 du 27 déc. 1973) ainsi que le plafond d'autorisation des emplois des autorités publiques indépendantes dotées de la personnalité morale" » ; et qu'après le 4° est inséré un 4° *ter* ainsi rédigé : « Récapitule, pour chaque mission du budget général, d'une part, le montant des crédits de paiement de la mission, en distinguant les crédits de subventions aux opérateurs et ceux finançant des dépenses d'investissement […] ».

3. Dès la loi de finances pour 2008 (loi n° 2007-1822 du 24 déc. 2007, *JORF* 27 déc. 2007) il avait été prévu que « [à] compter du 1er janv. 2009, le plafond des autorisations d'emplois des opérateurs de l'État est fixé chaque année par la loi de finances » (art. 64). Avant cela, dès la loi portant règlement définitif du budget 2005 (loi n° 2006-888 du 19 juill. 2006, *JORF* 20 juill. 2006) il avait été prévu que « [l]e Gouvernement dépose, chaque année, sous forme d'une annexe générale au projet de loi de finances de l'année, un rapport récapitulant, par mission et programme, l'ensemble des opérateurs de l'État ou catégories d'opérateurs et les crédits ou les impositions affectées qui leur sont destinés, et présentant, à titre indicatif, le total des emplois rémunérés par eux ou mis à leur disposition par des tiers » (art. 14 ; ce rapport est désormais prévu par l'article 179, I, 25°, de la loi de finances pour 2020).

4. Annexe au projet de loi de finances pour 2023 (Jaune), « Opérateurs de l'État », p. 12.

service public font souvent partie ou sont un élément d'une politique publique plus générale, nationale ; en outre, l'État garde toujours la maîtrise des choses par la norme juridique nationale (loi[5], décret…), lui permettant de construire et organiser la décentralisation. Pour assurer leurs compétences, les collectivités territoriales disposent de moyens financiers ; et, il faut reconnaître que l'État est là en terrain conquis. Il organise et réorganise les finances locales à sa main, selon ses propres objectifs, leur donnant ainsi une nouvelle physionomie[6]. Pour en juger, trois points peuvent être ici développés…

Les « transferts financiers »

La loi de finances pour 2023 – pour prendre cet exemple le plus récent – prévoit que les « transferts financiers » de l'État aux collectivités territoriales se monteront en 2023 à 107,5 milliards d'euros ; en 2021 avec 105,8 milliards d'euros cela correspondait à 44 % des ressources locales, hors emprunts. Traditionnellement, cette manne se décompose en trois ensembles[7] :

- les « concours financiers » de l'État aux collectivités territoriales, qui en loi de finances pour 2023 se montent à 53,1 milliards d'euros. On trouve là les prélèvements sur recettes de l'État au profit des collectivités territoriales (43,7 milliards, dont 26,6 pour le seul prélèvement au titre de la dotation globale de fonctionnement – DGF), les crédits de la Mission Relations avec les collectivités territoriales (4,3 milliards dont 1 milliard pour la dotation d'équipement des territoires ruraux et 1,3 milliard pour la dotation générale de décentralisation) et – petite nouveauté de ces dernières années – les fractions de TVA affectées aux régions en substitution de leur part de DGF (5,1 milliards) et aux départements au titre du fonds de sauvegarde (278 millions)[8] ; il nous faudra revenir sur cette question de la TVA ;
- les « transferts divers » de l'État hors fiscalité pour un montant de 14,3 milliards d'euros en 2023 : principalement des subventions de fonctionnement et d'équipement (5 milliards), la contrepartie de dégrèvements d'impositions locales décidés par le législateur (7,2 milliards), ce qui fait de l'État, assez classiquement, le premier contribuable local, et le produit des amendes majorées de police de la circulation et des radars (618 millions) ;

5. L'article 34 de la Constitution dispose notamment que « [l]a loi détermine les principes fondamentaux […] de la libre administration des collectivités territoriales, de leurs compétences et de leurs ressources ».
6. Voir par exemple, C. comptes, *Les taxes foncières*, janv. 2023, p. 26.
7. Ces données chiffrées sont extraites de l'annexe au projet de loi de finances pour 2023 (Jaune), « Transferts financiers de l'État aux collectivités territoriales ».
8. À ce sujet voir le rapport de la Cour des comptes, *Les finances publiques locales 2022*, Fasc. 1, juill. 2022, p. 39 et 43. Voir aussi Rép. min. n° 13339, *JO Sénat* 5 mars 2020, p. 1155.

– et enfin la « fiscalité transférée » (en excluant le financement de la formation professionnelle qui représente en 2023 un peu moins de 800 millions d'euros), pour un montant de 39,3 milliards d'euros, qui vise pour l'essentiel à compenser les mesures de décentralisation, de réforme de la fiscalité locale ou de transferts de compétences. Nous trouvons ici les transferts de TICPE, TSCA, TASCOM, DMTO ou encore de taxe sur les cartes grises. Au sein de cette fiscalité transférée, la fiscalité dite « partagée » (entre l'État et les collectivités territoriales) prend de plus en plus de place du fait de l'accroissement des transferts de compétences et des réformes successives de la fiscalité locale[9]. Il faut relever, et nous y reviendrons par la suite, car rien n'est simple, que la TVA n'est pas comptabilisée par la Direction du budget parmi cette fiscalité « transférée ».

La présentation de ces « transferts financiers » correspond à une logique budgétaire et non juridique. Ces transferts de l'État vers les collectivités territoriales ont pu être créés comme une volonté de l'État d'apporter son concours aux collectivités ou pour compenser des transferts de compétences ou des pertes de recettes. Seul un travail d'archéologie dans les strates législatives successives permet de remonter la piste de ces « transferts financiers » sur les quarante dernières années. Environ 45 % des ressources locales, hors emprunts, proviennent actuellement de ces transferts de l'État, mais, en réalité, les choses vont au-delà de cette présentation budgétaire. En effet, alors que les collectivités territoriales bénéficient d'une part croissante du produit de la TVA (qui représentait déjà 20,2 % des ressources de TVA en 2021)[10], celle-ci n'apparaît pas dans les « transferts financiers ».

---

9. Ont ainsi mis en place des transferts les articles 59 de la loi de finances pour 2004 (TICPE aux départements et à Saint-Pierre-et-Miquelon en raison de la décentralisation du RMI et de la création du RMA), 52 de la loi de finances pour 2005 et 40 de la loi de finances pour 2006 (TICPE aux régions et à la Corse en raison des transferts de compétences prévus par la loi du 13 août 2004), 52 de la loi de finances pour 2005 (TICPE et TSCA aux départements en raison des transferts de compétences prévus par la loi du 13 août 2004), 53 de la loi de finances pour 2005 (TSCA aux départements pour le financement des SDIS), 11 de la loi de finances rectificative pour 2006 (TSCA à la commune de Marseille pour le financement du bataillon de marins-pompiers), 51 de la loi de finances pour 2009 (TICPE aux départements et à Saint-Pierre-et-Miquelon pour la décentralisation du RSA), 77 de la loi de finances pour 2010 (TSCA aux départements en raison de la réforme de la fiscalité locale), 41 de la loi de finances pour 2014 (TICPE aux régions, Corse et département de Mayotte pour la formation professionnelle), 38 de la loi de finances pour 2016 (TICPE aux régions, Corse, Mayotte et plusieurs collectivités d'outre-mer en raison des transferts de compétences prévus par les lois MAPTAM et NOTRe), 74 de la loi de finances pour 2020 (TICPE aux régions pour le transfert des missions des délégations régionales de l'ONISEP) et 76 de la loi de finances pour 2021 (TICPE à la Collectivité européenne d'Alsace pour le transfert de la gestion des routes). À cela s'ajoute le transfert de TICPE prévu à l'article 150, II, de la loi 3DS du fait des transferts aux régions d'autoroutes et routes et de la gestion des sites Natura 2000.

10. Voir A. BAUDU et X. CABANNES, « La TVA : un édifice étatique qui s'émiette, un pouvoir fiscal local qui s'effrite… » (tribune), *AJDA* 2023, p. 97.

Le cas de la TVA

La TVA a pris une part croissante dans les recettes locales et a ainsi contribué à la transformation du système financier local[11], sans que les choses soient pour autant toujours clairement affichées. À la suite de différentes réformes de la fiscalité locale, la TVA est devenue en quelques années une recette fiscale d'importance pour les collectivités territoriales ; elle en est même la première ressource[12]. Comme le note le Conseil des prélèvements obligatoires, elle « constitue désormais un véhicule budgétaire "ordinaire" des relations financières entre l'État d'une part [...] et les collectivités territoriales d'autre part »[13].

La loi de finances pour 2023 prévoit que cette année-là les collectivités territoriales, du fait de la transformation de la physionomie des finances locales, vont bénéficier de 47,8 milliards d'euros de fractions de TVA, en remplacement du produit d'impôts locaux, les EPCI bénéficiant aussi d'une fraction de la TVA :

- les départements vont bénéficier de 17,16 milliards en remplacement de la taxe foncière sur les propriétés bâties transférée aux communes ;
- les régions vont bénéficier de 11,25 milliards du fait du transfert de leur part de CVAE aux départements et aux communes ;
- le bloc communal et les départements vont bénéficier de 10,1 milliards d'euros du fait de la diminution de la CVAE en 2023 qui sera supprimée en 2024 ;
- la Ville de Paris va toucher 780 millions pour compenser la suppression de la taxe d'habitation sur les résidences principales ;
- et enfin les EPCI, pour la même raison, vont bénéficier de 8,32 milliards.

À ces 47,8 milliards s'ajoutent les 5,1 milliards d'euros de fraction de TVA versés aux régions en compensation de la perte de DGF et les 278 millions au titre du fonds de sauvegarde des départements. Au total, les collectivités territoriales (et EPCI) vont donc bénéficier d'environ 53 milliards d'euros de fractions de TVA. Cette recette ne cesse de croître, puisqu'elle était de 37,4 milliards en 2021 et de 41 milliards en 2022, alors même qu'avant 2018 une telle recette n'existait pas pour les collectivités territoriales...

Le mouvement de réforme de la fiscalité locale et le jeu de redistribution des impôts entre niveaux de collectivités territoriales ont été l'occasion du renforcement de la place de la TVA dans les finances locales, mais aussi de deux évolutions passées globalement inaperçues. En premier lieu, la TVA vient créer un flou dans la lecture des données relatives aux relations financières entre l'État et les collectivités

11. Conseil des prélèvements obligatoires, *La taxe sur la valeur ajoutée (TVA), un impôt à recentrer sur son objectif de rendement pour les finances publiques*, févr. 2023, p. 20.

12. Sur des voies possibles d'évolution, voir C. comptes, *Le financement des collectivités territoriales : des scénarios d'évolution*, oct. 2022.

13. Conseil des prélèvements obligatoires, *La taxe sur la valeur ajoutée (TVA)...*, préc., p. 21.

territoriales. En effet, la TVA n'apparaît pas dans la « fiscalité transférée », sauf les exceptions de la TVA versée aux régions en compensation de la DGF et de la TVA versée aux départements au titre du fonds de sauvegarde. Lorsqu'elle est versée en remplacement de la taxe d'habitation, de la taxe foncière sur les propriétés bâties ou encore de la CVAE, impôts analysés comme étant des ressources locales et non transférées, la TVA est alors elle-même considérée comme une ressource locale, du point de vue budgétaire[14]. Ce n'est donc pas de la fiscalité transférée ; ce qui est pour le moins osé comme approche. Toujours est-il qu'entre « transferts financiers » et TVA, le financement des collectivités territoriales est assuré directement ou indirectement majoritairement par l'État. En second lieu, la TVA versée aux collectivités territoriales est, selon les cas, une ressource fiscale locale, comme nous venons de le voir, ou bien une ressource transférée, sans être pour autant considérée comme de la fiscalité transférée. En effet, si la TVA est versée en remplacement d'impôts locaux dans le cadre des réformes successives de la fiscalité locale, elle est alors une ressource fiscale locale (à hauteur de 47,8 milliards en 2023 avons-nous déjà vu). Mais les portions de TVA versées aux régions en compensation de la suppression de leur part de DGF et aux départements au titre du fonds de sauvegarde sont quant à elles des ressources transférées qui ne sont pas comptabilisées au titre des ressources propres pour le calcul du « ratio d'autonomie financière », puisque comme nous l'avons vu ces sommes sont analysées comme des « concours financiers » de l'État. La TVA est analysée et comptabilisée différemment selon la nature de la recette qu'elle remplace et donc analysée différemment au regard de la notion de ressource propre ; une même ressource peut donc être selon les cas une ressource propre, au sens de l'article 72-2 de la Constitution[15], ou pas…

L'entrée de la TVA dans le jeu local est venue fausser ou du moins compliquer la lecture budgétaire locale autour de la notion de ressources propres dès lors que la TVA perdrait cette qualité lorsqu'elle vient remplacer autre chose que de l'impôt local et que le versement est calculé au regard d'une l'ancienne recette, comme la part régionale de DGF. Tout cela devient peu lisible et vient encore plus relativiser la pertinence du ratio d'autonomie financière avec lequel l'État peut jouer comme il l'entend et qui ne veut plus rien dire au regard de l'objectif poursuivi initialement[16].

14. Voir C. comptes, *Les finances publiques locales,* 2022, Fasc. 1, juill. 2022, p. 39-40.

15. Selon le Conseil constitutionnel, « les recettes fiscales qui entrent dans la catégorie des ressources propres des collectivités territoriales s'entendent, au sens de l'article 72-2 de la Constitution, du produit des impositions de toutes natures non seulement lorsque la loi autorise ces collectivités à en fixer l'assiette, le taux ou le tarif ou qu'elle en détermine, par collectivité, le taux ou une part locale d'assiette, mais encore lorsqu'elle procède à une répartition de ces recettes fiscales au sein d'une catégorie de collectivités territoriales » (décision nº 2019-796 DC du 27 déc. 2019, consid. 20).

16. Les rapports pris depuis 2005 en application de l'article 5 de la loi organique du 29 juill. 2004 et relatif à l'autonomie financière des collectivités territoriales montrent bien que ce ratio, qui est de plus en plus élevé alors que les collectivités ont le sentiment (et cela va au-delà du sentiment) d'avoir

L'État, maître des finances publiques locales

Les collectivités territoriales ont peu de marges de manœuvre quant à leur financement; seul le bloc communal conserve un réel pouvoir de vote des taux, avec principalement les taxes foncières, la cotisation foncière des entreprises (CFE) et la taxe d'habitation sur les résidences secondaires ou encore la taxe d'enlèvement des ordures ménagères. L'État, gardant la maîtrise des choses par la loi, peut faire prendre le « tour » qu'il souhaite aux finances locales, et ce par différents moyens, comme cela a pu être fait ces dernières années :

- il peut (ré)organiser la fiscalité locale et il peut redistribuer les recettes fiscales locales entre catégories de collectivités territoriales, voire supprimer des impôts locaux (taxe différentielle sur les véhicules à moteur, taxe professionnelle, taxe d'habitation sur les résidences principales, CVAE...) et les remplacer par d'autres recettes;
- il peut contraindre les finances locales en diminuant la masse des dotations versées, au prétexte de faire participer les collectivités territoriales à un effort financier national;
- il peut encadrer les dépenses locales avec l'ODEDEL ou les orienter, comme il avait pu le faire par exemple, avant la crise sanitaire du Covid-19, avec les « contrats de Cahors » pour les collectivités et EPCI les plus importants[17].

L'État organise les finances locales assez librement, le Conseil constitutionnel ne protégeant pas les collectivités territoriales, car ne voyant jamais une atteinte d'une gravité telle au principe de libre administration que seraient méconnus les articles 72 et 72-2 de la Constitution[18]. L'État a donc une réelle maîtrise des finances locales, de leurs recettes et de leurs dépenses, faisant ainsi des collectivités territoriales des opérateurs de l'État d'un nouveau genre, assez loin de ce que les pères de la décentralisation imaginaient sans doute pour les collectivités[19]...

C'est dans un tel cadre financier que la question du financement des transferts de compétences doit être examinée.

---

de moins en moins de marges financières, ne signifie plus rien. Ce ratio était en 2003 de 60,8 % pour le bloc communal, de 58,6 % pour les départements et de 41,7 % pour les régions. En 2020, il était respectivement de 70,9 %, 74,7 % et 73,9 %, après être monté en 2019 à 71,7 % pour le bloc communal, 74,7 % pour les départements et 77,8 % pour les régions.

17. Parmi les nombreuses études, voir par ex. J. MARTIN, « La contractualisation des dépenses publiques », *in* O.GOHIN (dir.), *L'Acte III de la décentralisation*, éd. Panthéon-Assas, 2019, p. 159.

18. Voir par exemple, Cons. const., nº 2017-760 DC du 18 janv. 2018, obs. S. Hourson, *Dr. adm.* 2018, alerte 32.

19. Voir par ex., É. GIUILY, *Il y a 30 ans, l'Acte I de la décentralisation ou l'histoire d'une révolution tranquille*, Berger-Levrault, 2012.

II. Quelles modalités de financement pour les transferts de compétences ?

Comme cela a déjà été évoqué, les compensations financières des transferts de compétences prennent la forme de dotations (dotation générale de décentralisation ou dotations spécifiques de compensation) ou de transferts de fiscalité.

L'article 102 de la loi du 2 mars 1982 a posé que « [t]out accroissement net de charges résultant de transferts de compétences effectués entre l'État et les collectivités territoriales [...] sera compensé par un transfert de ressources. Les ressources seront équivalentes aux charges existantes à la date du transfert et devront évoluer comme la dotation globale de fonctionnement ». Cette disposition se retrouve actuellement à l'article L. 1614-1 du CGCT : « Tout accroissement net de charges résultant des transferts de compétences effectués entre l'État et les collectivités territoriales est accompagné du transfert concomitant par l'État aux collectivités territoriales ou à leurs groupements des ressources nécessaires à l'exercice normal de ces compétences. Ces ressources sont équivalentes aux dépenses effectuées, à la date du transfert, par l'État au titre des compétences transférées et évoluent chaque année, dès la première année, comme la dotation globale de fonctionnement. Elles assurent la compensation intégrale des charges transférées. » Cette même idée se retrouve depuis 2003 à l'article 72-2, al. 4, de la Constitution, qui va plus loin que les seuls transferts de compétences : « Tout transfert de compétences entre l'État et les collectivités territoriales s'accompagne de l'attribution de ressources équivalentes à celles qui étaient consacrées à leur exercice. Toute création ou extension de compétences ayant pour conséquence d'augmenter les dépenses des collectivités territoriales est accompagnée de ressources déterminées par la loi. » La compensation des créations et extensions de compétences sera reprise en 2004 à l'article L. 1614-1-1 du CGCT : « Toute création ou extension de compétence ayant pour conséquence d'augmenter les charges des collectivités territoriales est accompagnée des ressources nécessaires déterminées par la loi. »

Nous avons là un cadre juridique bien connu et clair, du moins au premier abord. En ce qui concerne les transferts de compétences, ce cadre ne concerne que les transferts entre l'État et les collectivités territoriales, et non entre collectivités ou entre collectivités et EPCI[20].

20. Voir J.-L. ALBERT, « Les compensations des transferts de compétences », *Gestion & Finances publiques* 2017, nº 2, p. 44. À propos des EPCI rappelons que le Conseil constitutionnel a posé avec force qu'ils « ne constituent pas des collectivités territoriales au sens de l'article 72 de la Constitution. Dès lors, le grief tiré de la méconnaissance [à l'encontre des EPCI] des principes de libre administration et d'autonomie financière des collectivités territoriales ne peut qu'être écarté » (décision nº 2022-1013 QPC du 14 oct. 2022, *Communauté d'agglomération Vienne Condrieu Agglomération*, obs. A. Courrèges, *Dr. adm.* 2022, alerte 146).

Transferts de compétences et fiscalité transférée

Le mécanisme du ratio d'autonomie, découlant de l'article 72-2 de la Constitution et de la loi organique du 29 juillet 2004, a poussé le législateur à attribuer des compensations financières aux transferts de compétences par le biais de la fiscalité partagée ; en effet, toute compensation par dotation a pour conséquence de venir diminuer le ratio de ressources propres de la catégorie de collectivités territoriales concernée.

Les mécanismes « fiscaux » de compensation de transferts de compétences se sont multipliés. Ainsi, l'article 119 de la loi (n° 2004-809) du 13 août 2004 relative aux libertés et responsabilités locales dispose que « [l]a compensation financière des transferts de compétences s'opère, à titre principal, par l'attribution d'impositions de toute nature, dans des conditions fixées par la loi de finances » ; il convient de ne pas oublier que cette loi a été adoptée quelques jours après la loi organique du 29 juillet 2004 qui prévoit que « [a]u sens de l'article 72-2 de la Constitution, les ressources propres des collectivités territoriales sont constituées du produit des impositions de toutes natures dont la loi les autorise à fixer l'assiette, le taux ou le tarif, ou dont elle détermine, par collectivité, le taux ou une part locale d'assiette » (art. 3 de la loi organique, ayant introduit un article LO 1114-2 du CGCT). On retrouve la même disposition, en des termes semblables, à diverses occasions, par exemple à l'article 3 de l'ordonnance n° 2011-1641 du 24 novembre 2011 portant extension et adaptation du RSA au Département de Mayotte, à l'article 7 de la loi n° 2008-1249 du 1er décembre 2008 généralisant le RSA et réformant les politiques d'insertion, à l'article 91 de la loi MAPTAM du 27 janvier 2014, à l'article 133 de la loi NOTRe du 7 août 2015, à l'article 18 de la loi n° 2018-771 du 5 septembre 2018 pour la liberté de choisir son avenir, ou encore, plus récemment, l'article 150 de la loi 3DS du 21 février 2022.

Ces modalités de compensation des transferts de compétences de l'État vers les collectivités territoriales contribuent ainsi au façonnage de la nouvelle physionomie des finances locales puisque ces compensations se concrétisent par un partage de plus en plus important d'impôts nationaux, en particulier de TSCA et TICPE, renforçant ainsi, transfert après transfert, d'une part, la place de la fiscalité sous contrôle de l'État (même si les régions peuvent majorer le montant d'une fraction de TICPE leur revenant)[21] dans les recettes locales et d'autre part, cette impression que les finances publiques locales ne sont plus qu'une annexe des finances nationales et que les collectivités territoriales deviennent des opérateurs de l'État d'un nouveau genre.

21. Notons aussi qu'en matière de DMTO si le taux est fixé par le législateur, les départements peuvent, de manière encadrée, le faire évoluer à la baisse ou à la hausse (art. 1594 D CGI).

Tous les mécanismes de compensation financière sont entre les mains de l'État, que ce soient des dotations ou des impositions transférées. Le législateur – dont on connaît le peu de marge de manœuvre dès lors que le gouvernement s'appuie sur une majorité solide à l'Assemblée nationale – fixe le processus de compensation financière (dotation ou fiscalité transférée), les dépenses et la période de référence prises en compte (en général la moyenne des dépenses actualisées constituées sur la période de référence précédant le transfert de compétences)[22]. Ensuite, le pouvoir exécutif vient préciser le calcul des charges en cause par décret (par exemple décrets nº 2005-1711 du 29 déc. 2005, nº 2015-1696 du 17 décembre 2015 ou encore nº 2022-1709 du 29 déc. 2022). Ce décret établit dans les grandes lignes les modalités d'application des compensations financières. Parfois, il revient à l'exécutif de fixer la durée de la période de référence, la loi précisant seulement la durée maximale ou minimale de la période prise en compte[23]. Puis c'est un arrêté ministériel (art. L. 1614-3 CGCT) qui établit le montant des dépenses de référence pour chaque collectivité concernée, après avis de la commission consultative sur l'évaluation des charges du Comité des finances locales (voir l'art. L. 1211-4-1 CGCT). L'État est donc, tout au long du processus, à la manœuvre.

Le champ du droit constitutionnel à compensation

Les compensations financières donnent lieu à difficultés. Tout d'abord, le juge administratif et le juge constitutionnel ont une lecture stricte de l'article 72-2, alinéa 4, de la Constitution, et pour le juge administratif, des articles L. 1614-1 et L. 1614-1-1 du CGCT en ce qui concerne les termes « transfert », « création » et « extension » de compétence par rapport à ce qui ne sera analysé que comme une modification ou un aménagement des conditions d'exercice de compétences[24]. Ensuite, le débat constant sur le caractère suffisant ou non de la compensation

22. En général lorsqu'il s'agit de dépenses de fonctionnement la période de référence est de trois ans (selon les textes ; « période de trois ans » ou « période maximale de trois ans ») ; pour les dépenses d'investissement, cette période est de cinq ans (selon les textes, en général « au moins cinq ans »). La période de référence peut dans certains cas être une seule année, comme en matière de RSA : « La compensation est ajustée de manière définitive au vu des dépenses constatées dans les comptes administratifs des départements pour 2010 en faveur des bénéficiaires du montant forfaitaire majoré mentionné à l'article L. 262-9 du CASF […] » (art. 7, loi nº 2008-1249).

23. Il semblerait que l'exécutif choisisse toujours la période maximale ou minimale visée.

24. Voir par exemple, X. CABANNES, « Le contentieux des relations financières entre l'État et les collectivités territoriales », *AJDA* 2016, p. 598 et J.-L. ALBERT, « Les compensations des transferts de compétences », préc.

On peut renvoyer pour des exemples récents aux décisions du Conseil d'État, du 21 févr. 2018, nº 409286 et 404879 (voir A. TREPPOZ BRUANT, *Dr adm.* 2018, nº 7, p. 24 et G. LE CHATELIER, *AJDA* 2018, p. 339), du 16 oct. 2020, nº 433414 ou encore plus récemment du 4 févr. 2022, nº 443125 (voir I. MULLER-QUOY, *AJDA* 2022, p. 1401). De même pour l'analyse du Conseil constitutionnel, on peut renvoyer aux décisions désormais classiques 2010-56 QPC du 18 oct. 2010 (voir X. CABANNES, *BJCL* 2010, p. 776) et 2011-144 QPC du 30 juin 2011 (voir C. LAGRAVE, *RFDC* 2012, nº 89, p. 149).

financière des transferts de compétences montre bien qu'il existe un problème, le produit des recettes fiscales transférées étant d'évolution moins dynamique que les charges transférées et aucune disposition constitutionnelle n'obligeant à revoir régulièrement le montant de la compensation financière[25]. L'État, une nouvelle fois, fixe les règles du jeu ; jeu complexe que seuls quelques spécialistes peuvent pratiquer en totale connaissance de cause.

Pour tenter de modifier cette logique, a été déposée, au mois d'août 2022[26], une proposition sénatoriale de loi constitutionnelle dont l'article 2 prévoyait de modifier l'article 72-2, alinéa 4 : « Toute création ou extension de compétences ou toute modification des conditions d'exercice des compétences des collectivités territoriales résultant d'une décision de l'État et ayant pour effet d'augmenter les dépenses de celles-ci est accompagnée de ressources équivalentes au montant estimé de cette augmentation. » En outre, cette proposition prévoyait un ajout à cet alinéa 4 : « Les ressources ainsi attribuées pour la compensation des transferts, créations, extensions ou modifications de compétences font l'objet d'un réexamen régulier. Une loi organique fixe les conditions dans lesquelles les dispositions du présent alinéa sont mises en œuvre. » Si ce texte a été rejeté par le Sénat le 6 avril 2023, il montrait bien les deux évolutions souhaitées par les élus locaux : d'une part, l'extension d'un mécanisme constitutionnel de compensation aux modifications des conditions d'exercice des compétences résultant d'une décision de l'État et d'autre part, la mise en place d'un mécanisme de réexamen régulier des compensations mises en place. Une telle évolution ne manquerait pas à son tour, évidemment, de faire naître de nouvelles interrogations ; comment procéder à un réexamen du montant des compensations attribuées et sur quelle durée ? Sur quelle période devrait-on tenir compte des modifications des conditions d'exercice des compétences ; est-ce un rééquilibrage financier perpétuel ?

***
*

On l'aura compris, la question de la compensation financière des transferts de compétences est un élément qui participe à la formation de cette nouvelle physionomie des finances locales et au-delà des finances publiques. Elle est l'un des éléments qui participe à faire entrer de plus en plus les finances publiques nationales dans la sphère des finances locales et à transformer les collectivités territoriales en exécutants financés par l'État. Les finances ne sont donc pas seulement un moyen matériel, elles sont aussi un moyen de transformation…

25. Voir A. BAUDU, *Finances publiques*, Dalloz, 3e éd., 2020, p. 369.
26. Doc Sénat, 2021-2022, n° 869.

UN ÉTAT TERRITORIAL CARENCÉ AU DÉFI D'ÉCRIRE UNE NOUVELLE PAGE AVEC LES COLLECTIVITÉS TERRITORIALES

Jean-Michel BRICAULT

Maître de conférences en droit public
Université de Reims Champagne-Ardenne – URCA
Centre de Recherche Droit et Territoire – CRDT

La loi n° 92-125 du 6 février 1992 relative à l'administration territoriale de la République (dite « loi ATR ») précise en son article 1er que « l'administration territoriale de la République est assurée par les collectivités territoriales et par les services déconcentrés de l'État ». Apparaît dès lors le lien indéfectible, au travers de l'État territorial, entre l'État (unitaire) et ses services déconcentrés, d'une part, et les collectivités territoriales, d'autre part. Confrontés à une succession de réformes depuis une quinzaine d'années et à une accélération de leur enchaînement, les services déconcentrés s'inscrivent dans un paysage administratif en mouvement quasi perpétuel pour tenter notamment de s'adapter aux évolutions de la décentralisation depuis 40 ans.

La déconcentration, elle-même, en tant que concept d'organisation administrative, répond à des objectifs « d'efficience, de modernisation, de simplification... » selon la définition qui en est donnée à l'article 1er du décret n° 2015-510 du 7 mai 2015 portant charte de la déconcentration. Le bouillonnement qui agite la matière dans la période récente mérite d'être souligné. Il conduit à des réformes aussi discrètes qu'amples et profondes[1]. Comme le souligne un récent rapport du Sénat relatif aux services préfectoraux et déconcentrés de l'État, la multiplication des réformes et l'accélération de leur succession peuvent offrir deux lectures contradictoires. Dans une version optimiste, on pourrait y voir l'expression d'un État agile et soucieux de s'adapter au plus vite et au plus juste à un monde en mutation constante. Dans une vision plus réaliste, on doit davantage y discerner les symptômes d'un État à la peine pour continuer à tenir son rôle dans ses circonscriptions

1. Voir J.-M. BRICAULT, « Services déconcentrés : aggiornamento sur les réformes récentes », *RFAP*, n° 179 (2021/3), nov. 2021, p. 735-742.

administratives et hésitant sur la meilleure stratégie à suivre pour y réussir[2]. Ce mouvement quasi perpétuel de changements de l'administration territoriale de l'État depuis plusieurs décennies s'explique sans doute par l'idée même que l'on se fait de la place de l'État dans les territoires. Dans un « pays construit historiquement autour d'un État fort et centralisateur », il n'est pas surprenant « qu'il soit difficile d'imaginer une relation équilibrée entre cet État et les collectivités territoriales »[3].

De manière synthétique, il apparaît que l'État « opérateur » s'est en partie désarmé comme l'atteste l'inquiétante fragilisation opérationnelle de fonctions essentielles du service public (ingénierie, santé…). De surcroît, les mises en réseau des services de l'État ne font que limiter les effets pervers du phénomène ininterrompu de baisse des effectifs depuis dix ans plutôt que d'y remédier. Il est même envisageable d'évoquer une forme de « déclassement » de la déconcentration[4]. De son côté, l'État « financeur » s'est développé au risque d'une inefficacité relative (multiplicité des appels à projets, flou des frontières avec les collectivités locales…). Enfin, l'État « régulateur » ne s'est pas encore totalement adapté aux nouveaux enjeux[5].

Dans quelle mesure, un État territorial carencé reste-t-il au défi d'écrire une nouvelle page avec les collectivités territoriales ?

En substance, il apparaît que l'État au niveau territorial est frappé de multiples carences le contraignant trop souvent de manquer à sa tâche et à ses obligations (I). Pourtant, le lien indéfectible précédemment évoqué qui l'oblige vis-à-vis des collectivités territoriales le contraint d'écrire une nouvelle page avec ces dernières. Il existe des facteurs de succès pour ajuster la réponse de l'État au plus près du territoire (II).

I. Un État territorial carencé

Globalement, il apparaît que les administrations déconcentrées sont en chantier depuis quinze ans. Chantier guidé par une volonté de rationaliser la présence de l'État dans les territoires.

A. Rationalisation des structures et mutualisation des moyens

La RéATE, initiée au moment de la RGPP, ambitionnait de rompre avec une culture trop verticale, de sortir de l'organisation « en silo » et de simplifier l'organisation administrative de l'État dans les territoires. D'une vingtaine, le nombre d'entités

2. Sénat, Rapport d'information nº 909 relatif aux services préfectoraux et déconcentrés de l'État, A. Canayer et E. Kerrouche, 184 p., 29 sept. 2022, p. 79.
3. *Id.*, p. 79.
4. N. KADA, « Déconcentration : un D peut en cacher un autre », *AJDA* 2022, p. 1383.
5. V. FELTESSE, S. SORIANO, « Services publics et transitions : réformer la réforme de l'État », note Terra Nova, 31 mai 2022.

administratives régionales est ainsi passé à huit et même à 7 au 1er avril 2021. Au niveau départemental, les regroupements administratifs ont, pour leur part, débouché sur la création de deux ou trois directions départementales (DDI), selon les départements. Au final, avec les restructurations administratives et l'élargissement des compétences du préfet de région, la RéATE s'est traduite par un renforcement de l'échelon régional.

À partir de 2012, une volonté initiale de stabilisation n'empêchera pas que les réformes se poursuivent à un rythme soutenu sous l'égide de la « Modernisation de l'action publique » (MAP) menée de 2012 à 2017. Une telle adaptation est d'autant plus nécessaire que la carte des collectivités territoriales évolue au cours de la période, des conséquences devant en être tirées du côté de l'État déconcentré. Face à l'émergence de ces nouvelles dynamiques territoriales, la MAP se donne pour ambition de faire évoluer en conséquence les services régionaux de l'État et de caler au mieux son organisation administrative sur la carte des nouvelles régions[6]. On peut relever que la réforme des régions mise en place le 1er janvier 2016 est venue apporter son lot de perturbations sur la rationalisation des services départementaux et régionaux issue de la RéATE précitée. En effet, la mise en œuvre dans le cadre des nouvelles grandes régions de la RéATE, conçue dans le cadre de régions plus petites, a avivé ses défauts potentiels (accroissement des risques d'éloignement de la décision, difficultés accentuées de coordination des travaux réalisés au niveau régional et départemental, affaiblissement de la capacité du niveau régional à échanger avec les élus…).

Dans le cadre du « Plan préfecture nouvelle génération » (PPNG) et de la « directive nationale d'orientation des préfectures et des sous-préfectures 2016-2018 », les préfectures sont amenées à recentrer leurs activités sur des missions identifiées comme prioritaires (gestion locale des crises…). En contrepartie, les modalités de délivrance des titres d'identité font l'objet de mesures d'externalisation.

Les transformations se poursuivent avec AP2022[7]. Dans la lignée des objectifs fixés par l'instruction nº 6029/SG du 24 juillet 2018, la réforme de l'organisation territoriale de l'État (OTE), poursuivie par la circulaire du Premier ministre du 12 juin 2019 est venue fixer le cadre d'importantes mutations qui constituent la continuation de réformes déjà engagées et une volonté réaffirmée de rationalisation. Des évolutions de périmètre, déjà massivement engagées en 2020, se poursuivent en 2021. Le regroupement de services mutualisés autour des préfets a été particulièrement marquant *via* la création des SGC départementaux. La réforme vise à faciliter les mutualisations d'un certain nombre de compétences au sein d'un

6. J.-M. BRICAULT, « Vers une refonte des services déconcentrés de l'État » *in* J.-Cl. NÉMERY (dir.), *Quelle organisation pour les grandes régions en France et en Europe ?*, Paris, éd. L'Harmattan, coll. « GRALE », 2015, p. 189-206.
7. J.-M. BRICAULT, *RFAP* 2021, préc.

service départemental unique, commun aux préfectures et aux DDI afin « de rassembler des moyens » qui étaient jusqu'alors « dispersés entre plusieurs entités »[8]. La création des SGC constitue ainsi une nouvelle étape du vaste phénomène de regroupement des services déconcentrés.

Ces réorganisations administratives successives se sont traduites par un effondrement des moyens humains et financiers de l'État territorial. Au total, d'après la Cour des comptes[9], l'administration territoriale de l'État a perdu plus de 11 000 ETP soit 14 % de son effectif initial entre 2010 et 2021. Cette politique d'attrition des effectifs et de rationalisation des moyens est sans doute le fil conducteur des réformes de l'État territorial menées depuis une quinzaine d'années plaçant de fait « les services de l'État territorial à un tournant de leur histoire ». Dans les préfectures, les suppressions de poste, qui ont représenté la quasi-totalité des réductions d'effectifs du ministère de l'Intérieur, n'ont pas été réalistes. Aujourd'hui, « les préfectures ne fonctionnent qu'au moyen de contrats courts qui précarisent leurs titulaires et désorganisent les services »[10]. De leur côté, réduites à portion congrue dans les territoires les plus isolés, les sous-préfectures font face à des réalités très contrastées[11]. Tout ceci marque l'avènement d'une forme de « clochardisation » du fonctionnement de l'État territorial. Il en résulte un repli de l'État dans les territoires à l'égard du service rendu aux collectivités territoriales.

B. Un repli de l'État

En pratique, les exemples de dégradation du niveau de service rendu aux collectivités territoriales se rencontrent fréquemment. Deux grands domaines sont particulièrement illustrant de ce repli : l'ingénierie et le contrôle de légalité.

Le rapport de la Cour des comptes précité du 14 avril 2022 pointe une trajectoire à la baisse des effectifs des DDI qui représentent l'un des maillons de l'ingénierie d'État en soutien des collectivités territoriales. La Cour souligne qu'entre 2012 et 2020, les DDI ont perdu 30,8 % de leurs emplois. De tous les services déconcentrés de l'État, ce sont « les directions dont les effectifs ont baissé le plus rapidement depuis 2011 », même si ce constat doit être nuancé par des effets de périmètre altérant l'étude du schéma d'emplois de ces services.

Précisons que les DDI précitées sont elles-mêmes le fruit d'une forte rationalisation des structures préexistantes à la RéATE mise en place en 2010. Elles s'insèrent donc dans un « contexte institutionnel encore instable » et « inachevé » et

8. Décret n° 2020-99 du 7 févr. 2020, *JO* 8 févr. 2020, NOR: PRMX1932884D.

9. C. comptes, Observations définitives, « Les effectifs de l'administration territoriale de l'État, Exercices 2010-2021 », S2022-0494, 14 avr. 2022.

10. *Id.*, p. 3.

11. Voir rapport Sénat n° 121 sur le projet de loi de finances, par C. Cukierman, 17 nov. 2022, 31 p., p. 9 et s.

présentent « de réelles fragilités »[12]. Les missions sont, sauf exception, accomplies, mais de façon « parfois dégradée (y compris pour des missions d'inspection et de contrôle) »[13]. Dans les plus petites DDI, les partages d'expertise ou la plus grande polyvalence demandée aux agents ne peuvent compenser à elles seules les baisses d'effectifs.

Pourtant, comme le fait remarquer récemment la Cour des comptes, malgré la montée en expertise des collectivités territoriales, la France reste marquée par l'éclatement de son bloc communal. Il existe dès lors une cassure entre, d'une part, les grandes collectivités dont le niveau d'ingénierie comparable ou parfois supérieur à l'État territorial leur permet de s'affranchir du soutien de l'État, et d'autre part « la vaste multitude de petites collectivités »[14]. Or on assiste depuis quelques années à un retrait continu de l'État dans ce domaine[15].

On se souvient que la disparition de l'ATESAT, en application de la loi nº 2013-1278 du 29 décembre 2013 de finances pour 2014, faisait craindre un grand vide. À partir de 2016, la démarche dite du « Nouveau conseil aux territoires » (NCT) s'est fixé pour objectif de renouveler l'action des services déconcentrés de l'État, modifiée par les réformes et les vagues de décentralisation. Depuis 2017 en particulier, elle a principalement ciblé l'appui à l'émergence de projets qui concourent aux politiques publiques prioritaires dans le domaine de la cohésion des territoires et de la transition écologique. L'organisation repose notamment sur les DDT(M) qui apportent leur capacité d'analyse transversale des politiques de par leur expérience en matière de procédures d'instruction et de contrôle. Elles interviennent dans le cadre des priorités départementales définies en matière de NCT. Pour les besoins en expertise dont elles ne disposent pas en interne ou excédant leur ressort territorial, les DDT(M) peuvent s'appuyer sur les DREAL et sur le centre d'études et d'expertise sur les risques, l'environnement, la mobilité et l'aménagement (CEREMA). Par ailleurs, l'ANCT propose des accompagnements en ingénierie de projet afin de « répondre aux grands enjeux auxquels les élus locaux et les collectivités font face », à savoir les transitions numérique, écologique et démographique. Cette architecture d'ensemble dans le domaine de l'ingénierie ne répond pas pleinement aux attentes des collectivités. Parmi

12. Rapport IGA, mai 2019, p. 17 et s.
13. Rapport public thématique de la Cour des comptes relatif aux services déconcentrés de l'État, déc. 2017, 269 p.
14. C. comptes, Observations définitives, « Contrôle de légalité et contrôle des actes budgétaires en préfecture. Exercices 2015-2021 », S2022-1762, 16 sept. 2022, 68 p., p. 16.
15. Rapport Sénat, nº 909, p. 58.

les faiblesses récurrentes, ressort très fréquemment, la perte de compétences des services déconcentrés de l'État dont le degré d'expertise est mis à mal (dans le champ de l'urbanisme, de la protection des captages d'eau...)[16].

Malgré la création de l'ANCT, les petites villes n'ont toujours pas de guichet unique pour accéder à l'ingénierie externe de l'État. Les sources d'ingénierie apparaissent trop multiples (CEREMA, Banque des territoires, ANCT ou encore ADEME) et insuffisamment ciblées sur les territoires les plus en difficulté. Certes, les programmes comme « Action Cœur de Ville » ou « Petites Villes de Demain » permettent de combler en partie ce manque d'ingénierie. Néanmoins, il ne règle pas le déficit d'ingénierie des petites villes qui ne sont pas dans ces dispositifs et sont donc mises de côté alors que leurs charges de centralité sont parfois importantes (défis complexes dans les domaines de la mobilité, de l'habitat...).

Dans son rapport public annuel pour 2023[17], la Cour des comptes fait remarquer par exemple que l'État se trouve dorénavant mal armé pour assurer auprès des collectivités territoriales gestionnaires de réseaux routiers sa mission de conseil et d'appui dans ce domaine. En matière routière, le réseau scientifique et technique (RST) de l'État a vu ses effectifs divisés par deux en une vingtaine d'années. En particulier, le CEREMA, devenu sa principale composante, est de moins en moins en mesure de répondre aux besoins d'expertise sur l'ensemble du territoire. Cette politique d'attrition est devenue contradictoire avec la priorité officiellement donnée à l'amélioration de l'entretien des infrastructures (ponts...). La décentralisation routière aurait plutôt dû aller de pair avec le renforcement du RST, afin « de prévenir les effets d'un certain émiettement de cette compétence et de donner aux collectivités territoriales les moyens de l'exercer au mieux »[18].

De manière globale, « un désarmement des services techniques » de l'État est apparu dans ces dernières années traduisant « un délitement du contrôle de l'État » auprès des collectivités territoriales et la « création par les départements d'un réseau de près de 80 agences départementales n'a pallié que partiellement cette évolution »[19].

Dans le même sens, le bilan du contrôle de légalité n'est pas satisfaisant et les réformes successives de l'État ne sont pas étrangères à un constat global de carence[20]. Durant ces dernières années pourtant, des éléments de « modernisation »

16. *Id.*, p. 62.

17. C. comptes, Rapport public annuel, *La décentralisation 40 ans après*, mars 2023, 572 p, p. 108-109.

18. C. comptes, Rapport public thématique, *L'entretien des routes nationales et départementales*, mars 2022.

19. C. comptes, Rapport public annuel 2023, p. 108-109.

20. J.-M. BRICAULT, « L'impact de la RGPP sur le contrôle de légalité », *RFAP* 2010/4 (mai 2011), n° 136, p. 943-954.

avaient été apportés pour tenter d'améliorer son efficience (stratégies de contrôle national et départemental, resserrement du contrôle sur des « actes prioritaires » à forts enjeux, déploiement de l'application AcTES...). Dans le cadre du PPNG, des éléments intéressants sont apparus (ex. déploiement de sept pôles d'appui juridique, création au sein du PIACL de deux pôles d'expertise, la chambre des « dossiers complexes » installée à compter du 1er septembre 2016 et la chambre du « contrôle budgétaire », en place depuis janvier 2017, création d'un réseau thématique d'experts entre préfectures sous la forme d'une plateforme d'échanges, mise en place d'un plan de renforcement des effectifs, évolution de l'ergonomie de l'application @CTES...). Malgré ces évolutions, dans un rapport rendu public le 21 novembre 2022, la Cour des comptes juge sévèrement le contrôle de légalité des actes. Le manque de moyens humains constitue l'un des principaux écueils. Il est relevé que les « effectifs du contrôle de légalité et du contrôle des actes budgétaires ont peu évolué, malgré les promesses du PPNG, conduisant à des situations intenables dans de nombreux départements »[21]. En 2021, 21 départements de France métropolitaine ont reçu plus de 2 000 actes budgétaires par agent, y compris des départements dépourvus de partenariat actif avec la DDFiP. Il en résulte que « l'attrition des moyens consacrés au contrôle des actes budgétaires rend son exercice particulièrement dégradé compte tenu des délais de procédure »[22]. En somme, le contrôle de la sincérité budgétaire (art. L. 1612-4 CGCT) n'est plus assuré par les préfectures, faute de ressources. On peut ensuite s'interroger sur le « caractère effectif d'un contrôle qui laisse *de facto* beaucoup de sujets de côté »[23], mais de surcroît, les chiffres attestent que sur ces dernières années, l'objectif de contrôle systématique des actes prioritaires n'a jamais été satisfait. Ce constat « peut alarmer en ce qu'il traduit un État incapable d'assurer la parfaite sécurité juridique des collectivités territoriales et de leurs élus »[24].

Pourtant, la politique publique du contrôle de légalité et du contrôle des actes budgétaires « peu coûteuse » et participant à « la préservation de l'intérêt général » semble garder pleinement sa raison d'être dans un État unitaire. Elle participe d'un dialogue constructif avec les acteurs locaux et répond aussi « à un besoin fort à la fois de conseil pour les collectivités territoriales et de prévention des illégalités ». Dans un département rural, une préfecture reçoit annuellement plus de 700 demandes de conseil. Or, l'activité de contrôle est essentielle pour générer et maintenir cette capacité de conseil. En effet, « en l'absence de formations suffisantes et eu égard à l'éclatement du réseau territorial de l'État, les agents de préfecture développent leurs compétences juridiques grâce à l'instruction ou au

21. C. comptes, Observations définitives, S2022-1762, p. 44.
22. *Id.*, p. 25.
23. Rapport d'information Sénat n° 909, p. 72.
24. *Id.*, p. 73.

contrôle d'actes réglementaires nombreux et variés ». Les services du contrôle de légalité et du contrôle des actes budgétaires offrent donc « un service public de conseil juridique aux collectivités territoriales, en particulier pour les plus démunies »[25].

Au total, le constat est amer. Des années de réformes administratives ne répondant qu'à une logique d'économies et de rationalisation des moyens ont eu un effet désastreux sur la qualité du maillage territorial de l'État. Le désarmement des services techniques, la perte de compétences de l'État de proximité en matière d'ingénierie territoriale, l'affaiblissement du contrôle de légalité et du contrôle budgétaire se traduisent par un délitement de l'aide et du contrôle de l'État nourrissant par là un fort sentiment d'abandon. De manière quasi symbolique de la situation et de « la consécration d'un déclassement continu de l'administration territoriale de l'État »[26], la récente « fonctionnalisation » des préfets[27] place l'institution préfectorale elle-même au cœur des incertitudes. On ne peut que déplorer le fait que depuis plusieurs années « la décentralisation se soit accompagnée d'une fragilisation des moyens des services déconcentrés alors même que le besoin d'accompagnement des collectivités territoriales s'est accru »[28]. L'État se doit d'écrire une nouvelle page avec les collectivités territoriales. Divers facteurs de succès permettent d'ores et déjà à l'État d'ajuster sa réponse au plus près du territoire.

II. Les facteurs de succès pour ajuster la réponse de l'État au plus près du territoire

L'écriture de cette nouvelle page avec les collectivités territoriales nécessite de stopper le mouvement de suppression des effectifs enclenché quasi sans interruption depuis 2008. Sur ce point on peut s'interroger de savoir si le gouvernement n'effectue pas un changement de paradigme avec les missions prioritaires des préfectures 2022-2025 (MPP 22-25)[29]. Dans le même temps, il s'agit aussi de trouver des voies juridiques pour fluidifier et rendre plus efficace la relation entre l'État territorial et les collectivités. L'inspiration est sans doute à rechercher autour de la subsidiarité.

25. Observations définitives, S2022-1762, p. 17.
26. N. KADA, préc., p. 1383.
27. Décret n° 2022-491 du 6 avr. 2022 relatif aux emplois de préfet et de sous-préfet, *JO* 7 avr. 2022.
28. Rapport Sénat n° 121, préc., p. 9 et s.
29. Circ. SG du ministère de l'Intérieur du 22 avr. 2022 relative aux MPP 2022-2025.

A. Vers un changement de paradigme pour réarmer l'État territorial ?

La crise des gilets jaunes suivie de la crise sanitaire et les constats alarmants dressés par différentes autorités publiques ont forcé le gouvernement à prendre conscience de la nécessité de « réarmer » l'État territorial[30]. En ce sens, la Cour relève que l'année 2022 marque la fin de la trajectoire baissière en effectifs « avec une stabilisation des emplois pour la première fois depuis au moins dix ans » offrant une « respiration nécessaire aux services de l'État territorial »[31]. Certes, il manque encore une véritable programmation pluriannuelle des moyens alloués à l'administration territoriale de l'État précise et solide[32], mais contrairement aux plans de réforme précédents, la démarche MPP 2022-2025 n'a pas pour objectif principal de générer des économies en encourageant la dématérialisation et la mutualisation des moyens humains et matériels. Au contraire, l'une des trois priorités transversales identifiées est la « consolidation de l'échelon infra-départemental »[33]. Dans le même sens, le rapport annexé à la LOPMI n° 2023-22 du 24 janvier 2023 indique que « le pilotage des services de l'État sera renforcé au plus près des territoires et de leurs besoins »[34]. Le « pilotage unifié et cohérent de ces moyens renforcés » est confié aux préfets en vue de « mieux prendre en charge le besoin de proximité et d'appui territorial des communes périurbaines ou rurales de l'arrondissement chef-lieu ». Il est aussi question de « contact physique de proximité » (les « PAN+ ») pour chaque procédure numérique. Certes, on peut voir dans cette évolution les effets de la jurisprudence du Conseil d'État qui livre un mode d'emploi assez nuancé sur l'administration numérique. Le tout numérique est encadré dans certains domaines, et banni (besoin d'une alternative offerte par l'administration) pour les cas complexes ou sensibles (CE, avis ctx 3 juin 2022, *Cimade et autres*, 461694, 461695 et 461922 ; CE 3 juin 2022, *CNB et autres*, 452798 et s.). Il reste que cette réforme s'inscrit, au moins sur le plan sémantique, dans une certaine rupture avec la doctrine de l'État territorial depuis plus de dix ans notamment quant à l'avenir

30. Rapport Sénat n° 121, préc., p. 9 et s.

31. C. comptes, Observations définitives, S2022-0494, préc., p. 3 et 32.

32. Rapport Sénat n° 121, p. 11. Voir aussi Rapport Sénat n° 115, sur le projet de loi de Finances pour 2023, par I. Briquet, 17 nov. 2022, 67 p., p. 35 et s.

33. « Missions prioritaires des préfectures 2022-2025 », 52 p., p. 8. Voir aussi « PSATE 2022-2025 », 48 p.

34. Loi n° 2023-22 du 24 janv. 2023 d'orientation et de programmation du ministère de l'Intérieur, *JO* 25 janv. 2023, NOR : IOMD2223411L.

des sous-préfectures notamment[35] durement frappées par les coupes budgétaires puisqu'elles ont perdu 24 % de leurs effectifs physiques entre 2012 et 2019 contre 4 % pour les préfectures[36].

Lors de son déplacement dans la Mayenne le 10 octobre 2022, le Président de la République a annoncé le « déjumelage » de six sous-préfectures pour renforcer la présence de l'État au niveau infra-départemental et la création d'un nouvel arrondissement à Saint-Georges-de-l'Oyapock[37] en Guyane. Certes, il s'agit plus là d'un rééquilibrage que d'un véritable « réarmement » des moyens de l'État déconcentré. Pour autant, le rapport annexé à la LOPMI nº 2023-22 du 24 janvier 2023 précité, affirme que « les sous-préfectures seront, en articulation avec le réseau France Services » et à terme, une centaine de sous-préfectures devraient accueillir une structure France Services. On peut y voir une « opportunité de dynamisation du réseau »[38].

Apparaît également la volonté de s'assurer de la mise en œuvre « jusqu'au dernier kilomètre »[39] des réformes considérées comme prioritaires grâce à une nouvelle méthode, dite des « feuilles de route » pour les préfets. Sous cette nouvelle approche, le gouvernement sélectionne un certain nombre de « réformes prioritaires » et les préfets sont chargés de « leur déclinaison territoriale en privilégiant l'échelon départemental »[40]. La combinaison de l'identification de réformes prioritaires et de la « feuille de route » vise à asseoir et renforcer le rôle du préfet dans le pilotage et l'animation des services et des opérateurs de l'État, en lien avec les collectivités territoriales et les autres partenaires de l'action publique locale. Dans le même sens, les évolutions récentes du droit de la déconcentration conduisent à la recherche d'une plus grande adaptation des décisions étatiques au terrain selon une logique de subsidiarité.

35. C. comptes, Rapport public annuel, *Les sous-préfectures*, févr. 2012 ; Voir J.-M. BRICAULT, « La rationalisation de la représentation territoriale de l'État à l'échelon des sous-préfectures », *Pouvoirs Locaux* nº 91, IV/2011, p. 57-61 ; -- « Réforme des sous-préfectures d'arrondissement. Rien ne bouge et tout change ! », *in* N. KADA (dir.) et collectif GRALE, *Droit et Gestion des collectivités territoriales – DGCT*, Paris, éd. Le Moniteur, 2017, p. 46-59.

36. C. comptes, nº S2022-0494, 14 avr. 2022.

37. Décret nº 2022-1357 du 26 oct. 2022, *JO* 27 oct. 2022, NOR : IOMA2224522D.

38. C. comptes, Observations définitives, « La gestion de l'immobilier préfectoral. Exercices 2016-2021 », S-2023-0091, janv. 2023, 131 p., p. 41.

39. Voir Cycle annuel de conférence du Conseil d'État et sujet de l'étude annuelle 2023.

40. Circ. nº 6230/SG du 18 nov. 2020 relative au suivi de l'exécution des priorités gouvernementales et circ. nº 6259/SG du 19 avr. 2021 relative à la feuille de route interministérielle des préfets.

B. La subsidiarité

L'introduction par la loi ATR du 6 février 1992 du principe de subsidiarité avait conduit les auteurs de la charte de la déconcentration à « définir de manière sibylline la déconcentration » comme « la règle générale de répartition des attributions et des moyens entre les échelons centraux et territoriaux des administrations civiles de l'État ». Même si cette rédaction est reprise pour ordre dans la charte de 2015 à l'alinéa 2 de l'article 1er, la déconcentration a fait l'objet d'une définition officielle : « La déconcentration consiste à confier aux échelons territoriaux des administrations civiles de l'État le pouvoir, les moyens et la capacité d'initiative pour animer, coordonner et mettre en œuvre les politiques publiques définies au niveau national et européen, dans un objectif..., d'équité des territoires et de proximité avec... les acteurs locaux ». On trouve dans cette rédaction, « l'affirmation d'une coproduction entre les différents niveaux de décision de l'État, aux antipodes d'une subsidiarité abstraite et inopérante »[41].

Selon cette logique, le décret n° 2020-412 du 8 avril 2020 pérennise, après une expérimentation, le droit de dérogation reconnu au préfet. Il s'agit là d'une innovation substantielle qui inaugure en droit administratif un nouveau chapitre relatif aux décisions dérogatoires. Ce régime, très encadré, permet aux préfets de déroger, dans certaines matières, à l'application uniforme de « normes arrêtées par l'administration » pour prendre des décisions non réglementaires relevant de leur compétence. Le régime, expérimenté en 2017 et généralisé (ainsi que pérennisé) en 2020, a été validé par le Conseil d'État en 2022 (CE 21 mars 2022, *Les Associations Les Amis de la Terre France et autres,* n° 440871). Une jurisprudence attendue, mais sans suspens excessif, car déjà une décision de 2019 (CE 17 juin 2019, *Association Les Amis de la Terre France*, n° 421871) allait dans ce sens. L'idée majeure de ce droit de dérogation offert au préfet vise à la simplification du droit en allégeant les démarches administratives, en atténuant des effets de seuil, en accélérant des procédures administratives ou en favorisant l'accès aux aides publiques. En cela, il peut être source d'apports pour mieux adapter les politiques publiques aux circonstances locales[42]. La DMAT recense la signature par les préfets de 206 arrêtés (pris sur cette base) depuis 2020, dont 167 concerne des collectivités territoriales ou leurs groupements. L'application faite de ce dispositif par les préfets est fort prudente. On relève d'ailleurs que la circulaire précitée MPP 2022-2025 préconise la recherche d'une « acculturation des agents au droit

---

41. B. NICOLAÏEFF, « La nouvelle charte de la déconcentration », *Institut de la gouvernance territoriale et de la décentralisation*, 17 juin 2015.
42. Voir J.-M. BRICAULT, « Dévolution d'un droit de dérogation des préfets aux normes réglementaires : de l'expérimentation à la pérennisation », *AJDA* n° 26, 27 juill. 2020, p. 1478-1482.

de dérogation » pour « davantage sensibiliser les agents à cet outil ». S'il doit donc rester d'application limitée, il est en revanche « une manifestation d'une tendance à une subsidiarité accrue dans de très nombreux domaines »[43].

Le récent dispositif « 3 % » en constitue une autre illustration. Dans le prolongement de la circulaire n° 6251 du 10 mars 2021 relative à la déconcentration de la gestion budgétaire et des ressources humaines, le préfet de région dispose d'une marge de manœuvre dans l'affectation des effectifs. Ainsi peut-il les redéployer entre services dans une limite de 3 % du plafond d'emplois des effectifs relevant du programme 354 « Administration territoriale de l'État ». Ce dispositif ouvre de « nouvelles marges de manœuvre aux services déconcentrés, en vue de mieux adapter les politiques publiques aux enjeux territoriaux et favoriser les mobilités interministérielles au sein d'un même territoire ». De plus, ces mouvements ont vocation à être réalisés en cohérence avec les priorités gouvernementales et les enjeux locaux, notamment ceux qui sont fixés par les « feuilles de route » interministérielles signées par le Premier ministre, précitées. Le rôle de pilotage du préfet peut s'en trouver conforté même si, eu égard aux réductions drastiques d'effectifs subies par les services déconcentrés ces dernières années, on peut aussi estimer que cette mesure ne présente qu'un intérêt tout relatif[44].

Dans le domaine de l'aide au financement de projets, de nouveaux leviers déconcentrés ont fait leur apparition selon une logique de subsidiarité au plus près du terrain. L'article 155 de la loi 3DS du 21 février 2022 dispose que « le représentant de l'État dans la région peut donner délégation au représentant de l'État dans le département pour signer les décisions d'attribution des subventions ». Cette faculté constitue un « premier pas vers une départementalisation de la DSIL »[45] et vise « à fluidifier le processus d'attribution de la dotation et faciliter les objectifs de consommation rapide des autorisations d'engagement »[46]. Dans le même sens, il est vraisemblable que de nouveaux outils budgétaires vont être donnés au préfet pour renforcer sa capacité d'appui à l'émergence de projets. Il est ainsi prévu de travailler à une augmentation du FNADT visant à doter le préfet de département d'une capacité d'appui financier aux projets de collectivités *via* un « fonds d'ingénierie locale » telle qu'envisagé par le rapport annexé à la LOPMI n° 2023-22 du 24 janvier 2023. L'ANCT travaille également à la déconcentration d'une partie de

43. D. PRADINES, T. JANICOT, « Pouvoir de dérogation des préfets : beaucoup de bruit pour rien ? », *AJDA* 2022, p. 962.
44. Voir Rapport d'information Sénat n° 909, p. 87.
45. Voir Examen du rapport d'information sur les dotations de soutien à l'investissement du bloc communal, par F. Jolivet, Ch. Pires Beaune, Compte rendu n° 49, 24 févr. 2022.
46. Instruc. du 8 févr. 2023, NOR: IOMB2236543J.

son marché d'ingénierie dit « sur mesure » destiné aux collectivités territoriales, que le préfet pourra dès lors mobiliser en sa qualité de « délégué territorial » de l'agence.

Précisément cette qualité mérite d'être mise en perspective en vue de renforcer l'unicité de la parole de l'État et de mobiliser l'expertise des opérateurs de l'État pour les collectivités territoriales.

C. Renforcer l'unicité de la parole de l'État

Il apparaît que l'action de l'État dans les territoires est devenue de plus en plus illisible pour les élus locaux du fait notamment de la multiplication des services et des agences qui ne sont pas directement placés sous l'autorité du préfet. À l'égard de ces acteurs-là, on a pu parler de « démembrement de l'État » ou encore « d'agencification »[47]. Ce phénomène traduit une hésitation persistante de l'État entre une déconcentration territoriale reposant sur l'intervention de ses services déconcentrés et une déconcentration fonctionnelle caractérisée par la création d'opérateurs[48]. Si les agences mobilisent des compétences et des savoir-faire dans une organisation qui se veut plus souple que celle des administrations traditionnelles, le Conseil d'État soulignait également que « la bonne administration impose qu'une agence ne soit pas un "bateau ivre" : l'État doit conserver une capacité de pilotage, afin de pouvoir inscrire les agences dans une vision stratégique de son action ». Ce constat en forme d'alerte garde toute son actualité dans le cadre de la relation entre l'État et les élus locaux.

Les champs d'intervention de ces agences recoupent des secteurs de compétence des collectivités territoriales, et parmi les plus importants. Ainsi, à titre d'exemple, les ARS occupent une place prééminente dans l'organisation des soins sur le territoire. Dans le domaine de l'écologie, on retrouve les agences de l'eau, l'ADEME, l'ONF ou encore l'OFB. En matière de sécurité, les choix stratégiques de l'ANTS ont eu ces dernières années des implications fortes sur l'équipement des mairies. L'ANCT et, dans un autre registre, l'ANRU ont vocation à accompagner les collectivités territoriales en termes d'aménagement. Il apparaît que du point de vue des élus locaux, cette profusion d'acteurs rend difficile l'identification du bon interlocuteur au sein de la « nébuleuse étatique ». Autant le préfet a autorité sur les services déconcentrés que sont les DDT(M) par exemple, autant il se trouve démuni face à nombre d'agences qui échappent à son autorité hiérarchique. Il y a un décalage entre le principe selon lequel, le préfet est le représentant de chacun des ministres et le fait que certaines politiques ministérielles sont portées par des

47. Conseil d'État, *Les agences, une nouvelle gestion publique ?*, 11 sept. 2012.
48. C. comptes, Rapport public annuel 2023, préc., p. 91-92.

services ou des agences qui ne sont pas placés sous son autorité. Cette situation le met en porte-à-faux vis-à-vis des collectivités territoriales qui ont besoin de disposer d'un interlocuteur capable d'engager l'État dans son entier.

Dans ce contexte, des évolutions intéressantes sont apparues ces dernières années. La création de l'ANCT par la loi nº 2019-753 du 22 juillet 2019 représente une piste digne d'intérêt. Sans revenir ici sur la genèse difficile de cette agence répondant en partie à la demande des élus locaux de simplifier le paysage des opérateurs de l'État intervenant au profit des territoires, il apparaît qu'à l'échelle territoriale, l'ANCT s'organise autour du préfet de département, qui devient « délégué territorial de l'agence » (art. 4) et donc l'interlocuteur unique des collectivités locales qui souhaitent solliciter l'agence, et d'un « comité local de la cohésion territoriale », coprésidé par le préfet et par un élu, qui assure le suivi de l'exécution des projets soutenus par l'agence et notamment les programmes nationaux d'appui aux territoires (Action Cœur de Ville, Petites Villes de Demain, Agenda rural, les CRTE…). Dans le montage de l'agence, le préfet a ainsi été positionné en tant que courroie de transmission entre les collectivités territoriales et l'expertise (technique, juridique ou économique) de l'État. Il en représente la porte d'entrée et sa connaissance des élus, comme des spécificités des territoires, se révèle utile pour identifier les projets et réunir les compétences afin de les faire avancer au mieux[49]. Dans cette perspective, l'architecture retenue pour la création de l'ANCT, bien qu'améliorable[50], constitue une source d'inspiration pour rationaliser l'intervention des agences et en faire un levier d'efficacité dans la relation État-collectivités territoriales. Il apparaît que 1 162 projets ont pu être soutenus par l'ANCT au bénéfice de 494communes et 594 EPCI, ce qui laisse à penser que lorsque l'agence est sollicitée, des solutions d'accompagnement sont possibles.

Le législateur a poursuivi le mouvement de réaffirmation du rôle coordonnateur du préfet de département en adoptant l'article 153 de la loi « 3DS » qui rend systématique l'attribution de la présidence du conseil d'administration des agences de l'eau au préfet coordonnateur de bassin, renforçant ainsi son rôle au sein de ces agences qui sont chargées, entre autres, de la mise en œuvre des SDAGE et des SAGE. À la faveur de l'article 152 de la loi 3DS du 21 février 2022, le préfet devient le « délégué territorial » de l'OFB. De même, le préfet de région devient le délégué territorial de l'ADEME, agence de la transition écologique, afin d'améliorer l'articulation de ses actions avec les autres services de l'État. Cette agence voit d'ailleurs sa gouvernance réformée afin de mieux associer les EPCI[51].

49. Rapport d'information Sénat nº 909, p. 93.

50. Voir Rapport d'information Sénat nº 313 relatif à l'ANCT, par Ch. Guené, C. Brulin, 2 févr. 2023, 136 p. Les rapporteurs évoquent un besoin d'ANCT qui reste prégnant mais aussi un manque « d'incarnation » et un déficit de « notoriété » auprès des élus.

51. N. KADA, *AJDA* 2022, préc., p. 1383.

Dans un registre proche, mais avec un montage juridique différent, l'article 159 de la loi 3DS dispose que « les collectivités territoriales et leurs groupements peuvent demander à adhérer au CEREMA »[52]. Une réponse au besoin d'ingénierie et d'expertise technique des collectivités qui pourront lui confier des missions sans mise en concurrence en *« in house »* (prestations de services intégrées). L'idée étant d'asseoir la crédibilité du projet de transformation de l'établissement en agence commune à l'État et aux collectivités locales. Pour le CEREMA, c'est aussi la survie de son expertise qui se joue.

***
*

Du fait de ses carences, l'État territorial doit relever un véritable défi pour écrire une nouvelle page avec les collectivités décentralisées. Un nouveau partenariat territorial qui s'articule prioritairement autour d'un préfet de département, « pivot » de l'ensemble des services et opérateurs de l'État est possible. Une subsidiarité renforcée vise à conforter la relation de proximité entre les élus locaux et cet interlocuteur étatique privilégié capable d'engager l'État dans son entier.

52. Voir aussi décret n° 2022-897 du 16 juin 2022 modifiant le statut du CEREMA, *JO* 17 juin 2022, NOR: TRED2212072D et arrêté du 24 mars 2023, *JO* 2 avr. 2023, NOR : TRED2307701A.

L'INFLUENCE DU DROIT DE L'UNION EUROPÉENNE SUR LES COMPÉTENCES DES COLLECTIVITÉS TERRITORIALES

Denis JOUVE

Professeur de droit public
Université Reims Champagne Ardenne – URCA
Centre de Recherches Droit et Territoire – CRDT

La relation entre l'Union européenne et les collectivités territoriales est marquée par une ambivalence multidimensionnelle. Tout d'abord, l'Union européenne ignore en grande partie les structures infra-étatiques. D'une part, l'Union européenne est une organisation internationale dont les sujets sont les États membres. Ainsi, le traité de Rome ne réserve qu'une portion congrue aux collectivités territoriales. Il les reconnaît seulement dans le préambule en évoquant la réduction des écarts entre les différentes régions et à l'article 93 § 3 a) du traité CEE en ce qui concerne « les aides destinées à favoriser le développement économique de régions dans lesquelles le niveau de vie est anormalement bas ou dans lesquelles sévit un grave sous-emploi ». D'autre part, le principe d'autonomie institutionnelle[1], défini comme l'« expression d'une indifférence bienveillante à l'égard du pouvoir d'auto-organisation d'États dont chacun doit rester libre de définir les organes et moyens par lesquels il entend s'acquitter de ses obligations communautaires »[2], permet aux États d'organiser librement leur territoire. Les traités européens sont ainsi neutres à l'égard de la distribution interne des compétences[3]. Ensuite, malgré une forme d'ignorance, l'Union européenne accorde cependant une certaine reconnaissance aux collectivités territoriales[4]. Ainsi, depuis l'acte unique européen, la

1. Ce principe trouve sa source à l'article 4 § 2 du TUE : « L'Union respecte l'égalité des États membres devant les traités ainsi que leur identité nationale, inhérente à leurs structures fondamentales politiques et constitutionnelles, y compris en ce qui concerne l'autonomie locale et régionale. »
2. R. MEDHI, « L'autonomie institutionnelle et procédurale et le droit administratif », *in* J.-B. AUBY, J. DUTHEIL DE LA ROCHÈRE (dir.), *Droit administratif européen*, Bruylant, 2007, p. 695.
3. G. MARCOU, « Les collectivités territoriales et l'Union européenne : Propos introductifs », *in* L. POTVIN-SOLIS (dir.), *L'Union européenne et l'autonomie locale et régionale*, Bruylant, 2016, p. 20.
4. H. Oberdorff parle à ce propos de « reconnaissance théorique paradoxale de l'organisation décentralisée des territoires » (« Territoires, collectivités et Union européenne », *RDP* 2015, p. 1217).

politique régionale a intégré les traités au travers de la politique de cohésion, avec pour objectif de réduire l'écart entre les niveaux de développement des régions moins favorisées[5]. En outre, le traité de Lisbonne consacre l'autonomie locale et régionale[6], comme composante de leur identité nationale « inhérente à leurs structures fondamentales politiques et constitutionnelles »[7]. Celle-ci est protégée et promue *via* le comité des régions qui est associé à l'élaboration du droit de l'Union européenne[8]. Puis, l'ambivalence de la relation entre l'Union européenne et les collectivités territoriales se manifeste au travers de leur rôle indispensable d'exécution du droit de l'Union européenne. Elles sont la courroie de transmission incontournable des normes européennes tout en n'étant pas responsables en cas d'inexécution puisque seul l'État, qui fait écran[9], peut être condamné en manquement par la Cour de justice[10]. Cette fonction d'exécution est celle qui produit l'influence la plus manifeste sur les collectivités; l'Union européenne est d'abord perçue comme « une source de contraintes supplémentaires »[11], tout en étant, dans le même temps, une opportunité de financement de grands projets *via* les fonds structurels. Enfin, l'Union européenne sert aussi parfois de prétexte au bouleversement de l'organisation des compétences. Ainsi, la recomposition des régions a été, en partie, fondée sur l'argument du défi européen et sur la comparaison avec les autres régions européennes[12]. Dans le même sens, les nombreuses critiques sur

---

5. Actuellement, art. 174 et s. du TFUE.
6. L. POTVIN SOLIS, « De la fonction du concept à la portée du principe d'autonomie locale et régionale dans l'ordre juridique de l'Union européenne », *in* L. POTVIN-SOLIS (dir.), *L'Union européenne et l'autonomie locale et régionale*, Bruylant, 2016, p. 375.
7. Art. 4 § 2 du TUE.
8. Art. 305 du TFUE.
9. Sur l'écran organique et fonctionnel de l'État, voir O. DUBOS, « L'Union européenne et la répartition des compétences entre l'État et les collectivités territoriales : une tectonique à quatre dimensions », *in* J.-F. BRISSON (dir.) *Les transferts de compétences de l'État aux collectivités locales*, L'Harmattan, 2009, p. 295-299.
10. A. MOINE, « Autonomie locale et responsabilité étatique : l'imputation à l'État des manquements locaux au droit de l'Union », *in* L. POTVIN-SOLIS (dir.), *L'Union européenne et l'autonomie locale et régionale*, Bruylant, 2016, p. 93 et s.; R. COLAVITTI, *Le statut des collectivités infra-étatiques européennes*, Bruylant, 2015, p. 487 et s. Même si l'origine de la violation du droit de l'Union européenne est une collectivité territoriale, les manquements sont imputés à l'État : CJCE 5 mai 1970, aff. C-77/69, *Commission c/Belgique*; CJCE 21 mars 1997, aff. C-95/97, *Région wallonne c/Commission.*
11. M. DOUENCE, « L'influence du droit communautaire sur les collectivités territoriales », *in* J.-B. AUBY, J. DUTHEIL DE LA ROCHÈRE, *Droit administratif européen*, Bruylant, 2007, p. 873.
12. H. PAULIAT, « Influence de l'Union européenne sur les structures administratives », *in* J.-B. AUBY, J. DUTHEIL DE LA ROCHÈRE, E. CHEVALIER (dir.), *Traité de droit administratif européen*, 3e éd., 2022, p. 857; M. BOULET, *Les collectivités territoriales françaises dans le processus d'intégration européenne*, L'Harmattan, 2012, p. 288.

le fameux et indigeste millefeuille, sur l'enchevêtrement des compétences et leur complexité s'appuient souvent sur l'obstacle que ces travers du modèle français constitueraient pour la réception des normes européennes[13].

Résultat de l'ambivalence décrite, le droit de l'Union européenne se présente cumulativement comme source de contraintes, d'opportunités, mais aussi comme prétexte à certaines réorganisations de compétences[14]. Il est donc influent tant sur le droit matériel que sur le discours juridique et institutionnel. Ainsi, malgré une apparente neutralité, une « neutralité en trompe-l'œil » comme la qualifie Virginie Donier[15], le droit de l'Union européenne exerce une contrainte forte sur l'exercice des compétences. L'indifférence de l'Union européenne quant aux compétences des collectivités territoriales n'est que relative. C'est pourquoi si l'Union européenne n'affecte qu'indirectement l'organisation des compétences (I), elle exerce une contrainte directe sur leur exercice au niveau local (II).

I. Une influence indirecte sur l'organisation des compétences

Le droit de l'Union européenne n'est pas complètement indifférent à l'organisation des compétences internes des États. Cette influence seulement indirecte, voire diffuse, n'en demeure pas moins réelle. Si « l'Union européenne ne dispose d'aucune compétence spécifique pour imposer un mode d'organisation aux États membres [...] la manière dont elle mène des politiques publiques exerce une influence sur la structuration des territoires »[16]. Le droit de l'Union européenne apparaît ainsi comme un moyen de renforcement des compétences et de l'échelon régional d'une part (A) et d'autre part, il fonde certaines réorganisations de compétences au sein des collectivités (B).

---

13. M. BOULET, *op. cit.*, p. 276.

14. Il mérite d'être souligné que le droit de l'Union européenne ne s'applique pas de la même manière à toutes les collectivités. Pour les régions ultrapériphériques, le principe d'application du droit de l'Union européenne demeure avec des adaptations alors que les pays et territoires d'Outre-mer qui sont soumis au principe d'association aux termes duquel, ils ne sont pas soumis aux normes européennes, sauf exceptions : D. PERROT, « Les compétences des collectivités ultramarines françaises et le principe de non-discrimination entre les citoyens de l'Union », *in* L. POTVIN-SOLIS (dir.), *Les effets du droit de l'Union européenne sur les compétences des collectivités territoriales*, L'Harmattan, 2013, p. 57 ; A.-S. LAMBLIN, « Les îles en droit de l'Union européenne : des territoires comme les autres ? » *RTDE* 2016, p. 563 ; M. BOULET, *op. cit.*, p. 86.

15. V. DONIER, « L'incidence du droit de l'Union européenne sur le traitement jurisprudentiel de la décentralisation », *Les cahiers du Conseil constitutionnel* oct. 2022.

16. H. PAULIAT, art. préc., p. 856.

A. Le droit de l'Union européenne, un moyen de renforcement des compétences régionales

Derrière la neutralité apparente quant à l'organisation interne des États membres, l'Union européenne favorise indirectement la régionalisation[17] en valorisant cet échelon et en incitant en creux les États à lui attribuer plus de compétences. Il convient de signaler que cette influence a pu être directe sur la structuration des territoires dans certains États d'Europe de l'Est, dans le cadre de leur adhésion, afin de créer des structures spécifiquement adaptées à la programmation des fonds européens[18]. La « promotion des régions dans le cadre des politiques européennes »[19] s'épanouit particulièrement au travers de la politique de cohésion, parfois appelée « politique régionale » et du droit des aides d'État.

Dans le cadre de la politique de cohésion économique, sociale et territoriale, la région est la structure de référence de l'attribution des fonds structurels et d'investissement que sont principalement le Fonds européen de développement des territoires (FEDER), le Fonds social européen (FSE), le Fonds européen agricole pour le développement rural (FEADER) et le Fonds européen pour les affaires maritimes et la pêche (FEAMP). Tout comme pour les aides d'État à finalité régionale, qui permettent d'accorder plus d'aides aux régions les plus en difficultés[20], le montant des aides, l'intensité des aides par rapport à l'investissement ou le taux de cofinancement sont fondés sur les différences de niveau de richesses entre régions. Par ailleurs, le FEDER finance le programme INTERREG afin de favoriser les coopérations interrégionales[21]. L'implication régionale dans la politique de cohésion a franchi un pas supplémentaire puisque de simples cadres administratifs d'octroi de fonds européens et de bénéficiaires, elles sont devenues gestionnaires de ces fonds. Ce bouleversement de leur compétence est intervenu par la loi MAPTAM du 27 janvier 2014[22], donc au travers d'un texte national

---

17. N. Kada parle de « régionalisation sous influence européenne », voir N. KADA, « L'européanisation des collectivités territoriales », *in* L. GUILLOUD, H. OBERDORFF, F. TERPAN (dir.), *L'européanisation du droit. Quelle influence de l'Union européenne sur le droit français ?*, LGDJ, 2016, p. 159.
18. La Pologne a, par exemple, été conduite en 1998, à créer trois niveaux d'organisation territoriale : H. PAULIAT, art. préc., p. 857 ; A. NOUREAU, *L'Union européenne et les collectivités locales*, Thèse, Université de La Rochelle, 2011, p. 87.
19. J.-F. BOUDET, « L'Union européenne favorise-t-elle le pouvoir régional ? Étude d'un paradoxe » *in* E. CHERRIER et S. GUÉRARD (dir.), *La régionalisation en Europe. Regards croisés*, Bruylant, 2014, p. 28 ; N. KADA, art. préc., p. 172 et s.
20. « Lignes directrices concernant les aides d'État à finalité régionale », *JOUE* n° C 153, 29 avr. 2021.
21. N. KADA, « Coopération décentralisée : un droit sous influence », *JCP A* 2013, 2218 ; F.-X. FORT, « La coopération territoriale au sein de l'espace européen », *Dr. adm.*, 2009, étude 1 ; R. COLAVITTI, *op. cit.*, p. 179.
22. Loi n° 2014-58 du 27 janv. 2014 de modernisation de l'action publique territoriale et d'affirmation des métropoles.

et non d'une norme européenne[23]. Cependant, cette gestion régionale n'est pas intégrale. Si les régions gèrent le FEDER, le fonds pour une transition juste et le FEADER ainsi que certains programmes[24], elles cogèrent seulement à hauteur d'un tiers le FSE. En contrepartie de cette compétence acquise, l'État français a décidé de responsabiliser les régions en cas de mauvaise utilisation des fonds européens. Ainsi, l'article L. 1511-1-2 du CGCT prévoit qu'elles « supportent la charge des sanctions des corrections et sanctions financières mises à la charge de l'État par une décision de la Commission européenne, de la Cour des comptes européenne, par un jugement du tribunal de première instance de l'Union européenne ou par un arrêt de la Cour de justice de l'Union européenne ».

Dans le domaine du contrôle des aides d'État, le cadre régional a également été privilégié à la fois par l'État directement, et par l'Union européenne, indirectement. Directement, l'État impose aux régions la remontée d'informations en ce qui concerne les aides d'État accordées sur son territoire. Sous la forme d'un rapport annuel, elles doivent faire état des aides mises en œuvre sur leur territoire afin que l'État puisse remplir ses obligations d'information auprès de la Commission européenne[25]. De son côté, la Cour de justice de l'Union européenne a considéré qu'une collectivité infra-étatique pouvait être suffisamment autonome pour constituer le cadre de référence d'évaluation de la sélectivité d'une aide fiscale[26]. Si les conditions imposées semblent trop strictes pour concerner une catégorie de collectivité française[27], cette jurisprudence montre la valorisation de l'autonomie locale dans le contrôle des aides d'État.

Contrairement à la crainte avancée un temps d'une Europe des régions supplantant l'État, ce dernier n'a pas été pénalisé par cette inclination régionale de l'Union européenne puisqu'il a lui-même décidé des réorganisations de compétences renforçant la région. On ne constate donc pas de glissement du pouvoir de l'État vers les régions. S'il convient de tempérer la régionalisation des États sous l'influence européenne, il est incontestable que celle-ci a provoqué l'adaptation de structures locales.

---

23. La gestion des fonds structurels était déjà permise à titre expérimental par l'art. 44 de la loi n° 2004-809 du 13 août 2004 relative aux libertés et responsabilités locales.
24. La région Grand Est gère, par exemple, le programme LIFE de soutien aux projets innovants en matière d'environnement et de climat.
25. Art. L. 1511-1 CGCT. Il ne faut pas confondre ce rapport d'information *a posteriori* des aides déjà accordées avec l'obligation de notification *a priori* des aides d'État que les collectivités souhaitent accorder.
26. CJCE 6 sept. 2006, C-88/03, *République portugaise c/Commission*; CJCE 11 sept. 2008, C-428/06 à 434/06, *Unión General de Trabajadores de La Rioja (UGT-Rioja)*.
27. D. JOUVE, *Le juge national et le droit des aides d'État. Étude de droit comparé franco-espagnol*, Thèse Université de Grenoble Alpes, 2013, p. 326-327.

B. Le droit de l'Union européenne, fondement de l'adaptation des structures locales

Afin de prendre en compte le droit de l'Union européenne et de bénéficier de certaines opportunités juridiques qu'il offre, des réorganisations de structures locales ont été entreprises. Les normes européennes peuvent ainsi agir comme effet d'aubaine pour des mutations structurelles. Indirectement, le droit de l'Union européenne produit une recomposition du paysage institutionnel en suscitant la création de nouvelles structures. Cette influence s'est manifestée, en premier lieu, par la création de structures spécifiques de coopération entre collectivités territoriales. Devant la multitude des formes juridiques utilisées par les États, et à côté de la Convention-cadre de Madrid, du 21 mai 1980, développée par le Conseil de l'Europe sur la coopération transfrontalière, l'Union européenne a adopté le règlement n° 1082/2006, le 5 juillet 2006. Est ainsi créé, le groupement européen de collectivités territoriales (GECT) afin de faciliter et de promouvoir la coopération transfrontalière, transnationale et/ou interrégionale. Ce nouvel outil de coopération entre collectivités a été intégré à l'article L. 1115-4-2 et L. 1115-5 du CGCT par la loi n° 2008-352 du 16 avril 2008[28]. Il peut être utile pour gérer un programme INTERREG, gérer des fonds européens pour des projets communs, développer un réseau de collectivités territoriales ou encore gérer des infrastructures en commun. Cette adaptation institutionnelle, pour symbolique qu'elle soit du point de vue de la coopération régionale, n'est pas d'une grande portée, compte tenu de la faible utilisation des GECT[29].

Le second ajustement des structures locales fondé sur le droit de l'Union européenne est d'une tout autre envergure. Il conduit à l'enrichissement des formes de l'entreprise publique locale. Ce mouvement d'adaptation trouve son origine dans l'exclusion des sociétés d'économie mixte locales (SEML) du bénéfice de la théorie du *in house* ou quasi-régies, permettant de faire échapper les contrats passés entre les collectivités territoriales et les SEML aux règles de publicité préalable et de mise en concurrence. En effet, la Cour de justice s'est montrée réticente à reconnaître une relation *in house* lorsque l'opérateur économique cocontractant est composé de capitaux privés, même minoritaires[30]. Bien que cette exclusion ait été atténuée par la directive du 26 février 2014 relative à la passation des marchés publics, le droit français la maintient[31]. En réaction à la jurisprudence européenne et désireuse de bénéficier de l'exception de la quasi-régie, les autorités françaises

28. A. TAILLEFAIT, « Coopération transfrontalière », *in* J.-B. AUBY, J. DUTHEIL DE LA ROCHÈRE, E. CHEVALIER (dir.), *Traité de droit administratif européen*, 3e éd., 2022, p. 981.
29. Il en existe environ 60 dans toute l'Europe.
30. CE 11 janv. 2005, *StadtHalle*, aff. C-26/03 ; CJCE 13 oct. 2005, *Parking Brixen*, aff. C- 458/03.
31. Rép. min. n° 20276, *JOAN* 28 janv. 2020, p. 609.

ont créé la société publique locale (SPL) par la loi n° 2010-559 du 28 mai 2010[32]. Composée exclusivement de collectivités territoriales, elle réunit, en principe, les conditions de la quasi-régie. Une nouvelle adaptation des entreprises publiques locales a ensuite vu le jour afin de bénéficier de la jurisprudence *Acoset*[33]. Cet arrêt permet de déplacer la mise en concurrence au stade du choix des actionnaires privés de la société publique locale afin de pouvoir ensuite passer des contrats sans publicité ni mise en concurrence. La SEM à opération unique (SEMOP) a alors été créée par la loi n° 2014-744 du 1er juillet 2014[34]. La société est constituée pour exécuter un contrat unique passé par des collectivités territoriales, membre du groupement. Dans la mesure où l'actionnaire privé de la société a été choisi à l'issue de la procédure d'appel public à la concurrence, le contrat n'a plus ensuite à être soumis aux procédures de mise en concurrence. Enfin, bien que ce ne soit pas une adaptation structurelle à proprement parler, le droit de l'Union a permis aux collectivités de mutualiser contractuellement des services publics sans que ceux-ci ne soient soumis au droit de la commande publique[35].

Ces divers exemples d'adaptation du paysage institutionnel local, au gré de l'évolution des normes européennes, montrent que celles-ci peuvent apparaître comme des opportunités afin de bénéficier de nouveaux outils de mise en œuvre des politiques publiques. Cependant, force est de constater que les mutations au niveau des sociétés publiques locales sont principalement dues à la volonté d'échapper à une exigence d'origine européenne, le respect du droit de la commande publique, qui exerce une contrainte directe sur l'exercice des compétences des collectivités territoriales. Une fois de plus dans la relation entre l'Union européenne et les collectivités, l'ambivalence n'est jamais bien loin.

II. Une contrainte directe sur l'exercice des compétences

L'ensemble des compétences des collectivités territoriales est soumis à des textes européens qui apparaissent comme une source de contrainte omniprésente. L'influence la plus manifeste est celle des règles de concurrence qui a atteint une certaine forme de plénitude, d'aboutissement, ces dernières années (A). En parallèle, deux contraintes se renforcent et sont amenées à s'accentuer encore à l'avenir : la protection de l'environnement, la transition numérique et ses conséquences (B).

32. Art. L. 1411-12 CGCT ; Cl. DEVÈS, « La loi n° 2010-559 du 28 mai 2010 pour le développement des sociétés publiques locales. Évolution ou régression des règles de la commande publique ? », *JCP A* 2010, 2229.

33. CJCE 15 oct. 2009, *Acoset SpA*, aff. C-196/08.

34. L. 1541-1 et s. CGCT.

35. CJCE 9 juin 2009, *Commission c/Allemagne*, aff. C-480/06. Cette jurisprudence a été reprise par la directive « marchés » de 2014 puis par l'art. L. 2511-6 du Code de la commande publique.

A. Une forme d'aboutissement de la soumission aux règles de concurrence

Le droit de l'Union européenne a été un vecteur particulièrement puissant de diffusion des contraintes concurrentielles pour les personnes publiques. La généralisation des règles de concurrence à l'action administrative intéresse particulièrement la compétence de développement économique et l'outil contractuel. Cette influence semble aujourd'hui largement digérée et intégrée par les collectivités territoriales.

En ce qui concerne la compétence de développement économique, c'est particulièrement le droit des aides d'État qui influe sur les collectivités territoriales. Si la répartition interne entre collectivités ne relève pas de l'Union européenne, le droit des aides d'État contraint doublement l'exercice de la compétence « développement économique ». D'une part, il affecte les aides aux entreprises et aux associations relevant de la définition de l'article 107, paragraphe 1 du TFUE. Il en résulte un certain nombre de conséquences. Depuis la loi du 13 août 2004, les collectivités territoriales sont responsabilisées dans l'octroi d'aides publiques économiques puisque l'article L. 1511-1-1 évoque la contribution des collectivités à l'obligation de notification des aides d'État qui incombe aux États. En l'absence du respect de cette procédure, l'aide illégale et incompatible doit être récupérée par les collectivités territoriales dispensatrices[36]. À défaut, le préfet peut y procéder d'office et l'article L. 1511-1-1 alinéa 3 impose aux collectivités de supporter la charge financière des condamnations en manquement pour non-exécution d'une décision de récupération de la Commission. Par ailleurs, des dispositifs d'aides économiques attribuées par les collectivités territoriales renvoient directement à des normes européennes. C'est le cas, principalement, des aides à l'immobilier d'entreprise. Dans sa partie réglementaire[37], le CGCT renvoie aux articles 107 et 108 du TFUE et aux normes de droit dérivé régissant les aides à finalité régionale dans lesquelles s'inscrivent les aides à l'immobilier d'entreprise. D'autre part, le droit des aides d'État contraint le financement des services publics locaux. Ces derniers ne peuvent échapper à une telle qualification qu'à la condition de démontrer qu'ils ne sont qu'une stricte compensation des charges de service public et non une aide en application des conditions de l'arrêt *Altmark*[38]. Pour bénéficier de cette jurisprudence, cet arrêt et le paquet de textes adoptés pour sa mise en œuvre[39] imposent de se pencher sur des données économiques et comptables très précises

36. Art. L. 1511-1-1 al. 2 CGCT.
37. Art. R. 1511-1 et s.CGCT.
38. CJCE 2003, 24 juill. 2003, *Sté Altmark Trans GmbH*, aff. C-280/00,.
39. Le « paquet Altmark » regroupe une communication interprétant l'arrêt (Commission, 20 déc. 2011, *JOUE*, n° C 8, 11 janv. 2012, p. 4), un règlement *de minimis* spécifique (Règl. n° 360/2012 du 25 avr. 2012 : *JOUE* n° L 114, 26 avr. 2012, p. 8), une décision de la Commission sur l'exonération de notification de certains financements (décision 20 déc. 2011 : *JOUE* n° L 07, 11 janv. 2012, p. 3) et un encadrement qui précise les critères de compatibilité de tels financements (20 déc. 2011, *JOUE* n° C 8, 11 janv.2012, p. 15).

et complexes afin de calculer le coût des services publics et leur financement. En outre, pour respecter les conditions de ces textes, les collectivités territoriales ont dû, par exemple, généraliser le recours au contrat ou à des actes spécifiques de mandatement pour garantir que le service public a été clairement confié à une entreprise ou à une association[40]. Cette double contrainte mérite toutefois d'être quelque peu relativisée car beaucoup d'aides locales n'ont pas être notifiées, soit faute de perturber les échanges entre États membres[41], soit car l'aide octroyée entre dans un dispositif d'exemption *de minimis*[42] ou dans le cadre du Règlement général d'exemption par catégories[43], soit enfin car les collectivités octroient généralement des aides dans le champ de régimes d'aides déjà notifiées par l'État français. Ces dispositifs offrent de la liberté aux collectivités territoriales, mais permettent également à l'Union européenne, par une souplesse plus grande en faveur de certains secteurs, d'orienter les aides publiques économiques vers des domaines jugés prioritaires.

En ce qui concerne la passation de contrats administratifs, l'influence de l'Union européenne a été manifeste pour diffuser les exigences de concurrence, à telle enseigne qu'aujourd'hui, les collectivités territoriales sont considérées comme des opérateurs économiques bénéficiant d'un égal accès aux activités économiques[44] et aux contrats de la commande publique[45], et connaissant une soumission généralisée aux règles de concurrence. Cette contrainte concurrentielle pèse évidemment sur les contrats de la commande publique, mais aussi sur les contrats portant occupation du domaine public. Concernant la commande publique locale, le droit de l'Union européenne a bouleversé les procédures de passation en imposant des règles d'une telle complexité que l'organisation interne des différents niveaux de collectivité a été modifiée pour accueillir des services spécialisés. Le respect des règles de la commande publique est devenu une préoccupation quotidienne dans les collectivités avec la crainte d'une condamnation pénale, en plus des conséquences éventuellement fâcheuses d'une requalification contractuelle. Longtemps restés à la marge du mouvement de généralisation de la contrainte concurrentielle, les contrats portant occupation du domaine public sont désormais soumis à une procédure

---

40. Ch. GUILLARD, « Les collectivités territoriales et les règles européennes de compensation des obligations de service public », *Rev. UE* 2015, p. 396.
41. M. KARPENSCHIF, « Les aides purement locales sont-elles des aides d'État ? », *JCP A* 2020, 2034.
42. Règl. nº 1407/2013 du 18 déc. 2013, *JOUE* L. 352, 24 déc. 2013, p. 1. Dans son rapport public pour 2023 sur les 40 ans de la décentralisation, la Cour des comptes constate une très grande utilisation de ce règlement (p. 224).
43. Règl. nº 651/2014 du 17 juin 2014, *JOUE* nº L 187, 26 juin 2014, p. 1.
44. CE Ass. 31 mai 2006, *Ordre des avocats au barreau de Paris*, nº 275531.
45. CE avis 8 nov. 2000, *Sté Jean-Louis Bernard Consultants* ; CE Ass. 30 déc. 2014, *Sté Armor SNC*, nº 355563.

de sélection. Sous l'influence de la jurisprudence européenne[46], le Code général de la propriété des personnes publiques a été modifié et intègre désormais une procédure de sélection et de publicité préalable pour les titres d'utilisation privative du domaine public[47]. Les contrats du domaine privé demeurent toujours exclus de toute procédure de mise en concurrence[48], mais cette anomalie du point de vue du droit de l'Union européenne pourrait céder prochainement, dans la mesure où le droit de l'Union européenne ne distingue pas entre les types de propriété publique[49]. Enfin, il est impossible de ne pas citer un bouleversement en cours qui commence à produire des effets : l'ouverture à la concurrence du transport ferroviaire de voyageurs. Les régions, autorités organisatrices de transport, sont confrontées à la mise en concurrence du réseau des trains express régionaux.

Tous ces éléments montrent l'influence directe de l'Union européenne dans le domaine économique et concurrentiel. Cette contrainte est désormais bien intégrée par les collectivités et tout se passe comme si l'on avait atteint la fin de l'histoire en la matière puisque tout ou presque de ce qui pouvait être soumis à la concurrence l'a été. À côté des contraintes concurrentielles, aujourd'hui classiques et bien intégrées, d'autres contraintes sont en développement et vont s'intensifier dans les années à venir.

B. Des contraintes en forte croissance

La protection de l'environnement et la protection des données dans un contexte de développement de la production et de l'utilisation des données numériques par les administrations sont en forte croissance et sont amenées à s'étendre encore dans un futur proche.

Si elle est loin d'être nouvelle, la contrainte environnementale s'intensifie progressivement. Or, l'Union européenne est une source particulièrement fertile d'obligations en la matière. Même si les textes européens s'adressent aux États, « la politique de l'environnement porte en son sein un important facteur de localisation des mesures qu'elle produit »[50]. Les collectivités territoriales ont la lourde tâche d'appliquer des textes de plus en plus exigeants et nécessitant des investissements parfois lourds. En matière de gestion de déchets, par exemple, la directive 2008/98

---

46. CJUE 4 juill. 2016, *Promoimpresa Srl*, aff. C-458/14.
47. Art. L. 2122-1-1 du Code général de la propriété des personnes publiques.
48. CE 2 déc. 2022, *Cne de Biarritz*, n° 460100.
49. Ch. ROUX, « Mise en concurrence des titres privatifs et asymétrie domaniale. Retour gagnant au (palais du) Luxembourg : mêlée fermée à l'hôtel (du palais) de Biarritz », *AJDA* 2023, p. 109 ; E. MULLER, « Refus de la mise en concurrence des baux sur le domaine privé : arguments et apories d'un raisonnement (trop) formaliste », *Dr. adm.* 2023, comm. 17.
50. P. THIEFFRY, « Les collectivités territoriales en droit européen de l'environnement : des personnages en quête d'auteur », *in* L. POTVIN-SOLIS (dir.), *Les effets du droit de l'Union européenne sur les compétences des collectivités territoriales*, L'Harmattan, 2013, p. 99.

du 19 novembre 2008 impose un certain nombre d'obligations codifiées dans le Code de l'environnement. Ainsi, la planification est attribuée à la région et les communes sont responsables de la collecte, de la valorisation, du recyclage et de l'élimination des déchets domestiques[51]. Pour mener à bien ces missions, elles doivent respecter certains principes d'origine européenne, comme par exemple, l'élimination des déchets dans les lieux de production les plus proches, en vertu du principe de proximité[52]. Dans le domaine de l'eau ensuite, la directive-cadre n° 2000/60 du 23 octobre 2000, reprise aux articles L. 211-1 et s. du Code de l'environnement, impose certaines obligations qui rejaillissent *in fine* sur les collectivités territoriales. C'est le cas, par exemple, de leur participation à la planification en la matière[53], des exigences de bon état des masses d'eau et de qualité de l'eau potable ou encore de réduction des pollutions. Ce sont les communes et leurs groupements qui ont la charge de la gestion de l'eau et de l'assainissement qui sont les principales concernées par ces règles.

Au-delà des déchets et de l'eau, d'autres pans du droit de l'environnement montrent l'influence directe de l'Union européenne sur les collectivités territoriales. Ainsi, en matière de qualité de l'air, les contraintes s'intensifiant, les grandes agglomérations ont adopté des plans de protection de l'air dans un contexte où l'État français a été condamné en manquement pour non-respect de ses obligations en la matière, du fait de certaines grandes zones urbaines[54]. En outre, le plan de relance européen impose de consacrer au moins un tiers des financements à la transition écologique. Ces fonds transitant en partie par les collectivités territoriales, elles doivent donc orienter une portion de cette nouvelle source de financement à la protection de l'environnement. De plus, les mesures en matière environnementale issues de l'Union européenne vont se développer dans les prochains mois avec l'adoption de plusieurs textes dans le cadre du *Green Deal* européen. Sont prévus des textes sur les circuits courts, la mobilité durable, l'économie circulaire ou encore l'augmentation de la production d'énergie renouvelable, soit autant de nouvelles contraintes pour les collectivités territoriales. Enfin, la contrainte environnementale se lie à la contrainte concurrentielle dans le cadre de la commande publique dite durable. Ces dernières années, plusieurs lois sont venues intensifier les obligations et les possibilités de verdissement de la commande publique[55].

51. L. 2224-14 CGCT.

52. CJUE 12 déc. 2013, *Ragn-Sells AS c/Sillamäe Linnavalitsus*, aff. C-292/12. Sur ce sujet, voir R. HADDAD, « Les compétences d'une collectivité locale dans le domaine du transfert des déchets à l'aune du droit de l'Union européenne, » *JCP A* 2014, 2155.

53. Les SDAGE et les SAGE : voir S. DAUCÉ, « Les collectivités territoriales et l'eau », *in* L. JANICOT (dir.), *Les collectivités territoriales et la protection de l'environnement*, Berger Levrault, 2021, p. 53.

54. CJUE 24 oct. 2019, *Commission c/France*, aff. C-636/18.

55. C'est principalement le cas de la loi n° 2021-1104 du 22 août 202, dite « loi Climat et résilience ».

La contrainte numérique de protection des données semble être aussi amenée à se renforcer dans les années à venir. Le fonctionnement des personnalités morales en général, des collectivités territoriales en particulier, a été chamboulé par le règlement (UE) 2016/679 du Parlement européen et du Conseil du 27 avril 2016 sur la protection des données (RGPD). Elles ont été responsabilisées dans la gestion des données personnelles. Elles doivent notamment désigner un délégué à la protection des données compétent pour conseiller, informer, contrôler et notifier toute violation de données personnelles auprès de la CNIL. Cela représente un coût de formation, de recrutement ou d'externalisation important pour les collectivités. En outre, les obligations des collectivités territoriales sont renforcées en matière de transparence de traitement des données, de conservation de celles-ci et de respect des droits des personnes. L'information des usagers doit être renforcée. Elles doivent tenir des registres répertoriant les catégories de données traitées, la finalité du traitement, la durée de conservation des données, les mesures de sécurité mises en place, etc.[56] Nul doute que la numérisation croissante des administrations, l'extension du traitement algorithmique des situations et des décisions ainsi que le traitement et l'ouverture de plus en plus de données entraîneront à l'avenir de nouvelles contraintes d'origine européenne.

***
*

Pour conclure, après avoir débuté par une ambivalence, l'on peut terminer par un paradoxe : l'influence de l'Union européenne sur l'exercice des compétences des collectivités territoriales est d'autant plus grande que la décentralisation est poussée. L'accroissement des compétences des collectivités a pour effet d'accroître la surface de droit de l'Union européenne applicable. Or, seul l'État a le pouvoir de répartir les compétences en interne, c'est donc lui qui est finalement maître de l'influence de l'Union européenne sur les collectivités territoriales. La crise environnementale qui vient (et qui est déjà là) va encore accroître la pression européenne sur les administrations. Or, Jean Rivero nous l'a enseigné, les crises provoquent la centralisation des pouvoirs : « Les temps difficiles sont centralisateurs. En présence d'une crise qui ébranle la nation (en l'occurrence le monde), le gouvernement cherche son salut dans le renforcement de son autorité. Les collectivités l'éprouvent comme les individus[57]. » Seul l'avenir dira si la contrainte va s'intensifier au niveau local et *via* l'échelon local ou si l'État va recentraliser un certain nombre de compétences pour surmonter la crise.

---

56. A.-S. LAMBLIN-GOURDIN, C. JUDAIS, « Protection des données personnelles : les nouveaux principes s'imposant aux communes », *AJCT* 2021 (2 parties), p. 79 et p. 132.
57. J. RIVERO, « La décentralisation – Problèmes et perspectives », *Études*, 1950, T. 264, p. 50.

Table des matières

2e Partie. LES THÈMES

4e Partie. L'AVENIR

Structures éditoriales du groupe L'Harmattan

L'Harmattan Italie
Via degli Artisti, 15
10124 Torino
harmattan.italia@gmail.com

L'Harmattan Hongrie
Kossuth l. u. 14-16.
1053 Budapest
harmattan@harmattan.hu

L'Harmattan Sénégal
10 VDN en face Mermoz
BP 45034 Dakar-Fann
senharmattan@gmail.com

L'Harmattan Cameroun
TSINGA/FECAFOOT
BP 11486 Yaoundé
inkoukam@gmail.com

L'Harmattan Burkina Faso
Achille Somé – tengnule@hotmail.fr

L'Harmattan Guinée
Almamya, rue KA 028 OKB Agency
BP 3470 Conakry
harmattanguinee@yahoo.fr

L'Harmattan RDC
185, avenue Nyangwe
Commune de Lingwala – Kinshasa
matangilamusadila@yahoo.fr

L'Harmattan Congo
219, avenue Nelson Mandela
BP 2874 Brazzaville
harmattan.congo@yahoo.fr

L'Harmattan Mali
ACI 2000 - Immeuble Mgr Jean Marie Cisse
Bureau 10
BP 145 Bamako-Mali
mali@harmattan.fr

L'Harmattan Togo
Djidjole – Lomé
Maison Amela
face EPP BATOME
ddamela@aol.com

L'Harmattan Côte d'Ivoire
Résidence Karl – Cité des Arts
Abidjan-Cocody
03 BP 1588 Abidjan
espace_harmattan.ci@hotmail.fr

Nos librairies en France

Librairie internationale
16, rue des Écoles
75005 Paris
librairie.internationale@harmattan.fr
01 40 46 79 11
www.librairieharmattan.com

Librairie des savoirs
21, rue des Écoles
75005 Paris
librairie.sh@harmattan.fr
01 46 34 13 71
www.librairieharmattansh.com

Librairie Le Lucernaire
53, rue Notre-Dame-des-Champs
75006 Paris
librairie@lucernaire.fr
01 42 22 67 13

www.ingramcontent.com/pod-product-compliance
Lightning Source LLC
LaVergne TN
LVHW011248061026
849535LV00005B/1187
* 9 7 8 2 1 4 0 4 9 8 0 8 4 *